Terapia Gestalt: una guía de trabajo

Francisco Sánchez Gavete

Edición revisada
y actualizada

 rigden institut gestalt

Título original
Terapia Gestalt: una guía de trabajo

Primera edición
Abril de 2008

Segunda edición
Noviembre de 2018

Cuarta edición
Noviembre de 2023

© **Francisco Sánchez Gavete**
© **Rigden Edit S.L.**

Diseño gráfico e ilustración portada
Penélope Maldonado

Impresión
Artes Gráficas COFÁS, S. A.

Impreso en España

Depósito Legal
M. 36.608-2011

ISBN
978-84-936175-3-0

RIGDEN-INSTITUT GESTALT
Verdi, 92, planta 1.ª
08012 Barcelona
www.grupogaia.es
e-mail: grupogaia@grupogaia.es

Reservados todos los derechos. Queda rigurosamente prohibida, sin la autorización escrita de los titulares del *copyright*, bajo las sanciones establecidas en las leyes, la reproducción parcial o total de esta obra por cualquier medio o procedimiento, comprendidos la reprografía y el tratamiento informático, así como la distribución de ejemplares mediante alquiler o préstamo público.

ÍNDICE

Presentación 9
Reconocimientos y agradecimientos 15
Prólogo 17
Prólogo a la segunda edición 21
Nota sobre la tercera edición 23

1. El flujo del río

1.1. Llega el cliente 27
    La presencia 27
    Urgencias, ansiedades e interferencias varias .. 31
    Las bases del contrato 35
    Los niveles de la demanda 47
    Demandas y expectativas 56
    Concretar el contrato 64
1.2. El proceso 73
    El enfoque básico del proceso 73
    Cuando el proceso se alarga, o la duración
        del proceso 78
    Valoración y control del proceso 95
    Otros aspectos sobre el proceso 100
    Revisión del encuadre durante el proceso 107
1.3. Y el cliente se va 115

2. Aspectos de la experiencia

2.1. Emociones y sentimientos 125

	Trabajar con las emociones	125
	Las emociones básicas	131
	Experimentar emociones y valorar emociones	133
	Profundizar en la experiencia emocional	139
2.2.	Cuerpo	148
	Cuerpo y emociones	148
	La experiencia corporal: observar el cuerpo	151
	La experiencia corporal: trabajar con el cuerpo	155
2.3.	Cognición	161
	El tercer elemento	161
	La triple función cognitiva	163
	La cognición humana	166
	El manejo de las hipertrofias cognitivas	169
	Pensamientos, sentimientos	174
	Las creencias	176
2.4.	Relación y relaciones	180
	Lo relacional y lo emocional	180
	Relación terapéutica y relaciones en general	182
	Relaciones y autorregulación	189
	La relación terapéutica y el poder	191
2.5.	Actitudes	194
2.6.	Lenguaje verbal y experiencia	201

3. Sobre la técnica

3.1.	Sobre polaridades y el trabajo con la silla vacía	209
	Aspectos básicos	209
	Cuando dos son tres	210
	Silla vacía y polaridades	214
3.2.	Sobre el trabajo con los sueños	217
	El trabajo gestáltico con los sueños	217

	El enfoque gestáltico y otros enfoques	221
3.3.	Sobre terapia individual y grupal	222
	Consideraciones generales	222
	Las relaciones en contexto grupal	227

4. REFLEXIONES EPISTEMOLÓGICAS

4.1.	Sobre el método gestáltico	233
4.2.	Éxito y fracaso en terapia	241
	El fracaso	241
	El éxito	246
4.3.	Límites y trampas de la terapia	252
	Las trampas de la terapia	252
	Limitaciones de la terapia	260
	Entonces ¿para qué sirve un terapeuta?	266
	Curación posible y curación imposible	271

5. OTRAS REFLEXIONES

5.1.	Terapia y educación	279
	La terapia como educación	279
	La educación como paradigma alternativo	286
	Diversidad de paradigmas	289
5.2.	Gestalt y aledaños	292
	Consideraciones generales	292
	Aportaciones específicas	296

6. BIBLIOGRAFÍA SELECTA COMENTADA

6.1.	Gestalt general	305
6.2.	Temas específicos	309

Epílogo	315
Apéndice	317

PRESENTACIÓN

Es hermoso poder presentar un nuevo libro de Gestalt escrito por un gestaltista español con más de quince años de experiencia y un amplio bagaje intelectual y formativo. Se trata de un libro de Terapia Gestalt, de la praxis de la buena Gestalt, que nos complace presentar por varias razones.

La primera, porque se trata de un libro de Terapia Gestalt peculiar y original. ¿Qué tiene de peculiar? Pues que es eminentemente práctico: muestra el hacer, la pura praxis, tal como la vive y la ha vivido el autor. Señala con claridad los qué, los cómo, los porqué y los para qué de su práctica, siendo muy lúcido y explícito, y fundamentándolo de una manera inteligente, jocosa y respetuosa. Es original porque no tiene mucho que ver con los libros de Gestalt más comunes, tipo manual, que explican, con distintas palabras y matices, los fundamentos, las teorías y modelos al uso; al revés, no explica la teoría de la Gestalt, sino que muestra el quehacer inspirado de un gestaltista y las reflexiones que lo amparan. De la práctica pura derivan las enseñanzas que, a su vez, la sostienen. Este es un libro fruto de la experiencia de años de práctica, para gente que está en la práctica de la ayuda. En este sentido hablamos de la buena Gestalt que valoriza la experiencia por encima de consignas ideológicas o conceptuales.

La segunda razón es que en diversos momentos del libro se nota que algunos «puntos» encuentran su lugar correspondiente sobre las «íes» adecuadas, de manera que estas quedan completas y dimensionadas, tal como ocurre con muchos de los temas que trata. Vaya, que está escrito con pluma minuciosa. Así nos parece que alumbra con precisión, sin concesiones, el asunto de la relación terapéutica y la responsabilidad de terapeuta y paciente, el importante tema de la demanda y el respeto profundo hacia el paciente. También nos parece genial la parte referida a lo cognitivo en Terapia Gestalt, en la que descubrimos que un buen uso de lo cognitivo es esencial para abrir caminos y generar comprensiones y soluciones, siendo parcial y quizá inútil la vana adscripción a lo emocional o lo corporal como lo único vibrante o relevante en Terapia Gestalt, lo cual no deja de ser un simple malentendido. Colocar en su justo lugar la experiencia en el uso de lo racional en Gestalt se nos antoja atrevido, meritorio y sobre todo lúcido.

Al igual que cuando el autor habla de la terapia como educación en la que pone en entredicho el modelo médico que subyace a la mayoría de terapias, quizá porque al principio de los principios de la psicoterapia, en tiempos de Freud, se trató de médicos que trataban a sus pacientes. Sin embargo, el autor insiste en modelos más educativos que médicos, en los que imperan el sentido de la experiencia y experimentos de la Terapia Gestalt como vía hacia el crecimiento, el cambio y la transformación. Ya no se trata de cura sino de desarrollo o aprendizaje.

O también cuando expone su visión del éxito y el fracaso en la terapia. Nos parece que leer este libro será una invitación a la reflexión constante para el profesional de la ayuda y el gestaltista en particular. Abre nuevas perspectivas y modelos, para adentrarnos en caminos innovadores.

Por último, la tercera razón, es que nos une con el autor un vínculo de amistad y de colegas que ya alcanza casi quince años. Por lo demás es un puntal angular en la formación de gestaltistas que impartimos en el Institut Gestalt, formación que ha ido enriqueciendo con sus aportaciones. En el mismo sentido no dejamos de sentir que, enraizados en un mismo crisol, una gran parte de sus ideas son compartidas y las suscribiríamos como muy cercanas, aunque en las palabras del autor alcanzan una precisión, elegancia y sencillez, que en sí mismas, enseñan. Y enseñan de una manera especialmente relevante a los terapeutas noveles que necesitan mapas y guías que orienten con claridad su quehacer cotidiano.

Estamos convencidos de que interesará a todos los gestaltistas, principalmente porque les hará pensar, para luego discrepar o estar de acuerdo, pero eso poco importa. Creemos que también es de interés para toda la población de terapeutas y ayudadores, porque les ayudará a ahondar su conocimiento práctico sobre los asuntos esenciales en terapia. Por último, puede ser leído con gusto también por el público curioso y afín al autoconocimiento y al desarrollo personal o deseoso de sentir el aroma de la clara reflexión de un terapeuta de Gestalt maduro y real sobre su praxis terapéutica.

JOAN GARRIGA y MIREIA DARDER
Directores del Institut Gestalt de Barcelona

RECONOCIMIENTOS Y AGRADECIMIENTOS

He preferido empezar con una lista de personas de las que he aprendido o aprovechado cosas o que, simplemente, me han acompañado y apoyado. Sin ellas mi crecimiento personal y profesional no hubiera llegado a ser el que es. Me gustaría no dejarme a nadie en el tintero. Estoy seguro de que omitiré nombres. Algunos quizá por olvido, y les pido disculpas por ello. Otros, porque han llegado a mi vida muy recientemente. Otros porque los siento más lejanos. Pero también estoy seguro de no dejar a nadie sin nombrar por desprecio o resentimiento.

Nombraré, en primer lugar, a Javier Calvo, mi primer maestro en dinámica de grupos, y bajo cuya dirección realicé mi primer Training-Group.

A Ignacio Martín Poyo y Paco Peñarrubia, bajo cuya guía realicé mi primer taller de Gestalt, en Madrid (CIPARH), allá por mayo de 1978.

A Enrique Repiso y Luz Domínguez, compañeros, colegas y amigos, con quienes compartí estudios y trabajos y sigo, aunque a distancia, compartiendo afecto.

A Joan Garriga, mi primer terapeuta y tutor-formador, y también mi primer maestro gestáltico.

A Mireia Darder y Vicens Olivé, a quienes también considero mis maestros en diversos aspectos.

A Marcelo Antoni, mi terapeuta particular durante varios años.

A Claudio Naranjo, a quien conocí después de los anteriores, con quien también aprendí mucho y, en general, también me lo pasé muy bien.

A mis colegas y excolegas, que son o que fueron:

— Ana,
— Anja,
— Berta,
— Cristina,
— Francesc,
— Javier,
— Lluis,
— Mercedes,
— Pepita,
— Quim,
— y Rosalía.

A mis nuevos compañeros, que llegaron después de los anteriores.

A mis clientes y alumnos.

A mis padres: Paco y Alicia.

A mi entrañable tía Consuelo, hermana de mi madre, que cuidó de mí después de que mi madre murió. Ella no necesitó aprender Gestalt, pero me enseñó más de lo que me imagino que ella misma creyó. Tardé años en darme cuenta. Algunas expresiones suyas son las siguientes.

Por ejemplo, cuando me veía distraído:

— *Hijo mío: ¿estás en lo que estás?*

O cuando, por ejemplo, se me caía algo al suelo:

— *No te preocupes, hijo mío, del suelo no pasará.*

O en diferentes momentos:

— *No te preocupes, hijo mío, que será lo que Dios quiera.*
— *La vida da muchas vueltas, hijo mío.*
— *Hijo mío, que lo poco agrada pero lo mucho enfada.*
— *Lo que tenga que ser, será.*

Y así otras muchas. Mi tía Consuelo fue también, para mí, un bello ejemplo de empatía y de escucha emocional[1].

A Ana, amiga predilecta y compañera del alma, a la que también he mencionado antes como colega, y con quien tanto he aprendido.

A todos aquellos que, habiendo estado también presentes, por un motivo u otro no he nombrado.

Y a la naturaleza, la filosofía, la literatura, el teatro, la música, el circo, la danza, el pensamiento y el arte.

Y a la vida, toda ella.

---

[1] Recuerdo cierta ocasión en la que mientras yo estaba contando algo que ella me había preguntado —no recuerdo qué— mi tía me miraba como embobada, moviendo suavemente la cabeza arriba y abajo, a un lado y a otro. No dijo nada hasta que yo acabé. Entonces se limitó a comentar: *así que estás contento ¿verdad, hijo mío?*

PRÓLOGO

La idea de escribir el presente libro está inspirada, principalmente, en mi experiencia personal como terapeuta y como supervisor.

En primer lugar en mi propia práctica como terapeuta, incluyendo en ella todas las sesiones de supervisión en las que he tomado parte, he tenido ocasión de realizar gran cantidad de observaciones respecto de lo que es útil o no es útil en terapia: lo que ayuda y lo que confunde, la influencia de ciertas pretensiones inútiles o contraproducentes, lo que estimula y lo que inhibe la creatividad, cegueras importantes, caminos que no llevan a ninguna parte, aparentes atajos que no resultan siempre atajos, etc.

Luego, como supervisor, tanto en sesiones individuales como de grupo, he tenido ocasión de ampliar estas observaciones y realizar muchas otras: prácticas más o menos útiles, modos de estar presente de manera muy sesgada, presupuestos que no se discuten y desorientan o cierran caminos, expectativas basadas en teorías que pueden resultar útiles para según qué cosas pero no para otras, deficiente atención al cliente y a sus movimientos o al propio terapeuta, a sus sentimientos y necesidades, exceso de proximidad o exceso de distancia, etc. También se inspira en mi propia experiencia como formador y tutor.

Este «cuerpo de inspiración» se inserta en el campo abonado de mi propio trabajo personal, por lo que se nutre de todas sus posibilidades al mismo tiempo que está sujeto a todas sus limitaciones y condicionantes. Se amplía también con el conocimiento de otros enfoques terapéuticos (corporales, sistémicos, etc.) y científicos (biología, lingüística, etc.).

Este no pretende ser un libro científico, en el sentido de presentar hipótesis sólidamente construidas desde un punto de vista teórico. Pretende solamente, como su título indica, ser un libro de orientaciones prácticas. Recojo en él una cierta cantidad de observaciones, maneras de proceder y reflexiones con pretensión, fundamentalmente, de utilidad. Me atrevo a enseñar lo que sé, solamente eso, y llego hasta donde llego. Espero que mi ignorancia no me haga realizar afirmaciones demasiado atrevidas.

Menciono diversas prácticas y/o propuestas de intervención, muchas de las cuales no recuerdo de quién aprendí, ni dónde ni cuándo, además de otras que considero son de cosecha propia, pero que no sabría ni siquiera determinar cuáles son ni distinguir claramente de las anteriores.

En cierto modo puede decirse que es un libro autobiográfico. En él hablo, efectivamente, de lo que he aprendido y de lo que sé o, mejor dicho, de lo que creo haber aprendido o creo saber. En él queda reflejado mi personal modo de hacer gestáltico, quizá no rigurosamente ortodoxo.

Probablemente también quedarán reflejados valores o criterios personales, no estrictamente terapéuticos. Está bien que sea así. En todo caso las creencias u opciones personales que dejo traslucir han sido todas ellas elaboradas y confrontadas en el marco de la experiencia terapéutica, y espero que no se me haya «colado» ninguna de origen o carácter espurio.

En algunos momentos, me refiero a la historia y anécdotas de sesiones con diversos clientes[2], o trabajos con alumnos de formación, o terapeutas en supervisión. Como es natural, me abstengo

---

[2] Yo utilizo, como muchos de mis colegas, el término «cliente». Hay quienes rechazan dicho término porque uno de sus significados es «el que compra en un

de incluir cualquier información o referencia que permita identificar a cualquiera de ellos. Cuando me parece necesario citar un dato concreto que pudiera identificar a un cliente, procuro hacerlo con el adecuado «camuflaje». Por el mismo motivo he optado también por utilizar en todos los casos, con carácter genérico, el género gramatical masculino.

Escribo pensando, preferentemente, en determinado tipo de lectores. Me refiero a terapeutas que podrían considerarse más o menos noveles o están finalizando su formación en Terapia Gestalt pero tienen alguna experiencia como terapeutas.

Confío que pueda resultar también de interés para quienes comienzan la formación, así como para terapeutas que poseen ya alguna experiencia. Me gustaría que el libro agradase también, o, al menos, no desagradase, a terapeutas más ampliamente expertos.

Para el lector experto, lo que escribo puede resultar una mezcla de obviedades o nimiedades, quizá junto con una serie de atinadas observaciones. Cuando pienso en el lector experto confieso que experimento alguna vergüenza. Un viejo amigo, a quien nunca faltó sentido del humor, solía dar este consejo: *No pretendas nunca enseñar a tu padre a hacer hijos, ni enseñarle al obispo el credo.* Nada más lejos de mis pretensiones. Me avergüenza, simplemente, pensar que puedo estar descubriendo el Mediterráneo y, en el aspecto estrictamente técnico, estoy seguro de que no tengo nada nuevo que aportarles. Me atrevo, no obstante, a con-

---

establecimiento», y no quieren que la relación terapéutica tenga connotaciones comerciales: no vendemos un «producto». Pero otro de sus significados es «el que utiliza los servicios de un profesional». Por otro lado, el término «paciente» significa «que tiene paciencia», «sufrido» o «enfermo», cuya connotación médica es evidente, y no quiero dar por sentado que el que viene a verme es por definición un enfermo. El abanico de términos utilizados es mucho más variado. Por ejemplo: usuario (cuyo contexto habitual es el de servicios públicos), consultante, visitante, etc.

fiar en que, entre mis propios colegas, habrá quien encuentre sugestivas algunas de mis observaciones. En cualquier caso estoy abierto a sugerencias y a críticas. Las que sean necesarias.

Como digo, creo que el libro puede ser más útil a un espectro de lectores que ya poseen una formación básica en Terapia Gestalt pero aún están en la fase de ir descubriéndose como terapeutas, o de ir definiendo o perfilando su propio estilo. Este no es un libro de Gestalt Básica. Por tanto, los aspectos más característicos de este nivel (concepto de Gestalt, modelo de figura-fondo, autorregulación organísmica, teoría del *self*, ajuste creativo, polaridades, mecanismos de evitación, ciclo de la experiencia, etc., así como aspectos clásicos de técnica como el trabajo con la silla vacía o con los sueños) se dan por supuestos y no son objeto de explicación en este libro.

Tengo escasa información de cómo se enseña y cómo se practica la Terapia Gestalt al otro lado del Atlántico. Aunque, si pienso en posibles lectores latinoamericanos, debería decir más bien «a este lado del Atlántico», pues en realidad soy yo el que escribe desde el otro lado. En todo caso los incluyo también entre mis posibles destinatarios.

Por último quiero precisar que todo lo anterior procede y, por tanto es válido, en un contexto de ejercicio privado de la profesión. Por lo que sé, en contextos de trabajo en centros públicos se presenta una tipología de situaciones bastante diferente, pues las condiciones en que se presenta la demanda son también notablemente diferentes. Supongo, pues, que algunas o muchas de mis observaciones no serán válidas en tal contexto, y que algunas de las indicaciones que formulo estarán fuera de lugar. Confío, sin embargo, en que los criterios o principios que las inspiran serán igualmente válidos.

Barcelona, primavera de 2007

PRÓLOGO A LA SEGUNDA EDICIÓN

Debido quizás a estar inspirado en la experiencia, este libro está resultando ser, aun sin pretenderlo, un libro vivo.

Así, cuando apenas estaba saliendo a la luz la primera edición, me encontraba ya recogiendo notas sobre pequeños ejemplos o referencias prácticas que quizá podría incluir, con posterioridad, algunos aspectos concretos a explicar más ampliamente, algunas pequeñas ideas nuevas por añadir, etc. También, posteriormente, encontré yo, o encontraron algunos amigos, diversas erratas, palabras trastocadas, fallos de sintaxis o frases que no se entendían bien. Con todo ello he realizado diversos retoques para esta segunda edición.

En conjunto, no hay grandes cambios, excepto en el apartado sobre limitaciones de la terapia (epígrafe 4.3), donde he añadido un epígrafe sobre la incertidumbre como limitación; también, en el apartado «Cuando el proceso se alarga, o la duración del proceso», del epígrafe 1.2, he añadido un epígrafe sobre «vicios» del proceso.

Algunos pequeños añadidos afectan a diversos apartados como las bases del contrato (epígrafe 1.1), el método gestáltico (epígrafe 4.1) y el pequeño apartado sobre Gestalt y PNL (epígrafe 5.2).

También he incluido dos nuevas inserciones de notas bibliográficas en los apartados sobre el trabajo con el cuerpo (epígrafe 2.2) y sobre polaridades y el trabajo con la silla vacía (epígrafe 3.1).

He recibido algunas observaciones en el sentido de que el

epígrafe 1.1 («El flujo del río») resultaba demasiado amplio y un poco farragoso.

Solo los enfoques técnicos pretenden definir o resolver el encuadre en una primera y única sesión que, en consecuencia, tiene prevista una duración mayor (y que, consecuentemente, también se cobra a un mayor precio). Si se trata específicamente de enfoques clínicos, esta primera sesión incluye, necesariamente, el diagnóstico.

No creo que esto sea posible desde el enfoque gestáltico. Como digo más adelante, concretar lo que el cliente quiere es a veces todo un trabajo terapéutico e incluso, en determinadas ocasiones, todo el trabajo terapéutico. Cuanto digo en este epígrafe 1.1 es para ser tenido en cuenta en los comienzos de la terapia, sea cual sea la extensión, en número de sesiones, que tengan tales comienzos. En algunos procesos estos aspectos necesitan incluso ser tenidos en cuenta a lo largo de todo el trabajo. (Véase, en este sentido, en el epígrafe 1.2, el apartado «Cuando el proceso se alarga, o la duración del proceso»). Finalmente, una buena noticia: no en todos los casos resulta necesario tener en cuenta todas estas indicaciones.

Un último asunto: mientras comenzaba a preparar esta segunda edición me enteré de que Javier Calvo, a quien he nombrado antes como mi primer maestro, había fallecido el 5 de mayo, tenía 80 años.

Sirvan estas breves líneas como pequeño, a la vez que sentido, homenaje de reconocimiento y gratitud hacia él.

Barcelona, verano de 2009

NOTA SOBRE LA TERCERA EDICIÓN

Como digo en el prólogo a la segunda edición, este libro, al estar inspirado en la experiencia, sigue siendo un libro vivo

En esta ocasión me ha parecido conveniente incluir un nuevo epígrafe 2.6.: «Lenguaje verbal y experiencia». Aunque en diferentes epígrafes a propósito del curso del río y a diferentes aspectos de la experiencia hago referencia al uso del lenguaje, he llegado a la conclusión de que este asunto merecía un tratamiento específico, más explícito. El lector verá por qué cuando lea este nuevo capítulo, no muy largo, por cierto.

Una observación adicional a propósito del capítulo 6 («bibliografía selecta comentada»), en el cual se recogen más de dos docenas de referencias. Desde su primera publicación, bastantes de los libros que ahí se reseñan han sido objeto de nuevas ediciones, con nuevas fechas. He desechado la idea de irlas actualizando: desde que escribo estas líneas hasta que salgan a la luz algunas fechas habrán cambiado ya. Es algo que no cesa.

Algún libro ha podido, por ejemplo, quedar descatalogado para, posteriormente, ser editado de nuevo por otra editorial.

Quiero referirme ahora a dos libros concretos.

El de Peñarrubia: ha quedado notablemente «engordado» en ediciones posteriores. El de Perls: ha cambiado la segunda parte del título «Testimonios de terapia» por «Testigos de terapia». A mí, me gustaba más la primera versión, pero… algunas decisiones editoriales me resultan misteriosas.

En todos los casos he renunciado a una imposible actualización permanente y he mantenido la cita original.

Barcelona, otoño de 2018

I
El flujo del río

1.1. LLEGA EL CLIENTE

La presencia

Desde el primer momento enfoco mi atención en mi propio estado y en mis propias reacciones ante la llegada del cliente. Incluso antes de llegar a verlo. En ocasiones se presenta ante mí sin que yo sepa de él más que su nombre. Otras veces dispongo de algunas informaciones previas de las que no sé si puedo fiarme. También puede suceder que haya tenido con él algún contacto previo, por ejemplo, por teléfono, del cual me queda una primera impresión de encuentro o desencuentro.

Estoy atento, como digo, a mi estado y a mis primeras reacciones. Me interesa mucho saber si tienen que ver con el cliente o con mi situación personal, fruto, por ejemplo, de mi propio cansancio, de mis propias aversiones, o de cualquier otra circunstancia por la que esté atravesando en ese momento. Si no es así, asumo que tienen que ver con el cliente.

Guardo cuidadosamente en la memoria las primeras impresiones, las primeras sensaciones. En cierta ocasión un maestro me hizo ver —y la experiencia así me lo ha corroborado— que, más allá de mis posibles prejuicios, más allá de mis personales filias y fobias, la secuencia de los primeros minutos, incluso de los primeros segundos, constituye una especie de miniguión, revela una especie de pauta que, a lo largo del proceso posterior, se manifestará o se desarrollará con mayor o menor amplitud.

Cualesquiera que sean las circunstancias, recibo al cliente con mi mejor disposición para verlo y escucharlo, en el mismo grado y medida que para sentirme y escucharme a mí mismo, de manera relajada y fluida.

En diferentes casos puedo apreciar en el cliente aspectos como sencillez, transparencia, disposición a la negociación, receptividad, lucidez, auténticas ganas de trabajar, o bien, y quizá al mismo tiempo, un sufrimiento que me conmueve. O desorientación. O denodados esfuerzos por conseguir que funcione una solución que, por poco que repasemos con calma su propia experiencia, está claro que no funciona.

Casi siempre descubro en el cliente algo que me gusta, que me interesa o que despierta en mí cualquier tipo de admiración o, simple y llanamente, ganas de ayudarlo o de apoyarlo. Con eso empiezo a trabajar. En los pocos casos en que no encuentro en el cliente algún aspecto que suscite en mí algún tipo de interés o de ganas me resisto a trabajar con él. Cuando por motivos ajenos a mi propio deseo he comenzado algún trabajo se me ha hecho habitualmente muy cuesta arriba y he realizado mucho esfuerzo inútil.

En mis comienzos como terapeuta yo estaba más predispuesto a hacerme cargo de ayudar a cualquier cliente. Incluso trataba de infundirle ánimos o esperanzas. Ahora estoy más bien en otro punto: espero que el cliente me convenza que vale la pena que le preste mi ayuda. De no ser así, se lo hago saber inmediatamente.

Actualmente, pues, solo empiezo a trabajar desde este interés o ganas que siento o, al menos, desde una posición neutral (indiferente, en el sentido de Friedlander). Conozco terapeutas que, sintiendo aversión ante un cliente nuevo, se plantean el trabajo como un «reto», con el presupuesto de que una situación de «contratransferencia negativa» es una oportunidad que hay que aprovechar.

Quiero decir, a este respecto, un par de cosas.

La primera: que la vida ya nos proporciona por sí misma suficientes situaciones de aversión como para que un terapeuta se plantee de entrada utilizar el tiempo del cliente con fines propios. Me parece, simplemente, un abuso. Otra cosa es que la aversión aparezca a lo largo del proceso. Entonces, claro está, de lo que se trata es de mirar qué tipo de vínculo o relación estamos manteniendo y cómo lo estamos manejando.

La segunda: no me gustan los términos de transferencia y contratransferencia. Por sí mismos son ajenos a la Gestalt, y no es indispensable este tipo de referencia teórica para hacer terapia gestáltica. Personalmente, prefiero la sencillez de la mirada gestáltica hacia lo obvio: este cliente o esta persona, cliente o no, «me cae bien» o «me cae mal». Alguien me cae bien cuando percibo, o proyecto en él, características o rasgos que me atraen. Eso no significa que cuando veo en el otro algo de color de rosa caiga en la trampa de fantasear que todo él es de color de rosa, ni que me ponga a desarrollar otras fantasías de mayor alcance. Simplemente lo registro, tomo nota, me hago consciente de ello, y continúo trabajando. Desarrollar expectativas fantasiosas respecto del otro (por ejemplo: algo tan sencillo como pensar «qué buen cliente») lleva, antes o después, a inevitables decepciones.

También puede ser que un cliente me caiga mal de entrada, pero no tan mal como para no poder trabajar con él. Simplemente lo registro, tomo nota, me hago consciente de ello, y continúo trabajando.

Continúo trabajando desde la fluidez de mi conciencia. Me doy cuenta, por ejemplo, de que capto cosas a medias, de que me canso mucho a medida que sigo escuchando, o de lo contrario: que es interesantísimo escuchar a este cliente. Estoy atento a todas mis reacciones. ¿Me estoy obligando a entender algo que no hay quien entienda? ¿Me estoy entusiasmando tanto que empiezo a ir más deprisa que el cliente? Y así sucesivamente.

De igual manera estoy atento al cliente, el cual, por ejemplo, se sienta apenas en el borde del asiento, inclinado hacia adelante, como si quisiera estar más próximo a mí, o mueve y tensa las piernas como si quisiera echar a correr y se contuviera. O habla mirando al techo. O no acaba casi ninguna de las frases que empieza. No interpreto nada, simplemente lo registro. Eventualmente se lo señalo: «¿te das cuenta de que...?». Solamente a modo de tanteo, porque este tipo de señalizaciones, cuando se hacen en momentos prematuros, suelen ser recibidas por parte del cliente como una corrección, lo cual hace que de manera inmediata cambie de comportamiento. Y me van surgiendo preguntas sobre la marcha: «¿a qué viene esto (saltos en la narración del cliente) ahora?, ¿qué tiene que ver con lo anterior?», o «¿qué tiene o qué hace este cliente para que no me guste?». Y la pregunta básica: «¿qué está pasando en este momento?». Es importante para mí registrar, en particular, si el encuentro transcurre con fluidez o algo parece atascarse en un momento determinado. De fondo repito la pregunta: «¿qué está pasando?».

Necesito ver al cliente, no me basta con oírlo. Si solamente lo oigo me siento un poco perdido. Y no me refiero a ver su presencia física, sino a percibir con claridad qué hay de él que está más presente y qué no. Qué me está diciendo, y no me refiero al contenido. Qué me está diciendo en relación con lo que está haciendo. ¿Anda quizá perdido por la vida, a la búsqueda de un sueño imposible? ¿Anda golpeando a todo y a todos, en busca de una firmeza y solidez definitivas (en busca, quizá, de alguien que lo contenga)? ¿O lo hace en busca de su propia destrucción, por venganza de no se sabe qué o contra no se sabe quién? ¿O quizá viene buscando simplemente una palabra o una mirada amable que necesita y hace tiempo que no tiene o que no sabe reconocer?

Estas no son preguntas metafísicas. Una persona muestra quién es en sus comportamientos y en sus reacciones. Muestra lo que quiere mostrar y también, con frecuencia, lo que no quiere.

Cuando digo «ver al cliente» me refiero a ver estos comportamientos y estas reacciones. Como es natural, hay diferentes aspectos que quedan ocultos o, al menos, permanecen muy escondidos. Cuando son muchos o muy importantes, digo que no consigo ver al cliente, solo estoy viendo una cortina de humo. Ocasionalmente, si lo considero oportuno, se lo manifiesto:

— *Escucho lo que dices, pero no consigo verte. ¿Dónde andas, realmente?*

No es esta una necesidad que tenga que ser satisfecha imperiosamente. No me resulta imprescindible para trabajar tener resuelto lo anterior. Constituye para mí, eso sí, una guía de trabajo y un foco permanente de atención.

Urgencias, ansiedades e interferencias varias

No me gustan los desencuentros previos: un malentendido por teléfono, una prevención que me suscita la persona que me lo deriva... Soy muy proclive a la comprensión de la situación del cliente y, al mismo tiempo, soy muy sensible a las manipulaciones. Cierto exceso de expectativas, ciertas alabanzas o muestras de desconfianza... las registro fácilmente. Como, por ejemplo, cuando el cliente trata de despertar en mí la obligación de atenderlo por el único motivo de que él lo necesita, como si no hubiera que tener en cuenta también mis posibilidades reales o limitaciones. Donde yo trabajo, o en la ciudad donde vivo, hay muchos otros terapeutas de toda clase. También los hay más baratos o más caros. ¿En nombre de qué tengo que ser yo quien atienda a este cliente?

En particular me desagradan las prisas. En base a la experiencia me he ido formando la impresión de que la connotación más habitual de urgencia suele ser: «inquiétate tú para que pueda tranquilizarme yo», o «espabílate tú para que pueda confiar yo», o «ponte tú a correr para que yo pueda ir más despacio».

Con el tiempo me he ido formando también el criterio de que mal favor le hago al cliente y me hago a mí mismo si acepto, sin más, tales pretensiones. Mal camino emprendemos los dos juntos si por inconsciencia acepto semejante encargo: por ejemplo, por deseo o compulsión de socorrer o ayudar, sin evaluar en qué aventura me embarco o con qué consecuencias. Aceptar un encargo en estas condiciones acarrea dificultades diversas que se manifiestan antes o después. Mi actitud inicial, por tanto, en tales casos, es de prevención, por no decir de desconfianza. ¿Por qué habría de mostrarme confiado ante alguien que no conozco y que parece venir a mí con exigencias o, al menos, expectativas poco realistas?

Otra cosa es que decida aceptar el encargo desde la conciencia, y desde la confianza en que, en este caso, merece la pena. Me muestro, eso sí, dispuesto a recibir al cliente y atenderlo dentro de mis posibilidades. Ya dije en la introducción que trabajo en un contexto privado, o de ejercicio libre de la profesión, y es en este ámbito en el que me muevo. Soy también plenamente consciente de que las condiciones en que se presenta la demanda en contextos de salud pública pueden ser bastante diferentes.

Encuentro que las prisas o las urgencias pueden tener dos significados distintos, que a continuación explico.

En un primer tipo de situaciones, tales prisas o urgencias son la manifestación de la angustia del cliente, de su desesperación, de lo mucho que le duele algo o de lo cansado que está de que le duela. En tales casos procuro calmar al cliente. Le digo, por ejemplo, que comprendo su desazón o su ansiedad y, al mismo tiempo, le explico que esta es mala consejera: nos empuja a actuar o tratar de actuar a la desesperada, y este no es buen camino. *Vísteme despacio, que tengo prisa*, dicen que decía Napoleón a su ayuda de cámara. Con ello no pretendo curarme en salud, en prevención de un posible largo proceso. Más bien trato de poner sobre aviso al cliente para empezar a centrar la atención en el aquí y ahora, desplazando el foco hacia el momento presente, en lugar de perdernos en anticipaciones de lo que ocurrirá después de después. Le puedo explicar también otras cosas como, por ejemplo, que cuanto más enredado está un ovillo más necesidad hay de comenzar a desenredarlo despacio.

O bien asumo que, ante el problema concreto, existen otros terapeutas u otros tipos de terapia probablemente más eficientes o incluso otros centros de consulta o de atención más adecuados al caso, como, por ejemplo, ante ataques de pánico, ante ciertos problemas educativos, etc, Existen trabajos terapéuticos de enfoque estratégico o cognitivo-conductual, o sistémico, etc. que resultan probablemente más recomendables en su caso. Adopto este punto de vista, por ejemplo, ante clientes que sufren algún tipo de fobia incapacitante, a los que sé que otros especialistas pueden ayudar mejor que yo a salir con cierta rapidez del atasco. Conozco quien les puede ayudar en este sentido y allí me remito, y les remito. Luego, si el cliente quiere algo más, le recibo con gusto. Pero no pretendo saber hacerlo todo yo solo.

De todas formas tengo claro que yo me limito a hacer terapia, y que no dispongo, por ejemplo, de un servicio de urgencias. Tampoco hago medicina ni trabajo social. Ni siquiera sé hacer cualquier tipo de terapia. Hago, simplemente, terapia gestáltica, y eso es lo que sé hacer bien.

En un segundo tipo de situaciones las prisas o urgencias significan una exigencia del cliente, que quiere tener una solución rápida e inmediata a sus problemas. Porque ha leído o le han dicho que hay terapias breves o rápidas, o porque no está dispuesto a gastar lo que él considera «demasiado tiempo» en una terapia. En tales casos comienzo a desalentar a mi cliente: ¿y si, en su caso, no hay tales soluciones rápidas?, ¿y si las hay, pero yo no las conozco?, ¿y si la eficacia de una solución resulta inversamente proporcional a las prisas con que dicha solución se encara?

Claro que hay soluciones rápidas, o caminos rápidos de solución. Tengo la experiencia de haber ayudado eficazmente a clientes en solamente una o dos sesiones. Existen las soluciones rápidas, pero no porque el cliente pretenda que las haya. Simplemente, no me interesa trabajar bajo la presión de la exigencia o de expectativas desmedidas.

He explicado estos dos tipos de casos que me parecen paradigmáticos. Ciertamente, la realidad no siempre es tan simple o tan clara: muchas veces es más variada y compleja. Pero me parece suficiente con la anterior descripción para ilustrar la posible variedad.

Quiero, en relación con este asunto de las prisas y urgencias, hacer una clara distinción entre este tipo de situaciones y otro tipo de ellas en las que existe una urgencia «real». Me refiero a los casos de accidentes o de pérdidas especialmente traumáticas, situaciones de violencia grave, abuso o violación, amenazas o agresiones físicas, etc., situaciones todas ellas susceptibles de desencadenar una reacción de «estrés postraumático». En tales casos, una intervención rápida de apoyo emocional e incluso de facilitación de catarsis suele ser recomendable y eficaz, en la línea de lo que propone, por ejemplo, Serge Ginger, y que denomina *Samur-Gestalt*[3]. Pero una cosa son estas urgencias reales, cuya atención normalmente requiere de la intervención o el apoyo de servicios públicos y suele prescribirse de oficio[4], y otra las prisas ansiosas de un cliente que viene a terapia buscando calmantes rápidos.

---

[3] Ginger, S.: *Gestalt. El arte del contacto*. Barcelona, Ed. Integral, 2005. Págs. 110-111.

[4] No me imagino que se pueda atender simplemente en consulta privada a una víctima, por ejemplo, de una violación o de cualquier otra agresión grave sin contar además con otro tipo de servicios asistenciales o jurídicos, como si un hecho de esta naturaleza fuera un simple asunto privado.

Por último quiero señalar un aspecto que no tiene que ver con lo anterior, pero sí con el asunto de las interferencias.

Como es natural, y a ello me referiré más adelante, establezco con el cliente, ya en la primera sesión, un compromiso de confidencialidad.

En este aspecto soy absolutamente estricto.

En cierta ocasión vino a verme un pariente próximo de un cliente para interesarse por el trabajo que estábamos haciendo. Me mostré dispuesto a ayudarle en todo lo que necesitara, pero una cosa no podía hacer: revelar información sobre lo que sucedía durante el trabajo, ni tampoco mi opinión al respecto. Lo que podíamos hacer, y así se lo ofrecí, era tener una sesión conjunta para una valoración conjunta, siempre y cuando mi cliente estuviera de acuerdo en ello.

El cliente, que era adulto y, económicamente, dependía de sí mismo, vino muy enfadado a la siguiente sesión: ¿qué clase de terapeuta era yo, que negaba información a una persona allegada?

No volvió.

No se trata solamente de una cuestión ética o de principios, aunque también. Es, en un sentido más básico, una cuestión de viabilidad del trabajo. Aceptar a un tercer interlocutor fuera de las sesiones equivale a jugar a tres bandas de tal manera que, en cada jugada, solo pueden verse dos de ellas. Es jugar a ciegas. Los rebotes son imprevisibles. Se trata de un riesgo inútil, cuando no contraproducente. En el caso que acabo de relatar ocurrió lo mejor que podía ocurrir: se canceló la partida.

Las bases del contrato

Como explicaré más adelante, la metodología del trabajo gestáltico responde (y los párrafos anteriores sirven ya como primera ilustración) más bien a un modelo fenomenológico, no clínico. Por tanto no me baso en un diagnóstico. No es esto lo que necesito para empezar. Necesito, básicamente, dos cosas:

— la primera: saber qué le pasa al cliente, y
— la segunda: saber qué quiere.

Vamos con la primera.
Normalmente el cliente empieza por explicar lo que le pasa. La mayoría empiezan espontáneamente por aquí, por contar o tratar de contar, lo que les pasa. Pero su relato no siempre resulta suficientemente claro. A veces el relato es demasiado escueto o escaso, y se hace necesario preguntarle para que amplíe información. Otras veces lo que ocurre es que su narración es demasiado larga, prolija o enrevesada. Ninguno de estos dos casos resulta un problema.

La dificultad mayor, para mí, se produce cuando, en el caso de bastantes clientes, lo que hacen es mezclar la información sobre sensaciones y sucesos con interpretaciones o análisis de los mismos, con reflexiones o razonamientos diversos, con autorreproches, etc. En una situación así, y tras escuchar al cliente un rato, prefiero ser directo:

— *Si te parece, vamos por partes. Me estás dando información de lo que te ocurre y al mismo tiempo vas introduciendo tus propias reflexiones o razonamientos sobre ello. Me cuesta un poco, oyéndote, distinguir entre lo que te pasa y lo que tú opinas sobre lo que te pasa, el análisis o la valoración que haces de ello. ¿Podrías decirme, por favor, de manera más precisa, qué es lo que te ocurre exactamente, qué es lo que estas experimentando en concreto?*

Y le pido más información, no más abundante, sino más sucinta y específica. Simplificando, diría: ¿Qué me pasa? ≠ ¿Qué creo que me pasa? ≠ ¿Qué creo sobre lo que me pasa?

Algunos clientes explican exclusivamente sus autoanálisis, reflexiones y autointerpretaciones y no hacen ninguna clase de referencia a la experiencia o a los hechos. Al extremo, hay clientes que se limitan a presentar quejas genéricas sobre sí mismos.

— *Es que soy un desastre.*

A este tipo de manifestaciones las vengo llamando «autodiagnósticos». Se trata de clientes que llegan presentando explicaciones sumamente elaboradas sobre su historia personal, algunas veces con base psicoanalítica, otras veces utilizando conceptos tomados de diversos libros de autoayuda. Algunos vienen específicamente de una terapia anterior de corte analítico, pero no siempre es así. Dan la impresión, desde luego, de haber leído mucho y/o de haberse analizado mucho, o de haber hecho mucha terapia «de cafetería».

— *No tengo bien resuelto mi complejo de Edipo.*

Desde luego este no es un ejemplo muy corriente, pero me lo he llegado a encontrar. Más frecuentemente me he encontrado con autodiagnósticos psiquiátricos o seudopsiquiátricos, o psicológicos o seudopsicológicos:

— *Estoy luchando para no caer en una depresión.*
— *Tengo un problema de inseguridad y de falta de autoestima.*

O una variante más sofisticada del anterior:

— *Tengo un problema de autoestima porque durante mi niñez me ocurrió que...*

Y le sigue un relato críptico-sincopado con redundancias en lo accidental, lagunas en lo fundamental y notas a pie de párrafo [5].

Ejemplo de otro problema, definido esta vez en modalidad seudoesotérica:

— *Es que vengo cargado de negatividad.*

En todos estos casos se trata, obviamente, de deslindar el grano de la paja, descodificando tales autodiagnósticos para indagar más concretamente en qué es lo que ocurre, distinguiendo la experiencia concreta y real del cliente en los ámbitos en que tenga lugar (corporal, emocional, relacional, comportamental, etc.) de la interpretación que el cliente hace de ella.

Incluyo también en esta categoría los diagnósticos psiquiátricos ortodoxos, útiles para un tratamiento médico pero menos útiles para abordar, desde un punto de vista gestáltico y, por tanto, fenomenológico, la experiencia del cliente.

Acostumbro a preguntar:

— *¿Cómo sabes que es eso lo que te pasa?*
— *¿Cómo sabes que tienes eso?*
— *¿Quién te ha dicho que tienes eso?*

No se trata aquí de cuestionar o revisar el diagnóstico psiquiátrico, sino de distinguir cuál es la experiencia real del cliente, qué es lo que a él le pasa, o asume que le pasa, de lo que cree saber simplemente porque otros se lo han dicho. La experiencia es el punto de partida de nuestro trabajo, por más que el resto de la información sea útil tenerla en cuenta a título orientativo.

---

[5] Esta jugosa expresión está tomada de un artículo de una vieja revista, del cual solo conservo una fotocopia, pero que me permite, al menos, citar a su autor: el escritor Josep-Vicent Marqués.

No siempre el problema es tan complicado, porque afortunadamente no todos los clientes han leído tanto o han realizado tanta introspección. O no todos los clientes vienen con verdaderos problemas psiquiátricos, más o menos graves. Más comúnmente nos podemos encontrar con que el cliente plantea el problema de forma genérica:

— *Me angustian las relaciones.*

Evidentemente se trata de concretar:

— *¿Qué relación te angustia actualmente? ¿En qué sentido dices que te angustia?*
— *¿A qué te refieres concretamente cuando dices que te angustian?*

O cualquier otra pregunta que venga al caso.

Siempre es importante saber a qué se está refiriendo el cliente concretamente.

— *Es que no controlo mis emociones.*

Cuando escucho algo así, desconfío de lo que oigo, pero no porque no me fíe de lo que dice el cliente, sino porque no me fío de lo que yo entiendo. ¿Qué quiere decir para él «controlar las emociones»? ¿Entiende por emociones lo mismo que yo, o se refiere más bien a impulsos? En tal caso: ¿qué impulsos? Y también: ¿qué quiere decir «controlar»? Y así voy formulando todas las preguntas que me hagan falta para captar su experiencia, sin dar por supuesto que entiendo la suya a partir de la mía.

A veces no está claro cuál es el problema o, por decirlo mejor, dónde está el problema. Porque se supone que el cliente viene con un problema o, al menos, con algo que él considera dificultad o carencia por su parte:

— *Es que soy muy exigente.*

Claro que podemos formular preguntas similares a las anteriores.

— *¿Cómo sabes que eres exigente? ¿Qué te hace pensar que eres exigente?*
— *¿Con quién eres exigente? ¿De qué manera lo eres?*

Pero, en este caso concreto, lo que yo no acabo de comprender es en qué sentido o de qué manera «ser exigente» constituye para él un problema. ¿Es que su comportamiento no responde a la imagen ideal que tiene de sí? ¿Es que se siente culpable cuando solicita algo de otra persona? ¿Es que en su entorno recibe muchas quejas o acusaciones en este sentido? Así que le pregunto abiertamente:

— *¿En qué sentido ser exigente es para ti un problema? ¿De qué manera lo es?*

Porque me importa mucho saber si es que está teniendo, por ejemplo, un problema concreto de relación o si, simplemente, es que le gusta devanarse los sesos.

Un autodiagnóstico es lo que en semántica general se conoce con el nombre de «nominalización». Una nominalización es un sustantivo que sustituye a una descripción de proceso. Sujeto, verbo y objeto, junto con sus correspondientes modificadores, están omitidos. Lo que ha hecho el cliente es «empaquetar» bajo una etiqueta una experiencia o conjunto de ellas, que aún no sabemos cuáles son. Hace falta, pues, recuperar toda la información omitida.

— *Tengo problemas con la autoridad.*

Empecemos, pues, a «desempaquetar»:

— *¿Qué problemas tienes con la autoridad?*
— *¿Con qué autoridades tienes esos problemas?*
— *¿Cuándo los tienes?*

Y así sucesivamente.

Aun a riesgo de parecer demasiado simplista, mencionaré aquí un tipo de intervención sencilla, similar a otras que ya he mencionado antes, pero más clara o directa:

— *Escuchando lo que me dices, tengo dificultades en distinguir entre lo que te pasa y lo que tú crees u opinas acerca de lo que te pasa.*

Y espero la respuesta. Frecuentemente la respuesta del cliente me permite una siguiente intervención:

— *Entonces no acabo de ver claro si el problema está en lo que te pasa o está en lo que tú crees u opinas acerca de lo que te pasa*[6].

Con independencia de lo anterior, lo que sucede a veces con algunos clientes es que les pasan muchas cosas. Incluso demasiadas. No me resulta difícil detectarlo: cuando el cliente parece sentirse abrumado o sobrepasado y yo mismo, al escucharle, me siento asimismo abrumado o sobrepasado. Pero normalmente no hago ninguna intervención al respecto en ese momento, y prefiero esperar a que el cliente me diga qué es lo que quiere.

---

[6] Existe una expresión, clásicamente atribuida a Epicteto, que dice, más o menos, lo siguiente: *Lo que nos inquieta no son las cosas, sino las opiniones que tenemos acerca de las cosas*. Esta expresión es, históricamente, muy anterior al invento de los enfoques cognitivistas.

Porque la segunda cosa que necesito, y esta suele ser normalmente más difícil de obtener, es que el cliente, una vez me ha dicho lo que le pasa, me diga lo que quiere. En términos técnicos: que formule su demanda.

A veces el cliente presenta una demanda o se plantea un objetivo más o menos preciso y bien delimitado: «quiero tomar una decisión sobre continuar manteniendo mi actual relación de pareja o dejarla», «quiero aprender otra manera de gestionar mis relaciones de amistad para no vivirlas tanto como una carga y disfrutarlas más», «quiero concentrarme en lo que es más importante para mí en lugar de vivir tan disperso entre múltiples ocupaciones», «quiero que me quites mis fobias».

Algunas veces el cliente no sabe lo que quiere, o dice no saberlo. Porque nunca se lo ha planteado. O porque se ha pasado tanto tiempo dando vueltas al ovillo que se le ha olvidado para qué quería la lana. O porque lo suyo es quejarse, sin más motivo u objetivo aparente. Por los motivos que sean. Con eso trabajo. En ocasiones, tener claro lo que se quiere justifica sobradamente todo un trabajo terapéutico.

Otras veces el problema es el contrario: el cliente quiere demasiadas cosas, y las quiere todas a la vez. Se plantea una especie de amalgama de objetivos. No necesariamente por capricho: puede que sus necesidades sean abundantes y variadas. Es el caso, al que antes me refería, del cliente que se siente abrumado o sobrepasado, de manera que yo mismo me siento así también. Es necesario centrarse en algo, o comenzar por algún sitio:

> — *Comprendo lo que te ocurre. No hay quien pueda llevar adelante su vida de manera satisfactoria teniendo abiertos tantos frentes a la vez. Tratar de atenderlos todos es prácticamente misión imposible, y además produce muchísimo desgaste. ¿Por dónde te gustaría empezar?*

Y me dedico a desbrozar, deslindar y priorizar.

Finalmente, en otras ocasiones la demanda es demasiado genérica, difusa, inconcreta. El primer trabajo consiste en ir concretándola y más vale armarse de paciencia. Concretar una demanda del tipo «estoy mal y lo que quiero es estar bien» lleva su tiempo.

Suele resultarme útil en este sentido, explicar la metáfora del taxi: la sesión de terapia es como un taxi y, para ponerlo en marcha, primero es necesario saber cuál es el destino al que se quiere llegar. Salvo que pretendamos simplemente hacer una especie de excursión turística.

Similar al tipo de demanda genérica a la que acabo de referirme es otro tipo de demanda, que podríamos llamar «demanda ilusoria» o «demanda fantasiosa». Aunque conceptualmente los términos «genérico» y «fantasioso» presentan algunas diferencias semánticas, en la práctica no se distinguen fácilmente. Sería el caso de la misma demanda de «quiero estar bien», demanda, por lo demás, sumamente frecuente. ¿En qué piensa el cliente cuando dice que quiere estar bien? ¿Qué idea tiene del bienestar? A veces el cliente se refiere al bienestar como una especie de estado permanente de felicidad caracterizado por la ausencia de dificultades o de conflictos. También puede que tenga la fantasía de que todo lo que diga, haga, sienta y piense se corresponda siempre con la imagen ideal que tiene de sí mismo, y que nunca suceda nada que ponga en cuestión tal imagen: «es que no quiero ser tal cosa», o «es que no quiero sentir tal otra». Este tipo de fantasía es muy frecuente, por ejemplo, en parejas cuya demanda es «que todo vuelva a ser como antes».

Vistas así las cosas, lo que caracteriza a la demanda fantasiosa es que, cuando se concreta, aparece claramente como una demanda «loca» o «imposible».

Algunas demandas aparecen formuladas, ya de entrada, de esta manera. Son los casos de clientes que dicen, por ejemplo:

«estoy siendo maltratado por mi pareja y quisiera dejar de sentir odio contra esa persona», o «acabo de separarme y quisiera dejar de sentir dolor».

Entonces opto por ponerme didáctico: sobre lo que es posible y lo que no, sobre lo que es natural o inevitable en determinadas situaciones, donde la cuestión no puede plantearse en términos de cómo podemos librarnos de algo sino de cómo lo podemos llevar de otra forma, etc.

En algunos casos me he encontrado con demandas locas en forma de lo que podríamos llamar «autoprescripciones». Debo aclarar en este sentido que no es la Gestalt el único tipo de trabajo que practico. Algunos clientes me conocen también por otras formas de trabajar.

— *Quiero que me sometas a hipnosis para conocer la verdad sobre mí mismo.*

Prefiero no dar más detalles que permitan identificar clientes concretos. De manera genérica, y utilizando una metáfora tomada de la cirugía, se me ocurre formular las autoprescripciones de la siguiente manera:

— *Conozco a una persona a quien operaste del apéndice y lo curaste. Vengo a que me operes del apéndice también a mí.*

Me he encontrado este tipo de demandas directamente relacionadas con ciertas ideas o estereotipos que suelen circular por ahí en relación con los resultados de las llamadas «terapias breves».

La respuesta, obviamente, es:

— *Primero cuéntame que te ocurre, y luego ya veremos si hay que operarte de algo o hay que hacer otra cosa.*

Algunos clientes vienen con demandas equivocadas. No son exactamente demandas «locas» como las que acabo de mencionar. No es que se trate de objetivos imposibles, sino de que la terapia, al menos desde el enfoque gestáltico, no sirve para lo que el cliente quiere. Estoy pensando en clientes que lo que quieren es conseguir algo de otra persona o para otra persona como, por ejemplo, conseguir que el jefe, la pareja o un amigo hagan tal o cual cosa, o realicen o dejen de realizar tal o cual tipo de comportamiento. En tales casos me pongo igualmente didáctico para explicarle en qué consiste una terapia y que aquí probablemente no encontrará respuesta a lo que busca. Le explico al cliente, por ejemplo, que puedo ayudarle a estar claro en lo que quiere y ayudarle a proponerlo con mayor firmeza o con mayor cuidado: hasta ahí puede llegar. Hasta aquí depende de sí mismo. Que el otro haga o deje de hacer una cosa u otra probablemente no depende solo del cliente.

Es distinto el caso cuando la demanda para otro se refiere a un hijo o un menor dependiente. Cuando este tipo de demandas entran directamente en el terreno educativo, en el cual no soy especialista, lo que hago es proporcionar al cliente una mínima orientación y encaminarlo a otros profesionales que quizá le podrán ayudar de manera más efectiva.

Es distinto, también, cuando el cliente hace una demanda para otro que a mí me parece abiertamente manipulativa. Por ejemplo: un cliente dice que quiere conseguir algo de otra persona pero sin proponérselo con claridad. ¿Tal vez este cliente espera que yo le enseñe maniobras de seducción? Con toda claridad le digo que no le podré ayudar. La verdad es que ante clientes así me pongo rabioso y se despierta en mí una especie de deseo de venganza. En mi fantasía no le diría abiertamente que no, sino que se lo iría dando a entender sutilmente, para que probase su propia medicina. Desde luego que no hago esto, sino ser claro y didáctico en mi negativa.

También encontrarnos, en ocasiones, falsas demandas. Esto ocurre cuando el cliente, por ejemplo, viene a terapia para satisfacer la demanda o la presión o la necesidad de otro, sea quien sea ese otro. En definitiva: viene a realizar una ficción de terapia para que el otro se calme o lo deje en paz. Típicamente me he encontrado con estas falsas demandas en casos de adicciones o de determinados conflictos conyugales o familiares. Resulta innecesario decir que en tales casos hagamos lo que hagamos será perder el tiempo.

La realidad, desde luego, es mucho más variada. En la práctica me encuentro con demandas que no sabría exactamente cómo clasificar. Por ejemplo:

— *Lo que quiero es obtener mayor reconocimiento.*

¿Se trata de una demanda fantasiosa, imposible? ¿O se trata más bien de una demanda equivocada o, incluso, manipulativa? El objetivo, desde luego, no es clasificarla, sino saber qué hacer con ella. ¿De quién quiere el cliente obtener reconocimiento? ¿Qué clase de reconocimiento busca? ¿Para qué necesita ese reconocimiento? Son este tipo de preguntas las que me ayudan a precisar, en la medida de lo posible, que es lo que el cliente quiere (porque por poco que me fije me resulta fácil observar que el término «reconocimiento» es una nominalización), para saber si se trata de un objetivo posible o no y, en caso afirmativo, si me veo a mí mismo en condiciones de ayudarle.

En mis primeros tiempos como terapeuta recibí en cierta ocasión a un cliente, remitido por un colega. *Quiero que me saques mi parte oscura.* Tuvimos dos sesiones, a lo largo de las cuales habló prácticamente él solo, sin permitirme apenas intervenir ni interrumpirle en modo alguno: ni preguntas, ni observaciones. *Espera un momento, déjame que termine,* y continuaba hablando y hablando.

A la tercera sesión no se presentó.

El colega que me lo remitió me informó de que este cliente se había quejado de que yo no había sabido sacarle su parte oscura.

Jamás tuve la menor idea de lo que esta persona quería realmente.

Los niveles de la demanda

He descrito hasta aquí diferentes tipos de demanda, al menos los principales. Algunas de estas demandas pueden estar claras ya en una primera sesión. Otras, en cambio, pueden requerir varias sesiones. Pero todas ellas son demandas a nivel de tarea, sirven para situar algún tipo de objetivo que oriente el proceso terapéutico, al menos a primera vista.

Sin embargo, este asunto de la demanda suele ser, en mi opinión, más complejo o «poliédrico». Presenta diversas caras, algunas de ellas oscuras. Desde luego no todas aparecen a primera vista y, a partir de que empezamos a trabajar sobre la demanda más explícita, van haciendo su aparición, frecuentemente en forma de interferencias extrañas. Quiero referirme ahora a estos otros niveles más oscuros de la demanda.

Estoy pensando, en primer lugar, en clientes con los que, a medida que comenzamos a trabajar, se va poniendo de manifiesto, de forma cada vez más clara, que no están dispuestos a arriesgar ni un milímetro en algo que no conocen o no controlan. No parecen tampoco dispuestos a cuestionarse nada de sí mismos: ni de lo que piensan, ni de lo que hacen.

¿Qué sentido tiene este posicionamiento o esta actitud? Pareciera que tales clientes esperan obtener otra cosa, otro resultado en sus vidas, esperan que les pase algo diferente, mientras insisten en seguir haciendo lo mismo.

Se trata, pues, de una demanda sujeta a condiciones que no

han aparecido o no han sido expresadas en un primer momento. En tales condiciones la satisfacción de la demanda resulta muy difícil, por no decir imposible, dadas las fuertes limitaciones a que está sujeta.

Esta situación, cuando aparece, suele ponerse de manifiesto de forma bastante evidente. Un ejemplo sencillo podría ser:

— *Estoy muy cansado.*
— *Quizá te convendría descansar más.*
— *No puedo, tengo mucho trabajo.*

Pareciera que este cliente pretende cansarse menos trabajando lo mismo o incluso más, si pudiera. Como si viniera buscando una especie de fortalecedor. No puede ser que a él le fallen las fuerzas. De alguna manera no llega a reconocer sus límites reales o, dicho de otra forma, no puede dar lugar a ninguna opción que cuestione la idea que tiene. En consecuencia, no se da cuenta de que el problema lo causa él con su propio enfoque del problema.

Podríamos decir que este es también un tipo de demanda loca, no en cuanto al objetivo, sino en cuanto a los supuestos sobre los cuales se espera su satisfacción. Existe una especie de «deseo loco» del neurótico que podría formularse así:

— *Sé que esto se consigue empujando (o sufriendo, o disimulando, o perdonando, etc.) y que si no lo consigo es porque no empujo (o no aguanto, o no disimulo, o no perdono, etc.) lo suficiente. ¡Dios mío, dame fuerzas para seguir empujando (o aguantando, o disimulando, o perdonando, etc.)!*

Suelo utilizar la metáfora de la barca para comprender y explicar este tipo de problemas. Una persona está remando. Tiene un brazo más fuerte que el otro, así que aplica más fuerza al remo que sostiene con el brazo más fuerte. Como consecuencia, la barca se desvía en esta dirección, y comienza un movimiento de giro. Para evitarlo y recuperar el movimiento rectilíneo, la persona rema con más fuerza. Pero, como sigue teniendo un brazo más fuerte que otro, el resultado es un movimiento de giro cada vez más cerrado.

— *No paro de dar vueltas.*
— *Afloja el brazo que tienes más fuerte.*
— *No puedo aflojar, yo quiero seguir avanzando.*

Y así la persona que rema continúa dando vueltas.

Este tipo de situaciones no resultan nada sencillas de abordar. Cualquiera que conozca el procedimiento estratégico sabe que uno de los primeros pasos a dar para la comprensión del problema es el de realizar un inventario de soluciones intentadas y que no han funcionado. Una vez que ya se sabe lo que no funciona, se trata de formular y poner en marcha otra estrategia.

Esta manera de trabajar funciona muy bien con personas que de algún modo están abiertas a probar otra cosa o que, en su desesperación, están dispuestas a probar cualquier cosa que el terapeuta les proponga [7]. Pero no siempre es así. Las objeciones pueden ser múltiples:

— *Pero ¿cómo voy a hacer eso?*

Y el cliente insiste en pretender más de lo mismo, en reforzar lo que tiene más fuerte o lo que cree tener más fuerte. El cliente quiere conseguir algo diferente manteniendo la idea que tiene de sí. Reforzar la idea que se tiene de uno mismo es la principal

---

[7] Una de las habilidades básicas del terapeuta estratégico consiste precisamente en aprovechar de manera útil esa desesperación.

fuente de necesidades o, mejor dicho, exigencias neuróticas y, por tanto, de demandas «locas» en este sentido.

Hay quien llama «demanda confirmatoria» a aquella cuyo objetivo es asegurarse de los propios criterios o decisiones. Pero de la misma manera que no es oro todo lo que reluce, no necesariamente toda demanda confirmatoria es sospechosa de deseo neurótico.

Este tipo de demanda puede tener a veces un sentido sano: el cliente necesita asegurarse ante un asunto importante, validar su propio modo de sentir o de pensar. Simplemente, porque el asunto es importante o puede tener consecuencias importantes, y tampoco pretende con ello pasar la responsabilidad al terapeuta. En cualquier momento, todos podemos necesitar la ayuda de un espejo o de un *sparring*. Pero este tipo de situaciones son habitualmente fáciles de discernir y de trabajar.

Sin embargo, una demanda parecida puede tener, en otras ocasiones, un sentido manipulador o perverso. Por ejemplo: el cliente quiere asegurarse de que él está en lo cierto y que otra persona está equivocada, para poder cargar las culpas a esa otra persona. O desde una posición más radical: quiere que sus circunstancias o los resultados de sus actos cambien sin cambiar nada él mismo. Él está haciendo lo correcto o lo que puede y, si no resulta lo que quiere, el fallo es de los otros o de la vida. ¿Cómo hacer algo para que la vida o los otros se ajusten más a las propias necesidades, haciendo, por otra parte, más de lo mismo?

Como ya he dicho, y repito, este tipo de demandas se asemeja a las que antes he calificado como «imposibles» o «locas». Las recibo en los términos a que ya me he referido antes o, incluso, las cuestiono más directamente:

— *¿Qué estás dispuesto a revisar, o a cambiar, o a poner de tu parte?*

En este sentido me parece importante atender a ciertas connotaciones del lenguaje con que se formula la demanda. El cliente puede decir lo que desea en términos que tienen resonancias más activas, como apuntando a lo que él pretende y está dispuesto a hacer, o resonancias más pasivas, más en tono de queja, como esperando que le sucedan cosas diferentes o que la vida le depare en el futuro algo que hasta el presente parece que le ha negado.

Me volveré a referir a todo ello, con más extensión, un poco más adelante, en el apartado «Demandas y expectativas». Quisiera por ahora, antes de proseguir, hacer un breve inciso para resituar las presentes observaciones y reflexiones. Lo que estoy señalando aquí no son demandas diferentes a las que he descrito en el apartado anterior («Las bases del contrato»), sino un segundo nivel, que he llamado «más oscuro» que pueden presentar los mismos tipos de demanda. Insisto: este segundo nivel raramente aparece en los comienzos del proceso terapéutico, pero se va poniendo progresivamente de manifiesto en forma de extrañas interferencias.

En este sentido es bastante típico, por ejemplo, el caso del cliente que quiere resolverlo todo pensando o razonando. Si de esta manera no encuentra las soluciones que busca, lo sensato sería considerar que quizá las está buscando en el sitio equivocado o de la manera equivocada.

— *¿Qué sientes, mientras piensas eso, o qué sientes cuando piensas en esa persona?*
— *Nada, lo que siento no me preocupa.*

Otro ejemplo parecido:

— *Aquí trabajamos con la totalidad de la persona, con la totalidad de la experiencia: las personas somos organismos vivos y, además de pensar, también experimentamos sensaciones y emociones.*

— *¡Ah, no! No quiero saber nada de las emociones, solo sirven para perturbar el pensamiento.*

Es muy común que nos encontremos con clientes a quienes les resulta difícil tomar contacto con su experiencia corporal o emocional. Pero en este caso, además, nos encontramos claramente con una creencia. Si la cuestionamos abiertamente, cosa que, por supuesto, podemos hacer, es muy probable que el cliente se ponga sumamente desconfiado.

Creo que es en este punto donde muchos enfoques terapéuticos, generalmente de inspiración analítica, hablan de «resistencia». Siendo mínimamente realistas, difícilmente podremos progresar en un trabajo con un cliente, al servicio de algo que quiere conseguir o que quiere cambiar, si empezamos por desafiar lo que quiere preservar porque, en su idea, es lo más sólido que tiene.

Personalmente prefiero respetar estos supuestos, ir trabajando sobre esta base aunque pudiera parecer equivocada, ganándome poco a poco la confianza del cliente mientras vamos examinando las posibilidades y limitaciones de los recursos que actualmente maneja, contrastando las opciones que tiene a su alcance desde su actual representación de la realidad y de sí mismo.

La idea que el cliente tiene de sí mismo, las creencias que el cliente tiene de sí mismo, suelen ser muy difíciles de cambiar y, desde luego, resulta insensato tratar de hacerlo al principio. El cliente nos dirá:

— *Es que yo soy así.*

O, si se trata de un cliente «iniciado», podrá decirnos, por ejemplo:

— *Es mi karma.*

Lo que el cliente quiere preservar debe de tener o haber tenido algún sentido para él. Probablemente estará abierto a reconsiderarlo en el contexto de un vínculo que él considere como sólido. Así que el primer objetivo, sean cuales sean las condiciones o limitaciones con que se presente la demanda del cliente, es establecer, desarrollar y consolidar el vínculo, salvo en el caso, claro está, de que se trate de objetivos fáciles de conseguir a corto plazo.

Lo cual nos lleva a considerar otro nivel de la demanda. El cliente viene a lo que parece que viene, pero no de cualquier manera sino en determinadas condiciones. ¿Viene a algo más? —dice Perls en su libro *El enfoque gestáltico. Testimonios de terapia*, que reseño más ampliamente en el epígrafe 6.1 sobre bibliografía:

> — *Bien, ¿y qué necesita el paciente de nosotros? ¿Un <u>muro de los lamentos</u>, un hombro en que apoyarse? ¿Un aliado para condenar a su esposa o a su jefe? ¿Alguien que lo castigue por sus pecados? O, si ya se ha castigado a sí mismo lo suficiente, ¿alguien que lo perdone y lo redima?* [8].

El párrafo que cito es bastante más largo, pero estas primeras líneas resultan suficientemente ilustrativas.

Cualquier demanda tiene también este otro nivel: junto al nivel de la tarea, que aparece, claro está, en primer término, se da también este nivel de la relación, de demanda o propuesta de relación que, en la mayoría de los casos, aparece en un plano más de fondo.

Señalaré aquí que en muchísimas ocasiones tan importante

---

[8] Perls, F.: O.C. Pág. 54. El subrayado es del autor.

como la demanda de tarea es la demanda de relación. Siempre hay esta doble demanda, pero si la demanda de tarea resulta a veces difícil explicitarla o concretarla, la demanda de relación suele serlo mucho más. Aunque a veces se trate de una demanda transparente, en la mayoría de los casos una demanda de este tipo permanece implícita o encubierta. Es a eso a lo que se refiere Perls.

A nivel de lenguaje, sabemos que este tiene siempre una connotación imperativa. A veces, como digo, esta connotación es transparente. Otras veces se trata de un juego manipulativo, tal como lo describe, por ejemplo, Eric Berne, en su teoría de los juegos[9]. Por su parte el psicoanálisis aborda este asunto desde su teoría de la transferencia.

Aunque ahora mencione tales referencias teóricas, lo que estoy diciendo no es algo que simplemente se desprenda de este tipo de consideraciones. No se trata de una deducción. Más adelante, en el apartado «Demandas y expectativas», señalaré aspectos que ahora podemos ver aquí como «demanda de relación». El cliente no solo quiere algo: lo quiere, además, a partir de un supuesto de cómo se comportará con él el terapeuta. Y este supuesto, insisto, aparece a veces de manera más transparente, pero otras de manera más encubierta.

Al extremo, las demandas de tarea y de relación pueden llegar a ser contradictorias, como en los casos de conductas de clientes que, de acuerdo con el modelo del Análisis Transaccional, podríamos decir que buscan hacer colección de «cupones negativos». Propuestas de relación del tipo: «conmigo no vas a poder» o «lo mío no tiene arreglo» pertenecerían a esta modalidad.

---

[9] Berne, E.: *Juegos en que participamos*. Barcelona, Integral-RBA ediciones, 2006. 229 págs. Véase específicamente el capítulo «Los juegos de consulta» en las págs. 166-191.

Dice Perls, hablando del neurótico:

— *Sin embargo, no viene con las manos vacías. Trae consigo sus medios de <u>manipulación</u>, sus modos de movilizar y usar el ambiente para que haga el trabajo que le corresponde a él. Y no nos engañemos al creer que estas técnicas manipulativas no son ingeniosas*[10].

A mí me parece que no todos los neuróticos son iguales y desde luego, no en el mismo grado. Me parece que hay demandas de tarea que resultan, como digo, transparentes, incluso sencillas, enmarcadas en una propuesta de relación igualmente transparente. Son claras peticiones de ayuda de un adulto a otro, sin trampa ni cartón.

Pero en la práctica terapéutica no cabe esperar que eso sea lo más habitual. En ocasiones, a través de una demanda «sospechosa», o acompañada de algún tipo de expectativa igualmente sospechosa, podemos empezar a investigar cuál es la demanda de relación encubierta. Pero yo no confío en que esta sea perceptible en un primer contacto. El tiempo dirá. Y el tiempo nos muestra cuándo una tarea, por sencilla que sea, no avanza, o cuándo se produce una serie interminable de tareas en base a una sucesión igualmente interminable de problemas o de objetivos con todo el aspecto de «serpiente que se muerde la cola». Son las «extrañas interferencias» a que antes me he referido.

Es a partir de esta experiencia cuando yo me planteo el asunto de la demanda de relación. Pero, como digo, no es algo que se pueda normalmente abordar en un primer contacto, o mientras estemos en una fase de tanteo. Abundaré en ello en el siguiente capítu-

---

[10] Perls, F.: O.C. Pág. 55. El subrayado es del autor.

lo sobre el proceso. Por el momento queda apuntado aquí el carácter complejo o poliédrico de la demanda.

Manuel Villegas, en un interesante artículo publicado en la *Revista de Psicoterapia* que reseño en el epígrafe 6.2 de la bibliografía, establece una especie de tipología o listado de demandas, de acuerdo con un criterio enunciado por él como «modalidades pragmáticas de demanda». En dicha tipología [11] hace referencia a algunos tipos de demanda que ya hemos visto.

Por ejemplo llama «no-demanda» a aquella cuyo objetivo es hacer callar a un tercero, que es uno de los tipos de demanda que mencioné anteriormente. Llama «demanda confirmatoria» a aquella cuyo objetivo es asegurarse de los propios criterios o decisiones, en el sentido que ya hemos visto antes. Y así continúa enumerando otros tipos de demanda (mágica, inespecífica, delegada, etc.), algunos de los cuales no he considerado aquí pero que no requieren, a mi juicio, mayores precisiones, ni tampoco me parece que valga la pena analizarlas aquí con mayor detenimiento. Remito a la lectura del citado artículo al lector que esté interesado en ello.

Una objeción tengo que hacer a esta tipología de «modalidades pragmáticas de demanda». Más bien que de una objeción, se trata de la constatación de una laguna importante: no hay ninguna referencia al aspecto relacional de la demanda o, las pocas que hay, están formuladas de modo implícito (por ejemplo, en el caso de las demandas «perversa» o «colusiva»).

Una vez más: la realidad es infinitamente variada.

Demandas y expectativas

Las palabras significan lo que acordamos que signifiquen. A mí me resulta útil distinguir entre «demanda» y «expectativa».

---

[11] Villegas, M.: O.C. Pág. 42.

Ofrezco aquí esta distinción para que la aproveche quien la encuentre de utilidad.

Como ya he dicho antes, para mí la demanda incluye lo que el cliente dice que quiere o que espera conseguir. Tiene que ver con aspiración, objetivo, meta o finalidad. Ya hemos visto antes una cierta variedad de posibles tipos y niveles de demanda.

«Expectativa» tiene un sentido más amplio: tiene que ver con la demanda y con la forma en la que esta se satisfará. Prefiero el término «expectativa» para definir la idea o fantasía que el cliente tiene de cómo será el trabajo que realizaremos, qué grado de esfuerzo le supondrá, en qué plazo puede esperar resultados, etc. Cualquier tipo de fantasía anticipatoria sobre el enfoque del trabajo o el proceso. Es la diferencia entre «¿qué quieres?» y «¿qué esperas?» o, mejor dicho, «¿cómo esperas conseguirlo?»: ¿qué esperas que pase, qué esperas que haga yo, cómo te imaginas que trabajaremos, cuánto esperas que dure el trabajo, qué ocurrirá?, etc. O la cuestión opuesta a la de ¿qué esperas?, es decir: ¿qué temes?

Por ejemplo, un cliente viene con una demanda clara, que ya vimos antes:

— *Quiero que me quites mis fobias.*

La demanda es clara: que desaparezcan las fobias. La expectativa es: que se las quite el terapeuta.

Ya me he referido antes a los clientes que vienen con expectativas, casi exigencias, de soluciones rápidas, a corto plazo. Como también dije, generalmente prefiero desalentarlos.

A la pregunta directa sobre expectativas son bastantes los clientes que afirman no tener ninguna. Tengo que decir que, al menos, en mi experiencia, esto suele ser, también en la mayoría de los casos, simplemente falso. Lo que puede ser es que no tengan expectativas susceptibles de ser formuladas de manera consciente. Pero, quién más, quién menos, tiene su experiencia, ha oído algo, ha leído algo o ha visto algo como, por ejemplo, cine o alguna serie de televisión.

Hay quien viene, por ejemplo, esperando consejo. Estos casos suelen ser bastante transparentes: el cliente declara abiertamente que esto es lo que espera. Pues bien: tengo casos, no ciertamente demasiados, en que he respondido con un consejo a la petición de consejo y esto parece haber sido suficiente: el cliente, al menos, se muestra satisfecho, da las gracias, paga y se va. Me importa un bledo si después pide consejo a otros profesionales y al final hace otra cosa. Cualquier persona tiene derecho a pedir opinión a quien quiera y luego hacer lo que le dé la gana, sin comprometerse ni comprometer al otro y sin volver luego con exigencias o quejas. El asunto, en tales casos, es transparente y punto.

Quiero, no obstante y antes de proseguir, distinguir este tipo de casos, ciertamente poco comunes, de aquellos otros en que, tras solicitar consejo y recibirlo, el cliente pone reparos al consejo recibido y solicita otro nuevo para volver a hacer lo mismo con él y así sucesivamente. En tales casos estamos claramente ante un asunto de relación: «¿a qué estamos jugando?».

Volviendo al asunto de las expectativas añadiré que normalmente no responden a deseos concretos de que pase o resulte esto o lo otro, sino a fantasías o presupuestos implícitos o no declarados relativos al modelo de trabajo que, precisamente por implícito, se da por supuesto.

Tenemos, por ejemplo, el caso del cliente que viene con algún tipo de expectativa formada en base al modelo de consulta médica convencional. Incluso viene llamando al terapeuta «doctor». El paradigma sería: «tengo una avería en algún sitio y quiero que la encuentres y la arregles». Llega, explica lo que le pasa y se queda esperando las preguntas del terapeuta o sus indicaciones, cuando no pregunta él mismo directamente qué es lo que tiene que hacer.

Este es un comportamiento que responde a un supuesto metodológico que yo llamo con el original nombre de «modelo de consulta médica» o «botón mágico». La expectativa es: «tú sabes donde tocar para que yo quede arreglado: dame tú las instrucciones». Obviamente este cliente no está bien informado, y empiezo por explicarle la manera en la que trabajaremos aquí, claramente diferente de otras que ya conoce.

O desarrolla un largo discurso plagado de informaciones, autoanálisis y reflexiones que explica detenidamente para que el terapeuta «se haga cargo» o «pueda comprender mejor lo que le pasa». De alguna manera está esperando un elaborado diagnóstico y supuestamente un tratamiento, aunque a veces parece conformarse con querer saber «por qué le pasa lo que le pasa». A pesar de mi experiencia, me sigue llamando poderosamente la atención el cliente que viene «a saber lo que le pasa» o a que le diga yo lo que le pasa, como si esa fuera la finalidad de la terapia. Me pregunto: «¿para qué querrá saber lo que le pasa?», «¿es que no lo sabe?». Y sobre todo: «después de que lo sepa, ¿qué hará con ello?».

Me lo pregunto y se lo pregunto:

— *¿Cómo quieres que lo sepa yo? Yo acabo de conocerte. ¿No lo sabes tú?*

Y también, si viene al caso.

— *Y una vez sepas lo que te pasa, luego ¿qué?*

Otros llegan con experiencia, por ejemplo, en psicoanálisis, o con alguna idea formada sobre la naturaleza de la terapia basada en lo que han oído, leído o visto sobre psicoanálisis (menciono el psicoanálisis porque habitualmente es la referencia prototípica, no porque tenga objeciones sobre ello). Puede ser que realicen alusiones directas a este respecto o puede que simplemente se comporten como si creyeran que la terapia consiste en hablar, hablar, hablar... Cuanto más tiempo seguido, mejor. Cuentan su vida con pelos y señales en la expectativa (implícita) de que con eso será suficiente o de que el terapeuta se hará cargo o sabrá que hacer con ello.

> — *Te escucho con atención, creo que te entiendo, y me gustaría saber qué quieres o qué esperas que haga con toda esta información.*

Otros vienen con una cierta idea, podríamos, decir, «catártica» de la terapia. Declaran abiertamente o, al menos, se comportan como así lo creyeran, que la terapia consiste en «desahogarse». Su comportamiento no suele ser muy diferente de los anteriores, y consiste, básicamente, en contar su vida con toda clase de pelos y señales, especialmente sus «traumas», con la idea de «sacar sus penas fuera». Califico este modelo como «modelo de confesionario» o «modelo catártico».

El problema de los mencionados tipos de expectativas no es que sean más o menos infundadas, sino que limitan poderosamente la visión y las posibilidades de actuación. Cualquier cosa que ocurra fuera del modelo de expectativa desconcierta al cliente. Por eso hay que informarle y avisarle y, probablemente, más de una vez. Si el cliente no flexibiliza sus expectativas, por incapacidad nuestra o suya, las posibilidades de desarrollar un trabajo eficaz son escasas.

En todo caso, el objetivo de la anterior descripción no es el de establecer una tipología (por otra parte, los tipos que he descrito presentan diversos elementos en común), sino el de ilustrar que el asunto de las expectativas no se clarifica solo por vía verbal (si solo se hace por esta vía el abordaje se queda corto), sino a través de la observación de comportamientos, incluidos los silencios.

Una vez más: «¿qué está pasando?».

Como he dicho varias veces y, probablemente, seguiré repitiendo, la realidad es muy variada y en todo este tipo de situaciones se impone, creo yo, una toma de postura didáctica por parte del terapeuta, como ya hemos visto a propósito de cierto tipo de demandas inadecuadas.

He descrito algunas tipos de expectativas que tienen que ver, podríamos decir, con la modalidad del proceso, con la forma en la que se supone que se desarrollará el trabajo. Hay otras, que seguidamente describo, que se refieren más bien a la accesibilidad de los objetivos, y que presentan, en este sentido, un aspecto más bien cuantitativo. Se trataría de expectativas desmedidas, por exceso o por defecto. Tienen que ver, como digo, con la idea que el cliente tiene de lo que conseguirá o del esfuerzo que le representará. Normalmente presuponen también determinados modelos o, dicho de otra forma, implican determinadas creencias.

Creencias, por ejemplo, del tipo: «la terapia lo puede todo» o «la terapia sirve para todo». El cliente muestra una excesiva confianza en la terapia. En tales casos podemos encontrarnos con expectativas desmedidas o desajustadas, del tipo «mi vida se arreglará completamente» e, incluso, «se arreglará fácilmente».

Similares a las anteriores son las creencias de tipo mágico, del tipo «encontraré la panacea». La búsqueda de la «varita mágica» o de la solución rápida, la expectativa de conseguir «el oro y el moro» pertenecerían a esta categoría.

Hay también creencias opuestas a las anteriores: lo contrario de la excesiva confianza es el exceso de escepticismo: «no creo que esto sirva para nada», o «los terapeutas son unos come-cocos y a mí no me van a comer el coco», etc. El cliente que viene con estas creencias normalmente reta al terapeuta: «conmigo no vas a poder» o «lo mío es tan peculiar o tan difícil que no creo que haya nadie capaz de ayudarme». Tales expectativas van con frecuencia asociadas a demandas de tipo «confirmatorio». Por ejemplo: «confírmame que soy una persona muy especial», o «mira qué carga tan grande llevo, y además la llevo solo», o «todo lo que me puedan ofrecer otros no vale para nada».

Habitualmente no acepto este tipo de retos. De uno u otro modo lo confronto.

> — *Si has hecho tantas terapias (o si has acudido a tantos terapeutas) que no te han servido o no te han ido bien, ¿qué te hace suponer que en esta ocasión va a ser diferente?, o ¿qué te hace suponer que yo voy a saber hacer lo que otros no han sabido?*

O simplemente:

> — *¿Qué te hace pensar que yo te podré ayudar?*

O bien confronto de modo más radical o «paradójico».

> — *Tienes razón. No creo que pueda ayudarte, o no creo que esto te pueda realmente servir.*

Y dejo que el cliente «mueva ficha». A veces se va. Otras veces cambia de posición o de discurso. Otras veces pasan otras cosas.

En mis comienzos como terapeuta no decía nada de esto sino que más bien, ante este tipo de clientes, trataba de animarlos o de infundirles esperanza. La experiencia me ha enseñado que tratar de desalentarlos es mucho más efectivo.

Excuso decir que, de modo semejante, también confronto las creencias desmedidas o mágicas. Especialmente me muestro desconfiado respecto a los excesos de confianza y, no digamos, los halagos:

> — *¡Huy! ¡Qué miedo me da oírte! ¿Qué harás cuando descubras que no soy la virgen de Lourdes?*

Comparables en cierto sentido a los casos anteriores pero, en mi opinión, claramente diferentes, son los casos de clientes que vienen a terapia, no en busca de soluciones mágicas («un toque de varita mágica y todo solucionado» o «aquí voy a tener el oro y el moro»), sino en búsqueda del milagro después de muchos fracasos. No buscan exactamente recetas, ni tampoco vienen provocando («conmigo no hay quien pueda»). Simplemente viven con gran desesperación el hecho de no haber encontrado hasta ahora la ayuda que esperan, necesitan o creen necesitar.

A veces estos clientes encubren algún tipo de demanda manipulativa de relación «loca» o «imposible». Pero a veces, de entrada, no aparecen indicios de que esto sea así, más bien el cliente se muestra angustiado y desesperado de forma transparente, es decir: se muestra congruente al respecto. Así que prefiero tomármelo en serio y examino, cuidadosamente, lo que el cliente dice que le pasa, lo que dice que quiere, los intentos que ha realizado por conseguirlo y los atascos o dificultades que hasta ahora ha encontrado y que le han impedido conseguirlo.

A veces la dificultad viene de la forma en la que el cliente plantea su demanda. Otras veces viene de una enorme falta de conciencia de lo que le pasa: se pierde por las ramas porque, como decimos al modo gestáltico, no acaba de estar en contacto consigo (o más bien está muy distante de ello). Otras veces la impresión es que ha tenido mala suerte con los terapeutas, o que acudió a terapeutas que otros le recomendaron pero cuyo modo de trabajar difícilmente podría servirle de ayuda. Otras veces parece lo contrario: que la solución difícilmente será la psicoterapia y hacen falta otros enfoques además de, o en vez de, la psicoterapia. También hay casos en que la situación es realmente complicada y difícil. Y así sucesivamente.

El trabajo que realizo en estos casos no parte de la base de creer que yo pueda ser mejor terapeuta que otros, sino más bien de la plena conciencia de mis limitaciones; por ello necesito saber cómo es el asunto en que se me pide que me meta antes de decidir si quiero meterme o no en él. Y así acabo aceptando el encargo, o derivándolo, o reorientando la demanda, o proporcionando cualquier devolución que me parezca de posible utilidad.

Concretar el contrato

Es hora ya de aterrizar, es decir, de concretar el «contrato».
Como expliqué en el apartado «Las bases del contrato» me interesan, para empezar, estas dos cuestiones principales.

— *¿Qué te ocurre, concretamente?*
— *¿Qué quieres, qué deseas, qué esperas conseguir, qué resultado te gustaría llevarte de este trabajo?*

En relación con esta segunda cuestión formulo, cuando me parece conveniente, una tercera:

— *¿Cómo esperas que te ayude o cómo crees que puedo ayudarte? ¿Qué crees que podemos hacer, o qué esperas que hagamos, a este respecto?*

A partir de lo que voy obteniendo de todo ello voy devolviendo al cliente o negociando con él lo siguiente:

— Lo que pienso de su demanda. Si procede, la discutimos para concretarla. O para cuestionarla. Incluso quizá sea útil que empiece a «desalentar» al cliente.
— Lo que creo que podemos hacer al respecto. Aquello en que yo veo que puedo ayudarle o serle útil y aquello en que no.

Empiezo por decidir y declarar mi disposición a trabajar con él. En caso afirmativo, paso a formularle una propuesta concreta de trabajo, que luego detallaré. O le digo que yo no soy la persona adecuada (explicando el motivo) y lo derivo hacia otro colega. O le recomiendo otro tipo de actividades terapéuticas (terapia de grupo, bioenergética, yoga, etc.) o no primariamente terapéuticas (música, danza o teatro, por ejemplo). O le digo que se lo piense, o que creo que con la terapia no conseguirá nada, o que quizá no es terapia lo que más necesita en este momento, sino más bien otro tipo de ayuda (en algunos casos de separaciones o divorcios con asuntos económicos de por medio la cuestión más usual que he encontrado es la de si lo que el cliente necesitaba realmente era un terapeuta y si no sería más bien un buen abogado lo que le hacía falta).

O me presenta un asunto que a mí me parece más bien de naturaleza educativa. Por ejemplo: un padre o una madre dicen no saber cómo ayudar a su hijo para que se concentre en el estudio, y los intentos que hacen parecen resultar más bien contraproducentes. En casos así prefiero remitirles a quienes considero que les pueden ayudar mejor que yo.

O lo remito directamente al médico. En cierta ocasión me vino un cliente que llevaba dos días sintiendo un dolor muy agudo en el abdomen. Según el cliente se trataba de un problema psicosomático.

— *¿Qué te ha dicho el médico?*
— *No he ido, no creo en los médicos.*
— *Pues vete a verlo cuanto antes y vuelves con lo que él te diga.*

Afortunadamente fue al médico enseguida. Tenía un ataque de apendicitis.

Estas cosas ocurren. En este caso el asunto era, digamos, de menor alcance (o mayor, si finalmente no hubiera ido al médico). Prefiero ahorrar aquí el relato de casos de otro calado como, por ejemplo, un cliente que quería terapia para solucionar unas dificultades que en aquel momento aún no sabía que se debían a la existencia de un tumor cerebral avanzado. O bien otros casos de crisis de ansiedad aguda o de episodios psicóticos graves.

Como anuncié antes, paso a formular, cuando es el caso, una propuesta concreta de trabajo, que incluye:

a) Número inicial de sesiones que contratamos.

Por principio no soy partidario, de entrada, de los contratos indefinidos. Un contrato indefinido significa que empezamos hoy y no sabemos cuándo terminaremos. A veces no es esto lo que espera el cliente, y una propuesta de este tipo es un mazazo difícil de digerir. Pero, aunque lo espere o no le sorprenda, creo yo que se impone al menos una primera fase de tanteo. Así que le propongo un número corto de sesiones (específicamente: entre cuatro y ocho) donde a la vez que vamos trabajando nos iremos tratando mutuamente. Quizá no le guste mi estilo. Quizá con seis sesiones se dé por satisfecho. Quizá estemos de acuerdo en que vale la pena seguir trabajando, y entonces concretaremos cuántas sesiones más y en qué dirección (que puede ser la misma u otra). Quizá veamos útil reajustar la frecuencia de las sesiones.

En definitiva: lo que propongo es establecer un punto de revisión a corto o medio plazo antes de dar por supuesto que vamos a seguir. No quiero dar por supuesto nada. También tengo en cuenta las expectativas del cliente. Por ejemplo, si viene con referencia del psicoanálisis es probable que ocho sesiones le parezcan poquísimas. O si su modelo de referencia es la consulta médica es posible que cuatro sesiones le parezcan una enormidad. Veo qué cara pone el cliente y ajusto el tamaño de la propuesta.

Aunque queda dicho entre líneas, hay un aspecto que quiero

señalar explícitamente: este aspecto del encuadre es muy útil también como forma de sondeo de las expectativas.

b) Frecuencia de las sesiones.

La frecuencia habitual de las sesiones, al menos para empezar, es de una por semana. Empezar con una frecuencia mayor (en algunos enfoques terapéuticos se proponen hasta dos y tres sesiones por semana, incluso se dice que lo ideal sería una por día) no nos ayuda, no nos sirve para nada en el caso de una terapia de enfoque gestáltico (aparte de la dificultad de sostenerlo económicamente). Claramente: no por trabajar más sesiones vamos a progresar más deprisa o, al menos, no proporcionalmente.

Empezar con una frecuencia menor (por ejemplo, cada quince días) hace más difíciles los comienzos: cuesta mucho más emprender una dinámica de trabajo regular. Así se lo digo a mis clientes, y por eso normalmente empezamos con frecuencia semanal.

c) Duración de la sesión.

En el encuadre inicial se contrata una duración para las sesiones. Pongamos que de una hora o de cincuenta minutos.

Acordamos que las sesiones sean, por ejemplo, de una hora. ¿Qué sentido tiene este «tiempo de sesión»? Para mí significa: «Este es el tiempo que tengo disponible para ti, hasta que pase a ocuparme de otro cliente, o de otro asunto». Ahora bien: «tiempo disponible» no significa «tiempo que aprovecharemos en su integridad o que explotaremos al máximo». No significa que vayamos a utilizar este tiempo en su totalidad.

Es posible, por ejemplo, que a los cuarenta minutos hayamos cerrado un trabajo y que no valga la pena o no resulte conveniente iniciar otro en los veinte minutos que quedan. Siempre le puedo preguntar al cliente si desea algo más en el tiempo que queda. Pero tratar de aprovechar o apurar el tiempo lleva, inevitablemente, a pasarse de la hora y/o a dejar algo a medias. Y aún en el supuesto, que a veces se da, de que convenga dejar algo a medias, tampoco hay necesidad de apurar tanto el tiempo.

El «tiempo de sesión» no viene definido por un trabajo a destajo, ni tampoco cobro por producción ni por rendimiento.

Para mí, la referencia principal del trabajo gestáltico, el formato más clásico que conozco, es el formato de «terapia individual en grupo» tal como lo utilizaba el propio Perls. El terapeuta dedica al cliente el tiempo adecuado para que pueda pasar algo: en ocasiones será el cierre de una gestalt completa, pero no tiene por qué ser siempre así y, habitualmente, no será posible. Es más probable que abordemos lo que podríamos llamar «minigestalts», o gestalts parciales, sencillos avances en la fluidez del ciclo de la experiencia: que se active algo, que se produzca una toma de conciencia de algo, que se establezca una toma de contacto nuevo o diferente, etcétera. Y esto puede suponer, en tiempo, diez minutos o cincuenta y cinco.

A partir de aquí y, en función del tiempo disponible, tiene sentido preguntar al cliente si necesita o desea algo más. La mayoría de las veces el cliente dirá que tiene suficiente. Otras veces dirá que quiere algo más, pero habrá que valorar entonces su sentido o su utilidad terapéutica. ¿No será preferible que el cliente se tome un tiempo para reposar o terminar de elaborar la experiencia del momento? ¿Abrir nuevos asuntos le ayudará o más bien le perturbará, en el sentido de que le interferirá? En el resto del tiempo disponible, ¿tiene sentido abrir o tratar de abordar un nuevo asunto? Quizá el cliente quiera compartir algo más: entonces puedo acogerlo, pero sin pretender hacer nada más con ello, sin pretender sacarle partido terapéutico.

Desde luego, lo que no tiene sentido es que el terapeuta se

obligue a trabajar con el cliente una hora de reloj por el solo hecho de que así se haya establecido, como tampoco lo tiene que acepte exigencias del cliente en este sentido.

d) Precio y condiciones de pago. Otros aspectos administrativos.

Estoy cobrando por mis sesiones un precio que podríamos llamar «estándar», o sea, un precio medio de mercado. Personalmente prefiero no significarme, ni por arriba ni por abajo. Cobro este precio para dar a entender que me considero un terapeuta «común».

Comprendo perfectamente los motivos de otros colegas para cobrar precios más altos, motivos que pueden ser muy diversos y que no veo necesidad de analizar aquí.

Igualmente comprendo los motivos, que también son muy diversos, de otros colegas para cobrar precios más bajos. Hay, sin embargo, en este sentido, una posición de la cual discrepo abiertamente, y que voy a explicar a continuacion: la posición de algunos terapeutas noveles de cobrar menos precisamente porque son noveles.

¿Qué quiere decir cobrar menos por ser noveles? ¿Que lo van a hacer peor? Para mí, este caso es análogo al de un cirujano que me va a cobrar un bajo precio por una intervención delicada porque nunca ha operado antes o porque tiene poca experiencia. ¡Huy, huy, huy! No me fío. Prefiero otro cirujano. Si eres un terapeuta poco experto, lo apropiado es que te busques las ayudas necesarias: trabajar en coterapia, hacer supervisión, etc. Busca y paga tus ayudas, y cobra el precio pertinente por los motivos que creas pertinentes, pero no por el motivo anterior. Otra cosa es que quieras cobrar un menor precio como una manera de facilitar el acceso a los clientes, como una manera de introducirte en el mercado. Pero este criterio ya no es profesional, sino mercantil, como, por ejemplo, realizar descuentos u otras ofertas de precio. Todo ello me parece legítimo. Pero sin confundir una cosa con la otra.

Como norma general cobro cada sesión al final de la misma. Así se lo anuncio a mi cliente. Estoy también abierto a otras opciones, en función de las circunstancias. Asimismo hablamos de ello cuando el cliente tiene necesidad de factura, de certificación de asistencia, etc. En la práctica, me he encontrado de todo.

e) Comunicaciones de ausencias y condiciones de las mismas.

Con carácter general propongo, y el cliente acepta, que me puede anular una sesión siempre y cuando me avise con un mínimo de 24 horas. Si no lo hace así, le cobraré la sesión igualmente.

Otros colegas adoptan otros criterios que me parecen igualmente respetables. Lo importante de este aspecto del contrato, como de todos los demás, es que queden claros con el cliente.

f) Otros aspectos.

Me parece importante dejar claro también desde el comienzo el compromiso de confidencialidad. Aunque parezca natural darlo por supuesto, no está de más declararlo abiertamente.

Cuando me parece procedente, le formulo también unas primeras indicaciones sobre lo que considero adecuado que haga o deje de hacer en su vida cotidiana (como, por ejemplo, empezar a poner atención en tal aspecto de un asunto, escribir algo, o no hablar de momento con una determinada persona sobre un determinado tema).

Le digo que no espero una respuesta rápida a mi propuesta, y que se lo piense. Si no he cuestionado gravemente su demanda, o si no he quebrado gravemente sus expectativas, normalmente me dicen que sí.

Eventualmente aprovecho también al principio para recoger informaciones complementarias sobre la situación vital actual del cliente. Algunos aspectos de esta situación son más básicos, como por ejemplo quién forma su familia nuclear actual, cuál es su ocupación, o si padece alguna enfermedad grave o está en tratamiento. Otros no son tan básicos, como por ejemplo sus actividades de ocio o diversos aspectos de su historial.

Pero nunca tengo prisa en ello. No me parece imprescindible tener todos los datos para empezar. Voy recogiendo aquellas informaciones que me resultan imprescindibles para situarme en su contexto, es decir, para saber de qué me está hablando el cliente o para explorar mínimamente algún aspecto de penumbra. Y lo hago al hilo de la entrevista.

Lo que casi nunca hago, excepto en contadas ocasiones en que me parece estrictamente necesario, es proceder a un rastreo o exploración sistemática de todas sus circunstancias presentes y pasadas, a modo de anámnesis clínico. Y no lo hago precisamente porque esta manera de proceder es más propia de la metodología clínica (ver a este respecto, más adelante, el epígrafe 4.1 sobre el método gestáltico). No estoy exponiendo aquí ningún prejuicio hacia la misma. Lo que quiero decir es que, procediendo de esta manera, estoy induciendo al cliente a creer que primero necesito yo saberlo todo sobre él antes que determinar qué hacer. Estoy favoreciendo expectativas de las que prefiero librarme. De alguna manera le estoy diciendo al cliente: «yo soy el experto, necesito que me lo digas todo y así sabré mejor lo que te conviene».

Bastantes dificultades hay con encontrarse a un cliente con expectativas de esta naturaleza como para, encima, favorecerlas con semejante modo de proceder. Si más adelante, en función del asunto de que se trate, me parece necesario o conveniente, por ejemplo, confeccionar su genograma, ya lo haré, pero no para empezar.

En todo caso, sea cual sea la demanda del cliente aceptada por mí y mi propuesta de trabajo aceptada por el cliente, la experiencia me enseña que cuando se inicia un proceso que se prolonga más allá de un tiempo mínimo [12], una parte del trabajo consiste en una constante renegociación de objetivos y condiciones.

En términos más concretos: con frecuencia el contrato no resulta tan claro como lo parecía al principio. Hacen su aparición expectativas sutiles, aferramiento a ciertas convicciones o modos de hacer las cosas, letra pequeña no evidente al principio, asentimientos del cliente motivados por cierta dificultad de discrepar, etc.

También pueden evidenciarse claras propuestas de relación manipulativas. Como ocurre con los comienzos de otras relaciones, cierto aspecto que al cliente o a mí nos pasó inadvertido al principio, o al que no dimos importancia, o que confiamos que podríamos gestionar o reconducir, acaba mostrándose como la clave de un desajuste en la percepción o concreción de la demanda, a veces a nivel de tarea, pero con más frecuencia, como digo, a nivel de relación. Volveré más ampliamente sobre este aspecto de la renegociación de objetivos y condiciones en el siguiente capítulo, sobre el proceso.

---

[12] Considero, en este sentido, como tiempo «mínimo» el equivalente a ocho sesiones (semanales) o dos-tres meses. No porque considere que este es el tiempo mínimo que deba durar un proceso, sino porque por debajo de esta duración el asunto de la renegociación rara vez se plantea como problema.

1.2. EL PROCESO

El enfoque básico del proceso

En realidad ¿de qué trata todo este trabajo más o menos prolongado que llamamos proceso?

Perls señala dos características importantes en el neurótico. La primera es su deficiente discriminación en cuanto a la percepción de necesidades, tanto propias como del entorno y, consecuentemente, su dificultad para priorizarlas y para atenderlas por orden de predominancia, autointerrumpiéndose a sí mismo de manera habitual. La segunda es su deficiente capacidad de autoapoyo.

En relación con la primera característica tenemos que, a partir de la demanda inicial del cliente, el proceso transcurre, típicamente, sobre dos cuestiones básicas que podríamos llamar «apoyaturas», al modo como un tema musical se escribe sobre la apoyatura del pentagrama. Empezamos con «¿cómo estás, cómo te sientes, qué te pasa?» y seguimos con «¿qué necesitas, qué quieres?» o «¿qué quieres hacer con ello?».

Estas son las típicas preguntas de Perls, que constituyen la base y el núcleo del trabajo gestáltico [13]. El propio Perls añade dos más, a modo de variantes de las anteriores: «¿qué estás evitando?» y «¿qué esperas?». Él mismo las considera, todas ellas, como diferentes formulaciones de la cuestión básica: «¿de qué te das cuenta?».

Así comenzamos a facilitar al cliente su capacidad de discri-

---

[13] Perls, F.: O.C. Págs. 79-80.

minación. En términos del modelo gestáltico del ciclo de la experiencia, el cliente comienza a poner atención a las primeras etapas del ciclo, a reconocer lo que le ocurre, a validarlo y a hacerse cargo de ello.

Porque este asunto del darse cuenta, del desarrollo de la capacidad del cliente para darse cuenta, no se puede desligar de la necesidad de desarrollar también la capacidad de autoapoyo. Es importante que el cliente se sienta apoyado y validado en todos aquellos aspectos genuinos de los cuales se va dando cuenta. La autorregulación o regulación interna, como veremos más adelante, comienza siendo regulación externa. También la modificación de las formas erróneas de autorregulación requiere, en sus fases iniciales, apoyo externo. Tal es el sentido del aspecto «simpático» del estilo comunicativo más característico de la terapia Gestalt.

En la práctica, me he encontrado con algunos clientes absolutamente capaces de discriminar, de darse cuenta. Clientes afinadamente sensibles, tanto para las necesidades propias como ajenas. Había poco trabajo que hacer en este sentido. Lo que ocurría, simplemente, es que no le daban suficiente valor a lo que pensaban y sentían. Como consecuencia, claro está, de sus propios introyectos.

Como es natural, este apoyo del terapeuta, necesario para empezar, no puede prologarse indefinidamente. Antes o después será necesario confrontar o frustrar al cliente en este aspecto. Las preguntas que Perls propone al respecto son: «¿qué te estás impidiendo?» y «¿cómo te lo estás impidiendo?». Otra opción, a este respecto, es dejar al cliente ante su propio vacío, con el fin de que pueda darse cuenta por sí mismo de lo que sea que esté ocurriendo.

A estas preguntas clásicas vengo añadiendo hace tiempo, según los casos, otras tres.

La primera de ellas está tomada de Virginia Satir quien, tras preguntar «¿cómo te sientes?» solía añadir: «¿y cómo te sientes, sintiéndote así?».

Como sabe cualquiera que conozca algo de Virginia Satir [14], esta última pregunta es la pregunta por la autoestima [15]. Cualquier respuesta positiva implica que no hay que hacer nada con lo que el cliente está sintiendo: solamente vivirlo, y dejar que el flujo transcurra. Tal respuesta positiva indica un estado de congruencia del cliente consigo mismo, un reconocimiento y valoración positiva del momento actual y de los sentimientos e impulsos presentes [16]. En tal caso, ninguna acción terapéutica es necesaria, aunque algunas veces es de utilidad alguna acción u orientación educativa [17].

Una respuesta negativa implica, en cambio, un estado de incongruencia o disconformidad, una especie de pelea con las propias emociones. El cliente (o mejor dicho: una parte del cliente), no quiere sentirse así. El simple darse cuenta de este tipo de conflicto permite que aflore una polaridad con la que ya se puede empezar a trabajar, mediante la técnica de la silla vacía o cualquier otra técnica.

Una segunda pregunta que me parece útil en ocasiones es la siguiente: «¿de qué manera esto es para ti un problema?». No todo lo que sucede es un problema a resolver, o no tiene por qué

---

[14] Aunque Virginia Satir es conocida principalmente como terapeuta familiar (sus famosas esculturas y reconstrucciones familiares, posiciones comunicativas, etc.) a mí me ha parecido siempre una gestaltista de primer orden. Sus famosas «cinco libertades» constituyen todo una declaración de principios del modo de hacer gestáltico. Véase su libro: *En contacto íntimo*, reseñado en el epígrafe 6.2 de bibliografía. Las cinco libertades figuran en las páginas 19-20.

[15] Véase, más adelante, el apartado: «Profundizando en la experiencia emocional».

[16] Véase, más adelante, el apartado «Experimentar emociones y valorar emociones».

[17] Véase el epígrafe 5.1 («Terapia y educación»).

serlo, salvo que no se sepa qué hacer con ello. A veces, como acabo de decir, no hay nada que hacer, sino vivir lo que se está viviendo sin pelearse con ello. Pero otras veces el cliente, como acabamos de ver, no quiere sentir lo que siente, o no sabe cómo manejarlo [18].

La tercera pregunta la utilizo cuando el cliente parece muy enredado en sus propios autodiagnósticos, o cuando parece que le cuesta distinguir entre lo que le pasa y lo que cree que le pasa. Es una pregunta muy simple:

— *¿Qué te duele, realmente? o ¿qué es lo que de verdad te duele tanto?* [19]

Quizá debí haber recogido esta pregunta en el apartado del capítulo anterior que he dedicado a establecer las bases del contrato. Permite apreciar lo que otros enfoques terapéuticos llaman «la fuerza para cambiar» o también «grado de ansiedad en relación con el problema». Lo que ocurre es que esta pregunta no siempre «entra» o no siempre es eficaz a las primeras de cambio.

En su respuesta el cliente puede que se refiera a algo real, o bien puede que muestre que lo que está dolido es su orgullo. Por ejemplo, dice que le duele:

— *No ser capaz de...*

Y en su respuesta podemos fácilmente vislumbrar la correspondiente creencia.

---

[18] Nuevamente me remito al posterior epígrafe 5.1 sobre terapia y educación.

[19] Humberto Maturana utiliza otra versión de la pregunta: «¿dónde te duele la vida?».

A partir de este enfoque básico del proceso, quiero plantear ahora sus consecuencias en cuanto al tiempo.

Cuando empecé a trabajar en Terapia Gestalt estuve durante mucho tiempo convencido de que esta era una «terapia de proceso», en el sentido de que requería un cierto tiempo (varios meses, al menos) para desarrollar un trabajo mínimamente eficaz. Estaba muy desconfiado, durante aquella época, ante las así llamadas «terapias breves». Breve era para mi sinónimo de superficial. Simple parcheo o poco más. Yo no era un caso raro: conocí y sigo conociendo a muchos terapeutas partícipes de esta misma desconfianza, que ahora me parece fruto más bien de prejuicios («prejuicios»).

Un día, revisando materiales (filmados y escritos) de Perls, me di cuenta de que él también era ferviente partidario de la terapia breve. De hecho Perls no se recataba a la hora de hacer alarde de la sencillez y brevedad de su trabajo, comparándolo, eso, sí, con el psicoanálisis clásico, que era su referencia en este sentido.

Claro está que no voy a pretender ahora que con una sesión en la que hemos trabajado con la silla caliente el cliente haya resuelto de un plumazo el problema que le trajo a terapia. No se trata de eso. Pero lo cierto es que un problema no tiene por qué requerir, para su solución, de un largo proceso. Empecé a darme cuenta de ello a partir de experiencias ocasionales y, sobre todo, me di cuenta en la medida en que empecé a prestar más atención al cliente al mismo tiempo que me alejaba de mis propias pretensiones o rebajaba mis propias expectativas como terapeuta. Hoy día puedo describir una cierta cantidad de casos en los que el cliente ha tenido suficiente con tres o cuatro sesiones, o con ocho, o con una solamente.

Estoy pensando en casos en que el cliente venía, por ejemplo, a pedir ayuda para tomar una decisión sobre un determinado asunto, o en casos en los que el cliente venía aplicando sus esfuerzos en una determinada dirección y podía comprobar que, al aplicarlos en una dirección diferente, el problema se resolvía o se disolvía. Tras establecer, por ejemplo, un contrato de cuatro sesiones con un cliente encontramos que, al finalizar la tercera, se había conseguido el objetivo, según mutua apreciación.

A la mayoría de los clientes, al menos entre los míos, no les faltan recursos. Tan solo les falta identificarlos o, simplemente, fiarse un poco más de ellos. A veces, también, con una pequeña orientación o reorientación es suficiente.

Actualmente estoy convencido de que el enfoque gestáltico, tal como lo diseñó Perls, es un enfoque de terapia breve y no tiene por qué prolongarse para ser eficaz.

Por tanto, preguntar «¿por qué algunos procesos duran poco?» es una pregunta fuera de lugar y poco útil. Obviamente, algunos procesos duran poco porque se abandonan o interrumpen por diversos motivos.

Más interesante me parece preguntarse: ¿qué es lo que hace que un proceso terapéutico gestáltico se prolongue meses o incluso años?

Cuando el proceso se alarga, o la duración del proceso

He optado por reunir en varios grupos el conjunto de observaciones que he realizado respecto de la prolongación del proceso terapéutico. Se trata de una propuesta de agrupación en aras de la claridad, pero admito que podría hacerse cualquier otra.

a) Dificultades en la clarificación de la demanda.

A veces el cliente no sabe lo que quiere. O mejor dicho: a la pregunta ¿qué quieres? no sabe qué responder. Lo cual puede significar, sencillamente, que no está acostumbrado a hacerse, o a que se le haga, esa pregunta. Pero esta dificultad puede solucionarse con muy diferentes recursos. Por ejemplo, llevándola al terreno del aquí y ahora: «¿qué quieres ahora?», o al terreno del futuro inmediato: ¿qué quieres hacer cuando salgas de aquí?».

Con algunos clientes la pregunta funciona, digamos, por pasiva: «¿cuando estás haciendo algo en concreto, es eso lo que realmente quieres hacer, o qué otra cosa quieres hacer verdaderamente?».

También puede ser útil el enfoque corporal, en el sentido de aprender a discriminar y dejarse llevar de las propias necesidades e impulsos del momento. Hay múltiples experimentos que pueden proponerse a este respecto.

Una dificultad común es que la pregunta «¿qué quieres?» remite al cliente, no al deseo o la necesidad, sino a la fantasía. Y comienza su respuesta diciendo, por ejemplo: «me gustaría», o «quisiera».

Es muy fácil distinguir entre una cosa y otra, y no solamente a través del lenguaje. «Quiero», cuando conecta con una necesidad o deseo reales, aquí y ahora, moviliza, toma el aspecto de un impulso, por mínimo que sea. «Me gustaría» u otras expresiones verbales, por el contrario, no moviliza el cuerpo, sino solo la mirada, que se dirige hacia arriba o se queda en blanco. Cualquier observador y también cualquier cliente pueden aprender a distinguir esto.

Por tanto, otra forma de que el cliente sepa lo que quiere es poniendo atención a lo que le moviliza, lo que realmente le activa, lo que le pone en marcha. Variantes útiles de la pregunta «¿qué quieres?» son, por ejemplo: «¿qué te apetece?», «¿de qué tienes ganas?» o «¿qué te pide el cuerpo?».

También es posible trabajar con el deseo fantasioso, actuando la fantasía en el aquí y ahora, poniendo el énfasis precisamente en el actuar o viendo lo que ocurre si el cliente se queda simplemente esperando que ocurra algo.

b) Dificultades con determinados aspectos de la experiencia. Como dice Perls, y como sabemos en la práctica, el neurótico es alguien que se autointerrumpe. Con frecuencia, añado yo, ni siquiera se autointerrumpe. Simplemente, no llega.

Hay clientes, por ejemplo, que ni siquiera son capaces de percatarse de las propias sensaciones. La pregunta «¿qué sientes?» le suena al cliente directamente a chino. En tales casos más vale tomárselo con calma. Incluso con la sencilla pregunta: «¿cómo es tu respiración ahora mismo?» he obtenido como respuesta: «¿pues cómo va a ser?: ¡normal!». Y si propongo cualquier pequeña modificación en la pauta respiratoria y repito la pregunta obtengo como respuesta: «raro». Porque hay clientes que solo conocen dos formas de respirar: «normal» o «raro». Del mismo modo, muchos clientes solo conocen dos formas de sentirse: «bien» o «mal».

Puede haber, incluso, situaciones más extremas. Recuerdo un cliente a que le propuse: «pon un poco de atención a tu cuerpo». Se asustó muchísimo.

— *¿Qué está pasando?*
— *Es que mi cuerpo es mi mayor enemigo.*

Sin llegar a tales extremos, lo más común es encontrarnos con clientes que simplemente no están acostumbrados a percatarse. Falta de costumbre, falta de atención, falta de cultura en lo referente a la autopercepción corporal, sensorial o emocional. Más vale armarse de paciencia, en el sentido de disponerse a un largo y lento recorrido, en el que las prisas no ayudan. Concibo esta fase de trabajo como educativa o pedagógica, más bien que terapéutica. A veces ayuda la propuesta de nuevas creencias, sencillas, en tanto en cuanto no se oponen a otras creencias del cliente:

— *Es que uno mismo también es importante.*
— *¡Ah!*

Análogamente podemos encontrar esta dificultad en la fase de concienciación: al cliente le falta cultura y, por tanto, le falta vocabulario. Pero en esta fase ya es más frecuente encontrar conflictos de polaridades por efecto, por ejemplo, de determinados introyectos: «sentir esto es malo» o «no está bien sentir algo así». Aunque no necesariamente tiene por qué haber introyectos o conflictos. Puede tratarse, de nuevo, de una simple falta de costumbre. El cliente se asusta porque comienza a sentir algo que no está acostumbrado a sentir (o a darse cuenta de que siente). No acaba de identificarlo, no sabe cómo tomarlo o qué hacer con ello. De nuevo en este sentido la labor del terapeuta se me antoja más educativa o didáctica que propiamente terapéutica.

Dificultades en lo que podríamos considerar como fases más avanzadas del ciclo de la experiencia (energetización, activación, acción, contacto, etc.) suelen ser ya más autointerrupciones que carencias, en el sentido antes apuntado. Hay, sin embargo, una excepción, a mi juicio. Me refiero a las dificultades de energetización en las personas que, desde la óptica del análisis bioenergético, se podrían considerar oral-dependientes, donde más que una autointerrupción ocurre otra cosa: es como si les faltara gasolina o, mejor dicho, como si hubieran perdido o no supieran dónde está la llave de paso. En tales casos suele resultar imprescindible un trabajo corporal de activación, preferentemente suave.

Decir que el cliente no contacta puede ser lo mismo que decir que evita, con las excepciones que he señalado antes. Por tanto, correspondería aquí examinar la función de los mecanismos de evitación. Lo que pasa es que dicho examen tiene, en mi opinión, un interés más bien teórico. Puede servirle al terapeuta para encuadrar cognitivamente lo que hace, pero no es suficiente para orientar la acción.

Por ejemplo, cuando un cliente tiene grandes dificultades en contactar, sobre todo en las fases iniciales del ciclo, es decir, cuando un cliente tiene grandes dificultades en reconocer la sensación, decimos que está «de-sensibilizado» o «reprimido». Pero saber esto no tiene demasiada utilidad, ni para el cliente ni para el terapeuta. Al fin y al cabo, el trabajo práctico consiste en ayudarle a contactar, y aquí se trata de encontrar la vía o las vías más adecuadas para cada uno y que normalmente pasan por un trabajo con el cuerpo y/o con los sentidos.

Me parece interesante a este respecto y, desde el punto de vista práctico, comprender la función del miedo. Efectivamente, cuando un cliente evita evidentemente tiene miedo de algo. Y si tiene miedo de algo, sensato es pensar que quizá tiene buenos motivos para este miedo. Incluso podemos incorporar este punto de vista a nuestra exploración, sin pasarnos de listos:

— *Parece que te cuesta. ¿Tienes algún miedo de que pueda pasar algo inesperado, de que pueda aparecer algo que no te guste? ¿Tienes alguna preocupación o prevención al respecto?*

Cuando el cliente evita con miedo pueden observarse diversos fenómenos, que son los típicos fenómenos de reacción al miedo: o bien el cliente se fuga, se escapa o se va (por ejemplo, «se va a la cabeza»), o bien el cliente se petrifica o se pone rígido, o bien el cliente ataca o contraataca. Todas estas reacciones pueden abordarse por vía corporal. En todo caso, abordaré más específicamente estos tres tipos de reacciones ante el miedo en el epígrafe 2.1 sobre las emociones.

Normalmente lo que el cliente nos dirá es que le resulta difícil, que se distrae, que no se da cuenta de nada. Pero me parece interesante dejar, al menos, una puerta abierta al término «miedo». Siempre he pensado que el miedo no es ninguna «emoción negativa», sino una figura de trabajo terapéutico importante.

A veces el cliente vive la experiencia con angustia, o con ansiedad. En tales casos le invito a seguir ahí un poco más, y le re-significo la angustia o ansiedad como cortina que encubre otra emoción, según explicaré más adelante. También puede ocurrir que la angustia o la ansiedad le resulten insoportables, pero si respira soltando el aire siempre se puede llegar un poco más allá.

En diferentes fases del ciclo de la experiencia podemos detectar la presencia de otros mecanismos de evitación. Es el momento, entonces, de proponer al cliente experimentos para deshacer proyecciones o retroflexiones, para identificar introyectos, etc.

Me resultan particularmente impresionantes los casos de clientes que parecen presentar una especie de de-sensibilización o represión selectivas, o quizá es que deflectan también de manera selectiva. No es que les falte sensibilidad emocional. Son capaces de reconocer emociones con muchos matices. Les falta una especie de sensibilidad que yo llamaría «visceral». Tienen gran finura perceptiva para los colores y los tonos, pero parece que no tengan sensación de peso.

Estoy pensando en clientes, por ejemplo, que van a sufrir una intervención quirúrgica importante, o acaban de experimentar una pérdida importante y omiten este hecho. Yo me entero tiempo después, cuando lo mencionan de pasada o sin darle importancia, o me entero casualmente por terceras personas. Si pregunto al respecto obtengo una respuesta baladí. Si les pido que pongan atención a ello dicen que todo está bien y que no pasa nada. Al extremo recuerdo un cliente que proponía que nos viéramos al día siguiente del día en que tenía prevista una intervención quirúrgica grave. Esta vez me lo había dicho y habíamos estado trabajando un poco con ello.

— *Pero este ¿no es el día siguiente al de tu operación?*
— *Sí, bueno. Si no pudiera venir, ya te avisaría.*

¿Inconsciencia? ¿Ignorancia? ¿De qué había servido la sesión? Francamente, no sé muy bien qué hacer en estos casos. Tengo la impresión, o sospecha, o hipótesis (que no podría demostrar) de que esta especie de inconsciencia o ignorancia tiene que ver con una falta de reconocimiento de los propios límites. Los seres vivos aprendemos a reconocer los límites a base de golpes.

No hay otro camino. Pero hay personas que ni aun así. Son especialistas en ignorar los límites o en pelearse con ellos, haciéndoles responsables de todos sus problemas. Son personas que parecen no enterarse de los golpes, no dolerse de ellos, o los viven como accidentes fortuitos de los cuales se consideran víctimas desgraciadas y a los que es mejor no hacerles caso. Desde luego no seré yo quien trate de enseñarles a golpes, y ello por razones obvias.

Hay otros casos en que la dificultad no es esta falta de sensibilidad. Pienso, por ejemplo, en los clientes que consumen habitualmente sustancias psicotrópicas, que pueden considerarse claramente como drogodependientes. A veces no lo mencionan porque realmente no le dan importancia. Otras veces no lo hacen por pura vergüenza, o porque no quieren enfrentarse al problema, aunque en su fuero interno lo reconocen como tal.

Mi personal experiencia, que he contrastado ampliamente con especialistas en la materia, es que las personas drogodependientes tienen tendencia a negar esta circunstancia. Y que si no hay garantías de absoluta abstención del consumo, no tiene sentido hacer ningún tipo de terapia con ellas.

Lo que me preocupa, lo que me da miedo en este tipo de situaciones, es que podemos estar trabajando largo tiempo, aparentemente mucho y bien, sin habernos ocupado de lo fundamental. Así se lo manifiesto al cliente, y seguidamente le manifiesto también mi desconfianza en que valga la pena seguir trabajando en estas condiciones.

Mencionaré, por último, los casos de personas, diferentes de las anteriores, que, aunque también parecen insensibles al dolor, no es que no lo sientan. Lo que hacen es simplemente desconectar. Pero reaccionan. A veces reaccionan cuando es suficientemente intenso. Un experimento que hago a veces con personas que hablan y hablan, que parece que solo piensan y no son capaces de conectar con las sensaciones es, primero, tocarlos (con su permiso, claro). Seguidamente trato de producirles sensaciones molestas, de modos diversos, hasta que reaccionan físicamente. Entonces parecen darse cuenta. Es el momento de preguntarles qué pasa, cuándo se han dado cuenta, cuándo su atención ha pasado del pensamiento a la sensación, y seguir trabajando con ello.

No sé si es el mismo caso, pero hay clientes que ante el dolor formulan una demanda que a mí me parece extraña. Dicen que quieren entender.

— *Quiero saber por qué me duele tanto.*
— *Y ¿de qué crees que te servirá saber por qué?*
— *Creo que si lo entiendo me dolerá menos.*

Entonces, directamente y, esta vez sin permiso, les piso un pie o les retuerzo la nariz, hasta que dicen:

— *¡Ay!*
— *No te quejes. Eso no sirve para nada. Lo que tienes que hacer es entender por qué te duele.*

El grito que profieren no es, obviamente, una queja, sino una simple expresión de dolor. Lo curioso es que hay clientes capaces de seguir soportando el dolor mientras se toman en serio mi consigna y «tratan de entender». Pero basta con apretar un poco más para que griten o traten de apartarme con sus manos.

Como dice Perls, una característica del neurótico es su incapacidad para percibir lo obvio.

Una sugerencia útil al respecto es la de jugar con la percepción figura-fondo del cliente. A partir de esta idea y de mi experiencia en el trabajo con polaridades, he ido formándome una especie de lente distorsionada o lo que otros llamarían una deformación profesional que consiste en prestar atención tanto a la figura como al fondo, a lo que el cliente menciona y a lo que no, a lo que se muestra y a lo que parece quedar oculto.

Por poner un ejemplo sencillo: si un cliente insiste en sus dificultades entre él y un determinado progenitor, entre el progenitor y él, entre él y dicho progenitor, y así sucesivamente, en algún momento siento la tentación de preguntarle por el progenitor que no nombra, y lo hago. Generalmente el cliente se sorprende. Sin embargo, puede resultar muy útil empezar a poner la atención en lo que hasta ahora ha permanecido en el fondo.

Otro ejemplo sencillo: bastantes clientes se quejan de falta de afecto, de que no han encontrado o no encuentran el amor que necesitan. Les pregunto entonces a los clientes de qué manera quieren o dan amor ellos mismos, o de qué manera pretenden darlo, y qué hacen en esta dirección.

Si nos fijamos, los neuróticos, además de otras características que señala Perls, presentan concretamente esta: se muestran muy sensibles a las manipulaciones ajenas, a la forma en la que se sienten tratados, pero son muy poco conscientes de la manera en que ellos tratan a los demás (normalmente, cuando se les pregunta por ello, suelen responder declarando sus intenciones, pero tienen muy poca conciencia de lo que realmente hacen) y muy poco claros a la hora de mostrar sus necesidades. Saben que los demás no las ven, o se quejan de que son muy poco receptivos a ellas, cuando en realidad son ellos los que las ocultan o disimulan lo que sienten o lo que necesitan.

Mencionaré, por último, los casos de aquellos clientes que

son especialistas en autoinvalidarse o en invalidar lo que sienten, lo que quieren o lo que piensan. En términos de Perls, diríamos que les falta autoapoyo. Típicamente empiezan cualquier declaración con la «muletilla»:

— *No sé...*

Y continúan hablando. También ante cualquier pregunta mía, comienzan su respuesta:

— *No sé...*

¿Insuficiente autoapoyo? ¿Una forma de evitación?

Me da igual. Sorprendentemente, todo cambia con una sencilla propuesta:

— *A partir de ahora, quiero que cualquier cosa que me digas empiece por «sí sé» o por «sí que sé».*

c) Las expectativas respecto de la terapia y la actitud hacia la misma.

Hay clientes que presentan una cierta tendencia a alargar y alargar el proceso. En otras palabras, parece no haber forma de conseguir que terminen y se vayan.

Un cliente ha resuelto o al menos encarrilado ya un asunto importante que le trajo a terapia. Bien. Pero ahora, «aprovechando que el Pisuerga pasa por Valladolid...», plantea un nuevo asunto [20], o recupera alguno de los que traía para afrontar más adelante.

Se trata de una vieja táctica conocida como «explotación del

---

[20] Esta estrategia es también conocida como «poyaque», y se formula de la siguiente manera: «poyaque estamos trabajando en esto...».

éxito». Legítima y recomendable. Tiene una evidente utilidad para el cliente.

Lo que ocurre es que a veces pasa el tiempo y el cliente sigue teniendo asuntos que resolver, objetivos a alcanzar. ¿Hasta cuándo? Y digo el cliente, porque a veces es el terapeuta el que se empeña en que el cliente siga profundizando.

Creo que hay que tener cuidado con esto. Me he encontrado con diversos terapeutas convencidos de que para que un proceso sea válido tiene que ser largo y profundo (cada uno de estos dos aspectos lleva aparejado el otro). En consecuencia, tienden a prolongar el proceso y viven con frustración el deseo del cliente por acabar, lo conceptualizan como falta de compromiso y llegan al extremo de recriminárselo abiertamente.

¿A qué está jugando el terapeuta, en términos de relación? ¿Y cuál es el problema? ¿Es que el cliente no está «maduro» hasta que el terapeuta decida que lo está? ¿Es que el terapeuta se siente incapaz de abandonar a un hijo todavía desvalido? ¿Qué puede ocurrir? ¿Que vuelva a tropezar? Pues ya volverá, y entonces ya veremos, o no volverá, y entonces él sabrá lo que hace.

Pero supongamos que no es este el caso, y que es el cliente el que parece haberse aficionado a la terapia. Y cuando es el cliente el que parece tener asuntos sin fin a resolver, me hago la misma pregunta: «¿es que no tiene suficiente?». Con otras palabras: ¿continúa viniendo por utilidad, o más bien «por vicio» (o sea: por costumbre, por rutina, o lo que es más grave: por adicción, porque ya no sabe qué hacer con su vida sin venir a terapia)?

Esta pregunta me la hago, y se la hago.

Las respuestas son varias.

A raíz de la pregunta, algunos clientes reconocen que se han acomodado o «apalancado», y que ya es hora de que caminen sin muletas. Entonces es fácil poner fin al trabajo a la siguiente sesión o al cabo de unas pocas sesiones, incluyendo la típica sesión «de cierre» con todos sus ingredientes.

Otros reconocen también la posición cómoda que han adoptado. Pero les cuesta más abandonarla. Tienen más miedo. Su fantasía catastrófica es que al día siguiente o al poco tiempo de dejar la terapia les sucederá algo que no sabrán resolver por sí mismos y tendrán que volver. Se tranquilizan cuando les informo de que mi propósito no es abandonarlos, aceptan fácilmente un espaciamiento progresivo de la sesiones, e incluso un final «provisional», con la garantía de que podrán volver cuando lo deseen.

Otros clientes reaccionan afirmando su posición de mantener la relación terapéutica, auque no tenga en este momento una «utilidad» concreta.

> — *Hay algunas cosas que solo me atrevo a hablar contigo, y no quiero renunciar a esta posibilidad. Incluso cuando en alguna ocasión no tenga nada concreto de qué hablar.*

O bien:

> — *Este es un espacio que me va bien mantener, es un espacio como de reflexión o encuentro conmigo, en un clima seguro. Podría hacer meditación, pero prefiero el diálogo.*

El cliente toma esta posición de modo consciente y autorresponsabilizado. No tengo nada que objetar. No veo manipulación de ningún tipo. Se me pide que haga de confidente o de colchón. Y me siento con total libertad de aceptar o rechazar la propuesta. Habitualmente la acepto.

Otros clientes reaccionan con visible tristeza o con una especie de nostalgia (no encuentro otro término mejor para describir su sentimiento). Van a perder algo muy valioso para ellos, una especie de atmósfera cálida, acogedora y permisiva. Se trata de clientes que de alguna manera venían buscando un vínculo especial, algo así como «lazos familiares estables», desde luego sin ser conscientes de ello. Como si hubieran estado perdidos y ahora hubieran encontrado algo que en su familia no tuvieron.

Estos clientes, aunque a veces se quejan de su familia, no la desprecian en modo alguno. Pero han sufrido mucho con ella. Parecieran hallarse en estado de necesidad o de carencia.

En algún caso el cliente ha llegado a preguntarme: *¿es que vas a dejarme?* e incluso: *¿es que ya no me quieres?*

Aparece entonces muy clara la expectativa, el nivel implícito de la demanda. Pero no aprecio en ella manipulación, aunque sí una cierta exigencia que no me atrevería a calificar de chantaje. A mi modo de ver, el asunto queda abierto de modo suficiente como para que podamos trabajar con él.

Finalmente, en otros clientes la reacción es de visible frustración, con un poco de tristeza y, sobre todo, con un grado importante de «pataleta». Es entonces cuando me doy cuenta (quizá ya es demasiado tarde) de que el cliente me ha estado proponiendo, y yo he estado aceptando, un tipo de relación «manipulativa» o «tramposa». De ello me ocuparé en el apartado siguiente.

No siempre me hace falta preguntar al cliente. Por simple observación detecto en él algún tipo de pauta. Pienso, por ejemplo, en un cliente cuya pauta consiste en explicar todo aquello de lo que se da cuenta, todo lo que aprende, todo lo que progresa.

Para otro cliente la pauta parece superficialmente otra, por ejemplo, preguntar constantemente qué puede hacer o qué tiene que hacer. De vez en cuando, sin embargo, le gusta comunicar algún logro en un tono eufórico y radiante, como con gran orgullo de haberlo conseguido.

Para otro cliente la pauta puede consistir en tropezar siempre en la misma piedra, en despistarse siempre de la misma manera. Necesita tomar nota de lo que aprende en la sesión porque si no luego no se acuerda.

Estos tres casos que acabo de nombrar, en parte semejantes, en parte diferentes, presentan, sin embargo, una característica común: los tres tipos de clientes son muy sensibles a cualquier apreciación o simple observación o señalización por parte del terapeuta. La toman fácilmente como corrección o como señal de desaprobación.

¿Quizá es esto lo que buscan o lo que esperan? ¿Quizá vienen a que el terapeuta les guíe, les corrija y finalmente les apruebe? Que les corrija no parece gustarles mucho, excepto cuando pueden venir en la siguiente sesión satisfechos con algún logro o aprendizaje realizado.

Preguntar sobre ello da como resultado siempre, en mi experiencia, una respuesta negativa del cliente. Así que tengo otra opción: si lo que existe es una demanda encubierta de aprobación, voy a ver qué pasa si dejo de aprobar, si prescindo de cualquier palabra o gesto de aprobación o desaprobación.

— *¿Para qué me cuentas esto? ¿Qué esperas que haga, o que te gustaría que hiciese con ello?*

En función de la respuesta sigo trabajando.

d) La existencia de una propuesta de relación manipulativa.

En efecto, el cliente ha estado proponiéndome: «guíame y oriéntame, y no dejes de hacerlo». Esta última parte («no dejes de hacerlo») incluye una exigencia potente aunque sutil. «Guíame siempre y será la demostración de que me quieres». «Si no estás dispuesto a ser mi guía perpetuo, es que no me quieres lo suficiente». Esta exigencia de guía se acompaña habitualmente de la exigencia de reconocimiento o de aceptación. El sentimiento de frustración del apoyo o reconocimiento perpetuo puede ser evitado mediante mecanismos de proyección («nadie es lo bastante bueno conmigo, nadie se preocupa realmente por mí») o de introyección («no soy suficientemente bueno, no lo hago bastante bien»).

Como dije antes, cuando me doy cuenta de una trampa como la que describo suele ser demasiado tarde. He aceptado la propuesta del cliente durante demasiado tiempo. La frustración es inevitable. El problema no es que la frustración sea inevitable, sino la poca probabilidad de que el cliente admita a estas alturas un cambio en las reglas del juego que, hasta el momento, se daban por sentadas y parecían indiscutibles. El cliente no cejará fácilmente en su empeño. Es más probable que insista e insista, o de que abandone el trabajo con altas dosis de enojo o enfado. «Demasiado tarde» significa, en este caso, que tendremos escasas posibilidades de elaborar o reelaborar la situación de manera satisfactoria.

He desarrollado con cierto detenimiento este asunto porque, hasta ahora, es el más difícil de los que me he encontrado. Quizá esta dificultad forme parte de mis particulares limitaciones y para otros terapeutas las limitaciones puedan ser otras. No lo sé.

En general, creo que cuando un proceso terapéutico se prolonga vale la pena prestar especial atención a este punto. En mi práctica como supervisor he podido observar que cuando un terapeuta trae a revisión un caso porque ya no sabe qué hacer o porque considera que ha llegado al límite de sus capacidades o de sus posibilidades técnicas, normalmente el problema reside en un tipo de relación disfuncional que aún no ha sido detectado.

Naturalmente, no siempre las propuestas de relación disfuncionales proceden de las creencias o actitudes del cliente. Hay que tomar en consideración también las que proceden del propio terapeuta, incluyendo la creencia que ya he señalado, por parte del terapeuta, de que un proceso, para que sea válido, tiene que durar. Es una creencia que yo tenía al principio, en virtud de la cual me embarqué en algunos esfuerzos inútiles y de la que, afortunadamente, hace tiempo me libré.

De hecho, si pienso en clientes de larga duración, propios o de otros terapeutas, puedo identificar diferentes situaciones. Por ejemplo:

- El cliente encuentra junto al terapeuta un lugar confortable y seguro que no quiere abandonar. Quiere continuar, y lo hace con ganas. No quiere arriesgarse en sus relaciones y prefiere lo seguro aunque sea pagando. En tal caso el terapeuta puede aceptar la propuesta o no. Pongamos que la acepta conscientemente. Los encuentros continúan, espaciados, pero con frecuencia fija.
- El cliente quiere continuar, aunque con muy pocas ganas. Principalmente viene a terapia porque quiere darse a sí mismo la impresión de que está haciendo algo por él, aunque realmente no hace nada. Como quien se apunta a un gimnasio y luego no acude a él o acude muy poco. Los encuentros continúan, con una frecuencia absolutamente irregular y con muy pocas ganas por parte de ambos. Aunque el terapeuta trata de desalentar al cliente, este no parece desalentarse, y el terapeuta tampoco se decide a «despedirlo».
- El cliente parece tener un ansia insaciable y eterna por mejorar, aprender, solucionar problemas y seguir creciendo. El terapeuta empieza, primero, por señalizar esta circunstancia y, seguidamente, por confrontarla. El cliente, en un caso, reacciona con gran frustración y abandona la terapia con enfado. El cliente, en otro caso, insiste e insiste y, actualmente, el trabajo se centra en este punto.
- El cliente nunca termina de solucionar su problema, siempre hay algo que falla. Parece ser que el cliente obtiene algún beneficio de mantener el problema y, actualmente, el trabajo se centra en este punto.
- A raíz de algún hecho conflictivo se ponen de manifiesto

ciertas expectativas que el cliente tenía respecto de la terapia. A partir de esta toma de conciencia, se abren aspectos de la experiencia hasta ahora evitados, se redefine el sentido del trabajo sobre nuevas bases y se trabaja eficazmente sobre los objetivos así redefinidos, llegándose a un final satisfactorio para ambos.

— A medida que avanza el proceso se van poniendo de manifiesto determinados ámbitos evitados por el cliente. En un caso se produce una pugna del tipo «yo me escondo y tú me buscas». Al final gana el cliente, escondiéndose definitivamente mediante el abandono de la terapia. Gana el cliente, o sea, pierden los dos. En otro caso se produce una especie de pacto de no agresión, del tipo «no nos haremos daño mutuamente» hasta que aparece un conflicto que lleve a que la terapia se interrumpa.

— El cliente viene a desafiar al terapeuta, a provocarlo. El terapeuta lo detecta muy pronto, lo aborda con el cliente y el asunto parece quedar solucionado. El terapeuta se da cuenta, posteriormente, de que el desafío y la provocación han continuado, al principio de modo muy sutil, y poco a poco de modo cada vez más manifiesto. El terapeuta acepta el envite y el cliente abandona.

— Cliente y terapeuta inician un trabajo que empieza siendo de tanteo para ir poco a poco profundizando. En un caso, el cliente presenta ciertos problemas de actitud que se van poco a poco corrigiendo, desde la transparencia por ambos lados. En otro caso y, de común acuerdo, se enfoca buena parte del proceso como un trabajo exploratorio de autoconocimiento, también desde la transparencia por ambos lados. En ambos casos se alcanza un final satisfactorio.

— En un caso similar al primero de los dos anteriores, el cliente se niega a cambiar de actitud. También con transparencia por ambos lados se da por finalizada la terapia.

— El cliente presenta claros rasgos ansiosos, obsesivo-compulsivos y fóbicos. Tras largo tiempo de infructuoso trabajo, el cliente opta por ponerse en manos de un psiquiatra, quien le prescribe un tratamiento al parecer satisfactorio. En este caso, en mi opinión, el terapeuta se había pasado de pretencioso.
— Poco a poco se va poniendo de manifiesto que el cliente está buscando una especie de ambiente familiar, de sustituto de la familia. Poco a poco se va poniendo también de manifiesto que el terapeuta no podrá satisfacer esta necesidad. Con esta transparencia se da por finalizada la terapia. No puede decirse que sea un final satisfactorio, pero difícilmente podía serlo. Por la información que tengo, el cliente se ha hecho miembro de determinado grupo.

He presentado este pequeño muestrario de casos a título meramente ilustrativo. Es simplemente eso, un pequeño muestrario, que no tiene valor estadístico ni representativo de ninguna clase, ni pretende tenerlo.

Valoración y control del proceso

¿Va bien el proceso? ¿O no va bien? Es hora de decir algo a este respecto.

Empezaré por una primera cuestión: ¿en qué me fijo yo, o en qué se fija cualquier terapeuta, para decir que un proceso va o no va bien? No dejan de sorprenderme las respuestas que escucho o recojo, incluso de mí mismo en diferentes momentos de mi historial terapéutico.

— *Va bien, pero muy lento.*

(Dice un terapeuta impaciente, probablemente más impaciente que el cliente).

— *Le cuesta mucho aflojarse.*

(Dice, en este caso, un terapeuta visiblemente tenso).

— *Opone mucha resistencia.*

(Dice un terapeuta combativo).

Creo que los anteriores ejemplos hablan por sí mismos. Son casos extremos, ciertamente. Muy frecuentemente ocurre, además, que el terapeuta valora el progreso del cliente en función de la experiencia de su propio proceso y, desde luego, de sus propias creencias. Me remito aquí a los posteriores capítulos 4.2 («Éxito y fracaso en terapia») y 4.3 («Límites y trampas de la terapia») y no me extenderé más, ahora, sobre este punto, para no interrumpir el hilo narrativo.

Con fines prácticos voy a distinguir entre un proceso corto y uno largo. Con los mismos fines prácticos voy a llamar proceso corto a aquel que dura no más de tres meses u ocho sesiones (ver la anterior nota 10). Como es natural, esta frontera no es precisa sino meramente indicativa, porque pueden hacerse ocho sesiones en dos meses o en cuatro, por ejemplo.

La valoración de un proceso corto es una cuestión de sí o no, con todos los matices que se quiera. El paradigma del proceso corto es prácticamente el de un típico trabajo por objetivos. El cliente obtiene o se lleva algo, como puede ser un descubrimiento, una decisión, una orientación o cualquier otra aportación, o bien no se lleva nada de todo esto. En mi opinión, un proceso corto es válido incluso cuando el cliente decide no continuar porque decide que ahora no quiere abordar determinados asuntos que sabe que tiene pendientes.

Otra cosa es el control y la valoración de un proceso más largo.

Ya he dicho que el enfoque gestáltico es, originalmente, un enfoque de terapia breve. Como también he dicho, un proceso corto tiene un formato muy parecido al de un trabajo por objetivos.

Declaro ahora aquí que, para mí, en general, en la medida en que un proceso se alarga, pierde relativamente peso la tarea y va ganando relativamente peso la relación.

En algunos casos, a pesar de que un proceso pueda durar, por ejemplo, un año, su utilidad es clara: el cliente se lleva algo, en el sentido que antes he apuntado. Ambos, terapeuta y cliente, están de acuerdo en ello, lo consideran suficiente y deciden dar por terminado el trabajo.

Pero a veces no está claro lo que el cliente está obteniendo, para qué le está sirviendo. Incluso cuando le pregunto expresamente a este respecto dice que sí, que le sirve y mucho, y lo dice con aparente convicción, pero luego se muestra incapaz de concretar nada.

La cuestión, es, entonces, cuál es el criterio de valoración. Debo confesar que solo tengo sobre este asunto algunas ideas pero que, desde luego, no tengo respuestas que puedan considerarse definitivas.

Desde el punto de vista del terapeuta existe la posibilidad de dar por válido el proceso simplemente porque está respondiendo a las expectativas del propio terapeuta, porque están sucediendo cambios que el terapeuta considera favorables. Atención: este punto de vista no siempre coincide con el del cliente. En el extremo de esta situación tenemos casos de clientes que después de seis meses o un año o más le preguntan al terapeuta:

— *¿Qué? ¿Cómo voy? ¿Qué te parece?*

La sola formulación de esta pregunta da a entender a las claras que algo no está funcionando.

Desde el punto de vista del cliente puede darse una situación como la descrita antes: el cliente quiere continuar, dice que la terapia le está sirviendo muchísimo, pero no llega a decir concretamente para qué.

En ambos casos, como explicaré más adelante, es útil replantearse el trabajo, no en términos de tarea, sino de relación. Quizá el cliente quiere tener contento al terapeuta. O quizá el cliente aspira a que el terapeuta no le deje nunca. Quizá.

Esta situación de falta de criterio claro se complica porque puede muy bien ocurrir que la visión o experiencia que terapeuta y cliente tienen del proceso sean diferentes. Pareciera que están viendo dos películas distintas, o practicando dos deportes distintos. A veces me encuentro con indicaciones claras de que tal cosa está sucediendo.

Por ejemplo: un cliente me habla de lo mucho que su vida ha cambiado desde que yo le dije una determinada cosa concreta, o lo mucho que le ha influido aquello que le dije (me refiero a señalizaciones, observaciones o pequeñas devoluciones). Lo curioso es que yo no recuerdo haber dicho tal cosa. Puede que no lo dijera, pero el cliente creyó escucharlo. También puede ser que lo dijera de paso, como sin darle importancia, mientras yo insistía en algo que para mí era más importante. Lo sería para mí, pero no para el cliente, para el cual tuvo más impacto otra cosa que a mí me pasó desapercibida. Y también puede ocurrir que yo dije algo con determinada intención o en determinado sentido, y el cliente entendió otra cosa. Curiosamente, lo que le sirvió fue lo que él entendió, que no es lo que yo quería decir. Por último: no será la primera vez que el cliente me atribuye haber dicho algo cuando yo me había limitado a repetir sus propias palabras. Y aún añade el cliente:

— *Gracias por aquel consejo, me ha ido muy bien.*

Lo mismo que de las palabras puede decirse también de los hechos. El cliente dice, por ejemplo:

— *Gracias por lo que has hecho.*
— *(Pero ¿qué he hecho yo?)*

O también:

— *Gracias por haber hecho tal cosa.*
— *(¡Ah! ¿Yo hice tal cosa?).*

Podemos pararnos en el detalle de estas observaciones, considerándolas pequeños o grandes malentendidos que es menester aclarar. Efectivamente hay ocasiones en que vale la pena aclararlos. Tal es el caso, como ejemplo más notorio, de los clientes que acostumbran a interpretar o proyectar, y que no suelen hacerse responsables de sus propias afirmaciones.

También podemos ponernos filosóficos en el análisis de los problemas de la comunicación humana. Tengo que decir a este respecto que me aburre el cine de Ingmar Bergman cuando insiste tanto en esta cuestión.

Personalmente prefiero otro punto de vista: cada una de las personas tenemos nuestro particular mapa orientativo, y no hay dos mapas iguales. Y por muy empáticos que nos pongamos nunca captaremos por completo el mapa del otro, aunque podamos aproximarnos más o menos.

Pero decir eso es tanto como decir que nunca tenemos el control definitivo de la comunicación ni, por tanto, del proceso. Con ello no pretendo hacer una declaración de pesimismo, sino más bien de humildad y de confianza. El terapeuta no es el director de orquesta. Ni mucho menos el autor de la partitura. Es un simple músico, con algunos conocimientos de dirección, pero el verdadero director es el cliente.

Pero esta declaración de buena fe quiebra cuando consideramos que la relación terapéutica puede estar respondiendo a propuestas o demandas encubiertas o cuando consideramos que, como dice Perls, el neurótico es un manipulador nato. ¿De qué podemos, entonces, fiarnos?

Para mí la respuesta solo es posible en un contexto de supervisión. Atención: no porque el supervisor sea más listo o tenga mejor criterio. Hay asuntos que no tienen respuesta en un contexto de relación a dos, y pueden tenerla en un contexto de relación a tres: cliente, terapeuta y una tercera persona u observador. Y para trabajar en este contexto los roles no tienen por qué ser fijos. El terapeuta puede, con la técnica de la silla vacía, pasar por las tres posiciones, y también puede hacerlo el supervisor o cualquier otro terapeuta presente en la sesión. Soy testigo de lo mucho que se puede ver, aclarar y comprender trabajando de este modo. Y de las opciones que se abren. Y lo que no puede resolverse de esta manera, francamente, no sé cómo hacerlo.

Una última llamada de atención: estoy hablando de valoración y control del proceso. No solamente de revisión cuando la cosa parece no funcionar. Es impresionante lo que puede aprenderse sobre los procesos que parecen funcionar y lo que está ocurriendo es que ambos, terapeuta y cliente, están padeciendo de la misma miopía.

Voto, pues, por supervisar también los procesos que se supone que funcionan satisfactoriamente.

Ampliaré algunas de las anteriores reflexiones y añadiré otras en el epígrafe 4.2 sobre éxito y fracaso en terapia.

Otros aspectos sobre el proceso

a) La renegociación constante de objetivos.

Una manera de entender el proceso consiste en verlo como una renegociación constante de objetivos.

¿Qué quiero decir con ello?

No se trata, ni mucho menos, de estar permanentemente discutiendo con el cliente la validez de los objetivos. El punto de partida no puede ser otro que lo que el cliente dice que le pasa y lo que el cliente dice que quiere. Lo que ocurre es que el mapa de orientación del cliente, como cualquier otro mapa, incluyendo el del terapeuta, es, por definición, un mapa limitado. Con lo cual existe el riesgo de que se proponga objetivos que no le lleven a solucionar nada, porque falta tomar en consideración elementos que no están suficientemente representados en su propio mapa. Es la misma cuestión que se plantea a propósito de las «creencias limitantes», y cualquier creencia, en principio, lo es. Ampliaré estas consideraciones en el epígrafe 2.3 sobre la cognición.

Pensemos, por ejemplo, en un cliente, al que ya me he referido con anterioridad, que dice que se encuentra al borde del agotamiento y viene a terapia para encontrar nuevos ánimos para seguir trabajando. ¿Realmente lo que necesita es trabajar más? ¿No será más bien que necesita descansar y no sabe cómo hacerlo, o no entra dentro de sus esquemas que descansar sea una opción válida? La creencia limitante podría ser, en este caso: «solo puedo descansar después de haber acabado todo el trabajo». Es la misma creencia implícita en el aforismo: «no dejes para mañana lo que puedas hacer hoy». En todo aforismo es útil examinar el contrario, que en este caso sería: «deja para mañana lo que no puedas hacer hoy».

Para encontrar las limitaciones de un mapa no hay nada como contrastarlo con otro. En este caso, el otro sería el mapa del terapeuta. Pero no porque se presuponga que el del terapeuta sea mejor, sino porque al ser simplemente diferente puede servir para efectuar algunos contrastes que lleven al cliente a ampliar su propio mapa o la percepción que tiene de sí mismo (autoconcepto).

Pero este tampoco es un recurso indispensable. A mí me da

buenos resultados la técnica de la «resignificación», que consiste en proponer otra lectura para los mismos hechos [21]. Habitualmente la lectura más al alcance de la mano es la contraria. Por ejemplo:

— *He pasado toda la semana con gripe.*
— *Y ¿cómo es la experiencia de tener gripe?*
— *Fatal. No he podido ocuparme de todo el trabajo que tengo pendiente.*
— *Entonces, ¿es que tu estado de salud no te permite ocuparte de tu trabajo? ¿O es que la carga de trabajo que tienes te impide ocuparte de tu estado de salud?*

Este es un ejemplo sencillo. Ampliando el panorama, podemos ver al cliente que dice que quiere ser fuerte, pero que no da ningún lugar a su propia debilidad. O al que quiere ser amable y bondadoso, y no da lugar a sus enfados o malestares. Quizá uno y otro, si dieran lugar a aquello que excluyen, encontrarían otra fuerza, el primero, u otra forma más rica de amar, el segundo.

Por tanto, cuando hablo de la renegociación constante de objetivos me refiero a este cuestionamiento de los deseos del cliente, deseos que en el anterior capítulo he calificado como neuróticos, en la medida en que son fruto más bien de la idea que tiene de sí mismo y no responden tanto a una necesidad real.

A medida que el cliente es capaz de ir reconociendo lo que realmente necesita, más allá de lo que cree necesitar o se supone que necesita, más allá de sus propios deseos que no se sabe si responden a necesidades, impulsos o fantasías, todo se vuelve

---

[21] Me referiré de nuevo a esta técnica en el epígrafe 2.3 sobre la cognición.

mucho más fácil, claro y sencillo. El cliente está más integrado, más reconciliado consigo mismo, es más transparente para él y para el otro, empieza a gestionar su vida de otra forma.

Pero no basta con clarificar los objetivos a nivel puramente cognitivo. Este tipo de comprensión es muy necesario, evidentemente. Hay que prestar atención, además, a las tendencias, sobre todo a las tendencias arraigadas. «La cabra al monte tira». Todos tenemos la tendencia a movernos por los raíles conocidos, habituales. Descubrimos que expectativas inicialmente desajustadas, que parecían haber sido corregidas, reaparecen tozudamente.

También hay una tendencia inevitable a valorar los nuevos comportamientos con viejos criterios. Un cliente inicia una nueva relación. En cuanto nueva, es posible que no discurra por los cauces trillados. Entonces el cliente considera que la nueva relación no le aporta nada porque no responde a la idea que tenía de relación satisfactoria.

Existen unos automatismos hechos de hábitos, sobre todo de viejos hábitos. Cuando el cliente aprende a detectarlos, a darse cuenta de cómo operan, es cuando empieza a ganar nueva libertad.

Abundaré más a este respecto en el epígrafe 2.5 sobre las actitudes.

b) Terapia en momentos difíciles.

Teresa de Cepeda y Ahumada, más conocida como Santa Teresa de Jesús, mujer que, además de mística ejemplar, estaba dotada de un igualmente ejemplar sentido práctico, aconsejaba a sus monjas «no hacer mudanza en tiempos de inclemencia». Parafraseando su expresión podríamos asimismo aconsejar «no hacer terapia en tiempos de inclemencia». ¿Qué quiero significar con ello?

Algunas personas viene a terapia «en plena crisis», en el fondo del pozo, padeciendo de grandes dificultades, etc. Pérdidas, separaciones... Pretenden «entender» lo que ha pasado (suelen oscilar entre la rabia y la culpa), o pretenden, por ejemplo, tomar una decisión rápida.

Solamente hay una circunstancia que requiere una decisión rápida, y es cuando se tiene una amenaza o peligro real o, incluso, se ha llegado a recibir un daño y resulta altamente probable que se repita. Entonces la decisión que se requiere es la de protegerse.

Salvo en este caso, digo, en otras circunstancias críticas solo cabe hacer, en mi opinión, una terapia de acompañamiento. Solo eso. Y así se lo digo a mis clientes. Quiero decir: no es momento de revisar nada, ni de promover otros cambios que aquellos que estrictamente requiera la situación. Utilizando una metáfora que a veces explico a mis clientes: si en medio del mar te encuentras en una gran tempestad, es momento de sujetarte donde puedas, de tomar algo contra el mareo, pero no es el momento de ponerte a estudiar o a ordenar los libros en la estantería.

Cuando el dolor aprieta y parece que solo hay dolor, es momento de vivirlo, de transitarlo, de respirarlo, de compartirlo, y no de otra cosa. Intentar comprender, resolver el conflicto entre culpabilizarse o culpabilizar, etc., no lleva a nada en momentos así, por más fuerte que sea el impulso a ello. Cuando las aguas estén más tranquilas será el momento de abordar lo que ya veremos cuando lleguemos allí.

Situaciones así se producen, por ejemplo, ante la muerte de un ser querido o ante una separación brusca. Pero también ante situaciones menos estresantes (aunque también estresantes). Por ejemplo, un cliente acaba de ser despedido de su empleo. En ese momento pretende entender qué ha pasado, en qué se ha equivocado, qué ha hecho mal o qué abusos han estado cometiendo con él sin que se haya percatado hasta ahora. Pues no, señor. Ahora no. Ahora es el momento de dejar pasar el tiempo (desde el punto de vista terapéutico), compartiendo sentimientos, si la ocasión se presta y sin más pretensión. Y, desde un punto de vista práctico, es el momento de ponerse a buscar un nuevo empleo (salvo que el cliente quiera darse un tiempo de tranquilidad o de reflexión).

Luego, cuando se encuentre en una situación un poco más estable desde el punto de vista laboral y/o económico, ya revisaremos lo que haga falta revisar en ese momento.

c) El tratamiento de asuntos familiares.

El tema es obviamente delicado. En particular, es inútil, cuando no peligroso, abordarlo prematuramente. No tiene ningún sentido y, además, suele ser contraproducente abordarlo por el solo hecho de que al terapeuta le parezca importante. Cuando así se hace cabe razonablemente esperar que el cliente interrumpa la terapia bruscamente. Esto puede ocurrir incluso cuando ha sido el propio cliente el que ha planteado de entrada este asunto como asunto principal.

Es necesario ser muy cuidadoso en este punto: ¿quieres?, ¿hasta dónde quieres? Y asegurarse, paso a paso, que el cliente tiene, no solo la decisión, sino también lo que podríamos llamar el permiso interno de seguir adelante.

Cuando se trata de asuntos familiares es muy importante tener en cuenta los juegos de alianzas, en particular las alianzas ocultas, y mantenerse al margen de ellas, tomando el papel de observador lo más neutral posible, sin fiarse de las apariencias. Estamos entrando en casa ajena y, como dice el refrán, «más sabe el loco en su casa que el cuerdo en la ajena». Todo respeto es poco.

Cuando un cliente, por ejemplo, se muestra furioso contra uno de sus progenitores, resulta prudente no tomarse dicha furia demasiado en serio, por muy convincente que nos parezca. Con frecuencia el enfado es una forma de mantener el vínculo y de demandar afecto. Confluir con el enfado puede llevarnos a perder de vista esta necesidad de modo que, si alentamos la furia, el deseado afecto se aleja y el cliente puede bloquearse, frustrarse o desesperarse.

Otras veces el enfado hacia uno de los progenitores puede ser activado por introyectos del otro progenitor, pero no responde a la experiencia real que el cliente ha tenido respecto de aquel hacia el cual se muestra furioso. Alentar el enfado, entonces, equivale a establecer una alianza con el proveedor del introyecto que contribuye a desconectar aún más al cliente de su experiencia personal.

También, desde el punto de vista del juego de polaridades, si resulta que el enfado visible está ocultando un amor menos visible, este se pondrá aún más rebelde en la medida en que lo ignoremos, y tendremos la falsa impresión de que el cliente está «resistiéndose» a la «catarsis», cuando en realidad no hay ninguna necesidad de tal catarsis.

Dicho en forma paradójica: si el cliente parece oponerse a uno de sus progenitores y nos aliamos con él en dicha oposición, el resultado será que ganará el progenitor y que perderemos al cliente como aliado. Por eso es tan importante el respeto, la observación atenta y la más estricta neutralidad.

Para quienes gusten de dedicarse a trabajar con asuntos familiares o se vean en la necesidad de hacerlo, recomiendo vivamente una formación básica en el enfoque sistémico (o mejor dicho, los enfoques sistémicos), y no porque piense que la Terapia Gestalt no es válida para esta clase de asuntos sino, simplemente, porque creo que la visión sistémica puede ayudar a utilizar más eficazmente el enfoque gestáltico.

A veces comparo el enfoque gestáltico de los asuntos familiares con el intento de limpiar una habitación con la ayuda de un cepillo de uñas o de dientes. Está claro que se puede hacer una limpieza efectiva y a fondo, pero tal vez sería más útil el empleo de una aspiradora. De lo contrario podemos eternizarnos en el intento o, más frustrante todavía, podemos descubrir cómo a medida que progresamos en la limpieza se nos vuelve a ensuciar lo que ya teníamos limpio. A menos que el trabajo se realice de una forma continuada o intensiva y, mejor aún, en un contexto grupal.

Revisión del encuadre durante el proceso

a) Revisión y actualización del número de sesiones.

Ya he dicho que, para mí, la renegociación constante de objetivos constituye un aspecto importante del proceso.

Cuando finaliza el primer período de sesiones que hemos acordado, llega el momento de una primera revisión: ¿cómo estamos en relación con el objetivo? Puede que el cliente se dé por satisfecho (incluso, en ocasiones, antes de finalizar este período inicial) y diga que tiene suficiente, puede que diga que por ahora prefiere dejarlo o que no está interesado en ahondar más.

Un cliente me dijo en cierta ocasión: «Sí, ya sé que tengo este asunto pendiente, lo sé hace tiempo y pretendía engañarme diciéndome que lo tenía resuelto; veo que no es así pero, por ahora, no me veo en condiciones de abordarlo». De común acuerdo pusimos punto al trabajo. No todos los clientes son tan claros a este respecto y es más frecuente el caso del cliente que responde con evasivas pero que, igualmente, decide continuar. Incluso algún cliente, tras decirme que quería continuar, no se volvió a presentar.

Si el cliente opta por continuar, entonces revisamos la orientación de la tarea en relación al objetivo u objetivos inicialmente propuesto o hacia alguno nuevo que haya aparecido. También es el momento de un intercambio o *feedback* mutuo sobre cómo nos estamos sintiendo el uno con el otro, es decir, de una primera revisión de la relación.

A partir de la decisión de continuar y, reorientado o no el objetivo, acordamos un nuevo período de sesiones. No quiero dar por sentada la prórroga del período inicial ni mucho menos quiero dar por sentado que dicha prórroga haya de tener carácter indefinido. Así que fijamos un nuevo período o fecha límite. Incluso en el caso de que el cliente me diga que está dispuesto a continuar, hasta que haga falta le respondo que yo también, le agradezco su buena disposición e insisto en fijar un horizonte temporal para revisar si hace falta más, que es lo que sigue haciendo falta, y cuanto tiempo más continuaremos con ello. En la práctica se trata simplemente de establecer este hábito de revisiones periódicas.

b) Revisión de la frecuencia de las sesiones.

A partir también de este mismo punto, si parece claro que hemos iniciado una dinámica de trabajo regular y si, una vez acabado el período de trabajo inicialmente acordado, el cliente quiere continuar, el asunto de la frecuencia pasar a tener para mí un valor secundario. Cualquier opción puede tener sentido para mí. ¿Continuamos con frecuencia semanal? Está bien. ¿Pasamos a frecuencia quincenal? Está bien. Por los motivos que sean. Porque el cliente ya no siente tanta necesidad. Porque al cliente le resulta más fácil de sostener económicamente. Porque hemos acordado combinar la terapia individual con una terapia de grupo u otra actividad semejante. Sea lo que sea, está bien.

Incluso podemos acordar que el cliente me irá llamando cuando crea que lo necesita. En principio estoy siempre abierto a este tipo de frecuencia «irregular». Aunque no siempre estoy de acuerdo. Por ejemplo, en el caso de algún cliente en que veo claro, y así se lo digo, que me parece más conveniente un trabajo «regular» que esporádico. Con la frecuencia que sea: por ejemplo, una vez cada quince días, o incluso una vez al mes. La que sea, siempre que se trate de algo mantenido durante un cierto tiempo. El cliente puede estar de acuerdo o no. Entonces yo también decido si quiero seguir trabajando o no en determinadas condiciones.

Una situación que no admito, o mejor dicho, que cada vez admito menos, es una frecuencia de trabajo «a rachas». En mi familia conocí una expresión muy claramente descriptiva de lo que digo: «o la gran sequía o la gran inundación». El cliente pasa de repente de no necesitar ninguna terapia a necesitar una apretada frecuencia de sesiones. Obviamente, aquí pasa algo, que tiene directamente que ver con la manera que tiene el cliente de encarar sus asuntos. Y precisamente con esto es con lo que tenemos que trabajar. Pero en este caso con la condición de hacerlo de forma absolutamente regular, por supuesto.

c) Revisión de la duración de las sesiones.

Como dije en el anterior epígrafe 1.1 («Llega el cliente»), acordamos que las sesiones sean, por ejemplo, de una hora. Ya expliqué el sentido que tiene para mí el «tiempo de sesión»: es un tiempo disponible, pero no necesariamente destinado a ser utilizado en su totalidad. Si acabamos antes de la hora fijada como final podemos cerrar la sesión en ese punto, y aprovechar el resto del tiempo disponible en cualquier breve asunto que pueda ser de provecho, o no.

Hay sesiones que podríamos calificar como «inútiles» o «poco provechosas». En tales casos tampoco tiene sentido «estirar el tiempo», para ver si obtenemos algo o llegamos a algún sitio. Cobramos por una disponibilidad para hacer un trabajo terapéutico, lo cual implica asumir que no siempre será posible dejar las cosas «acabadas». Puede ser que el cliente se encuentre demasiado enredado en múltiples asuntos, y bastante será que el terapeuta no se deje enredar. A veces el cliente tiene especiales dificultades para «conectar», por los motivos que sean. O es el terapeuta el que se despista. Como decía un colega mío: «a veces el cliente se pone muy pesado, y a veces es el terapeuta el que está muy espeso». Cualquiera que sea el caso, insistir e insistir no lleva a ningún sitio.

O a veces el cliente «conecta» ¡sorprendentemente! cuando faltan escasos minutos para acabar el tiempo previsto. Y esto ocurre en una sesión, y en la siguiente, y en la siguiente.

> — *¡Que lástima! Nos hemos pasado casi una hora dando vueltas alrededor de nada y cuando por fin entramos en el asunto es hora de irse. ¿Qué tal si la próxima vez entramos en el asunto un poco antes?*

O, para clientes especialmente quejosos:

> — *Tengo una propuesta que hacerte: a partir de la próxima sesión, tendrás media hora para quejarte todo lo que quieras y, en la otra media, trataremos de hacer algo constructivo al respecto.*

Algunos terapeutas parecen tener el problema de acabar a la hora. Preguntan: «¿qué tengo que hacer para acabar a la hora?» Parecen tener extrañas dificultades para acabar a tiempo, y se pasan de la hora, poco o mucho, haciendo esperar, incluso, al siguiente cliente, o comprometiendo otros compromisos propios.

A mí me parece (me lo viene pareciendo hace ya tiempo) que no hay que hacer nada para acabar a la hora, sino que más bien hay que hacer algo para acabar tarde: insistir e insistir, tratar de sacarle más jugo o más provecho al trabajo, etc. En definitiva: pretender más de la cuenta, con escaso reconocimiento de los límites. El asunto, pues, no es hacer algo para tratar de acabar a la hora, sino tomar conciencia de lo que hago y de dónde me pongo o dónde me he puesto para conseguir acabar tarde.

d) Reajustes de precio.

Con independencia del criterio inicial sobre el precio, que expuse en el anterior epígrafe 1.1, se da la circunstancia, a veces, durante el proceso, de que el cliente propone una modificación del precio acordado (o sea, una rebaja), o dice sencillamente que no puede pagar. ¿Qué hacer entonces? Estoy abierto a considerar estas circunstancias, teniendo muy claramente en cuenta que no me dedico a hacer beneficencia. Y entonces propongo yo una modificación de condiciones (no necesariamente la que el cliente pide) en función de dos criterios adicionales.

Primer criterio: veo si se trata de un cliente que realmente trabaja, que está verdaderamente comprometido con su propio proceso. Es fácil de ver: se trata de un cliente que pone interés, que aprende y que agradece. Vamos, que realmente merece la pena. En tales condiciones yo estaría dispuesto a trabajar incluso gratis. Insisto: en el caso de este cliente que merece la pena, me compensa acceder a una demanda de precio más soportable para él.

Segundo criterio: que se trate de una real necesidad y no de un capricho o exigencia. Es fácil verlo, por un lado, en los motivos que aduce (por ejemplo, referirse a otros casos o a otras situaciones me resulta sumamente sospechoso), y por otro y de manera principal, en su disponibilidad para negociar otras opciones: pago aplazado, menor frecuencia de sesiones, etc.

Excuso decir que cuanto más abierto o disponible veo al cliente en este sentido más inclinado me siento a darle exactamente lo que me pide o, al menos, algo que vaya en la dirección de lo que me pide.

e) Sobre inasistencias o ausencias.

Una cuestión habitual durante el proceso es el tratamiento de las ausencias. Ya he dejado establecido el criterio al respecto en el encuadre inicial: el cliente pagará igualmente la sesión aunque no venga, o la pagará si no avisa su ausencia con una antelación de, por ejemplo, 24 horas. Personalmente es esta la fórmula que prefiero, y admito que pueda haber muchas otras, todas ellas válidas. Lo que se acuerde, acordado está.

A partir de aquí ¿qué hacer con las ausencias?

Soy partidario de aplicar los acuerdos con flexibilidad, dado que las situaciones reales son inmensamente variadas.

Pienso, por ejemplo, en el cliente que viene a las sesiones regularmente y con puntualidad. Por una sola vez no viene, y avisa tarde, o no avisa, y luego se disculpa. Acepto las disculpas y me intereso por lo ocurrido, que bien pudiera ser importante. Lo mismo ocurre cuando se presentan, por ejemplo, circunstancias de fuerza mayor.

Yo mismo me despisto o me confundo alguna vez, o me encuentro en circunstancias de fuerza mayor.

Parafraseando un viejo criterio que, al parecer, tiene sus orígenes en la estrategia militar china (al menos, eso se dice), me gusta pensar que una vez es una incidencia, dos veces es una coincidencia y tres veces constituyen ya una pauta.

No le doy, pues mayor importancia a las incidencias, ni siquiera a las coincidencias, y prefiero ocuparme de las pautas. ¿Qué significa, qué sentido tiene, una determinada pauta de ausencias?

Por sistema, cuando un cliente no se presenta, sin más, le llamo por teléfono:

— *Oye, te he estado esperando a tal hora. ¿Qué ha pasado?*

Pero, como digo, ahora no quiero referirme a este tipo de situación cuando se produce de manera puntual, sino de manera reiterada. Y para mí esto va más lejos del tratamiento económico o administrativo de la ausencia.

Algunos clientes trabajan con mucho miedo. Se protegen mucho. Les cuesta. Se les notan las ganas, pero les cuesta. Cualquier pequeño paso lo viven como una especie de salto en el vacío. Un cliente así también puede darse satisfecho con un pequeño paso y, de momento, prefiere no arriesgar más. Entonces abandona o interrumpe, no vuelve, con cualquier excusa, o sin excusa alguna.

No quiero «perseguir» a un cliente así. Prefiero esperar un tiempo. A veces vuelve, espontáneamente. Incluso se disculpa. Pero si sospecho que es esta la situación, y no tengo noticias suyas pasado un poco de tiempo, entonces le llamo, pero solo para dar señales de vida. Quiero que sepa que yo sigo aquí, y que lo tome como una sencilla invitación, sin expectativa que presuponga forma alguna de exigencia.

Lo mismo hago con clientes que necesitan ponerme a prueba. No en un sentido provocador o retador, en cuyo caso, simplemente, me desentiendo. Hay clientes que necesitan, por así, decirlo, asegurarse de la solidez del terapeuta, que es diferente de marearlo a ver si pueden con él o el terapeuta les sigue el juego. Recuerdo una feliz expresión que escuché, hace tiempo, al que considero mi primer maestro[22]:

— *Solo se puede uno apoyar en aquello que ofrece resistencia.*

Y me limito a reiterarle mi oferta de mano tendida.

Otros clientes tienen dificultad en priorizar intereses. En un momento parece que la terapia es lo más importante que están haciendo en su vida, y en otro momento parece lo contrario. En tales casos opto por acordar con el cliente períodos cortos de trabajo. No quiero que ningún cliente tome conmigo compromisos que luego no se encuentre en condiciones de mantener. Eso sí, el período corto se respeta. A continuación, si quiere, otro período también corto. Que mantenga compromisos asumibles, no amplios, pero que los mantenga con solidez.

---

[22] Me refiero a Javier Calvo.

En cambio, declino toda iniciativa cuando se trata de clientes que se comportan de manera irresponsable, que están jugando o que me dan la impresión de estar tomándome el pelo.

En definitiva: ante la pregunta: ¿qué hago?, ¿le llamo o no le llamo? no aplico un criterio determinado. Me pregunto seguidamente: ¿qué mensaje (técnicamente: «metamensaje») le estoy enviando si le llamo? ¿Le estoy diciendo: «tú me interesas»? ¿Le estoy diciendo: «a mí no me hagas eso»? Y por el contrario: ¿qué mensaje le estoy enviando si no le llamo?

Claro está que normalmente acierto en mi decisión, pero de vez en cuando también meto la pata. Y también en ocasiones, me quedo sin saberlo.

Porque al mismo tiempo que me gusta mostrarme comprensivo con el cliente, también me gusta prestarme atención a mí y respetarme. Sea lo que sea que haga, lo hago desde la transparencia. Y si me siento enfadado o «mosqueado», lo tomo en cuenta.

Lo que nunca hago, ni recomiendo, por tanto, hacer, es «armarse de paciencia» a la espera de lo que haga el cliente. Aunque yo normalmente solo me impaciento cuando me encuentro con requerimientos «reales». En tales casos siempre intervengo:

— *Dime si vas a venir o no, para reservarte la hora o disponer de ella para otro cliente.*

Pero nunca como amenaza. Solamente, repito, cuando la situación es esa realmente.

Por cierto: no solo he tenido clientes que han vuelto dos años después de haber abandonado, sino que he tenido también alguno que me ha pagado también dos años después de no haberse presentado a la última sesión. Actualmente solo tengo uno que me debe dinero.

1.3. Y EL CLIENTE SE VA

Y el cliente que llegó, algún día se va.

Es la cosa más natural del mundo. Nadie viene a terapia para quedarse (esto es cierto en principio porque como hemos visto en el anterior epígrafe 1.2 sobre el proceso hay algunas excepciones).

Una primera constatación obvia: si la decisión de venir ha sido del cliente, la decisión de irse solo puede quedar, enteramente, en manos del cliente. Si aceptamos este hecho inapelable, es coherente aceptar también que tanto la decisión de irse como la forma de hacerlo solo son responsabilidad suya.

Por ejemplo: hay quien decide despedirse «a la francesa». Hay quien, por el motivo que sea, decide que tiene suficiente y, simplemente, no vuelve. Avisando o sin avisar.

¡Ay! ¡Cómo me dolían, al principio, estos «abandonos»! ¿Qué me habían hecho? ¿Qué les había hecho yo, quizá, sin enterarme? ¡Algo había hecho yo mal, probablemente! ¡Además el cliente nunca me lo dirá! ¿Debía yo «perseguirlo»? ¿No sería contraproducente? ¡Tantas dudas me asaltaban! Además, despedirse «a la francesa» ¡no es una forma «gestáltica» de cerrar asuntos! ¡Y el cliente había desaparecido sin dejar rastro y, por tanto, sin aprender a despedirse como a mí me habían enseñado que había que hacerlo! ¡Qué fracaso, Dios mío!

Un buen día, un cliente que se había despedido «a la francesa» y sin dejar rastro reapareció y me dijo lo bien que le había ido conmigo y que por eso ahora volvía, porque quería abordar nuevos asuntos. El cliente me pareció transparente y también debía estar yo bastante lúcido en aquel momento, pues recuerdo que le dije:

— *Me alegro de que te fuera bien. Lo único que te pido es que la próxima vez que quieras dar por terminado el trabajo, por favor, me lo comuniques.*

Así lo acordamos y así lo hizo. En años posteriores tuvimos dos series de nuevos encuentros.

Clientes como este he conocido algunos. Los llamo clientes «Guadiana» [23].

Hay también otros tipos de situaciones muy diferentes. Por ejemplo, un cliente al que espero a la vuelta del verano y no se presenta. Resulta que ha cambiado de trabajo y de domicilio. O un familiar, o él mismo, sufren una enfermedad o tienen que ser objeto de una intervención quirúrgica. Me entero, posteriormente, porque me lo comunica el propio cliente, o me entero por otra fuente insospechada, o no me entero.

¿Tendría que enterarme? ¿Tendría que ser importante para el cliente decírmelo? ¿Tendría que ser yo tan importante para el cliente? ¿No puede el cliente tener otro tipo de prioridades, o regirse por otro tipo de valores? ¿En nombre de qué tengo yo que suponer que cuando un cliente inicia una terapia esta debe de ser su actividad más «sagrada»? ¿En nombre de qué tengo derecho a exigir a un cliente una especie de compromiso absoluto o cuasiabsoluto? ¿Por qué no puede tratarse para él de una simple «ayudita»?

No solo el cliente que ha «abandonado» el trabajo vuelve a veces. Otras veces la que viene es otra persona, remitida por aquél.

---

[23] Río español que, en un punto de su recorrido, desaparece misteriosamente, como si se lo hubiera tragado la tierra, para reaparecer muchos kilómetros más allá.

O me escribe una carta, agradeciendo, o consultando algo, o formulando alguna petición (en esta ocasión prefiero no dar más datos, para no desvelar identidades).

¿Por qué se va el cliente? Básicamente, porque quiere [24]. Y esta decisión inapelable puede darse en diversas circunstancias:

— El cliente cree que tiene suficiente o, simplemente, se da por satisfecho con lo conseguido y no cree necesitar más por el momento.
— El cliente cree que no está obteniendo de la terapia lo que esperaba obtener, o le está costando demasiado esfuerzo, o demasiado dinero.
— Claramente ya tiene solucionado el asunto que le trajo a terapia, y en esto coincidimos los dos (terapeuta y cliente).
— De repente le aparecen otras prioridades o necesidades.
— Existe un conflicto abierto con el terapeuta que no se sabe resolver.
— Y así, otra serie de opciones posibles.

Cuando me inicié como terapeuta me enseñaron la manera de cerrar un proceso terapéutico: realizar un balance de lo conseguido, proporcionarnos mutuamente un *feedback*, etc. Mi frustración era grande cuando algunos clientes desaparecían sin

---

[24] En las jornadas sobre el amor en la terapia que tuvieron lugar en Barcelona el año 2000, organizadas por el Institut Gestalt de dicha ciudad, escuché a Humberto Maturana que pensaba proponer, en la próxima revisión de la Declaración Universal de Derechos Humanos, la inclusión de tres nuevos derechos:
— Todo ser humano tiene derecho a equivocarse,
— todo ser humano tiene derecho a cambiar de opinión, y
— todo ser humano tiene derecho a irse.

dejar rastro: aplazaban repetidas veces una sesión, anunciaban que llamarían y luego no lo hacían, no contestaban al teléfono, etc. Lo más frustrante para mí, como apunté antes, era no saber lo que estaba ocurriendo. ¿Es que ya no les interesaba la terapia? ¿O es que tenían miedo de decirme que no les ayudaba? Evidentemente esta frustración era muchas veces consecuencia de mi necesidad de mantener el control. Otras veces, en cambio, era fruto de mi real interés por el cliente.

Realizo la típica sesión de cierre siempre que me es posible: cuando parece que la terapia no da más de sí, o cuando claramente el objetivo está conseguido o el problema solucionado, o cuando nuevas circunstancias vitales ponen al cliente en la tesitura de dejar la terapia o, al menos, aplazarla por un tiempo, y el cliente puede preverlo.

En estas sesiones de cierre lo que menos me interesa es realizar un balance de lo conseguido, aunque vaya bien hacerlo de paso. Realizar este balance presupone que hay unos criterios «objetivos» de éxito, cosa que es más que discutible [25], y no voy a repetir aquí lo dicho antes en el apartado sobre valoración y control del proceso. El único criterio que me parece útil es la satisfacción de la demanda del cliente: ¿ha encontrado lo que quería (o quizá algo diferente, pero igualmente valioso para él)? Pero, como digo, no me interesa tanto esta especie de «evaluación». ¿Qué obtengo con ello? ¿De qué me sirve? ¿Qué aprendo?

---

[25] Véase, en este sentido, el interesante artículo de Bastine, R., Fiedler, P. y Kommer, D.: «Qué es terapéutico en la psicoterapia. Aproximación sistemática a la investigación del proceso psicoterapéutico», en *Revista de Psicoterapia*, n° 1, págs. 39-51, así como el de de Lafferty, P., Beutler, L.E. y Crago, M.: «Diferencias entre psicoterapeutas más o menos eficaces. Un estudio de variables del terapeuta», en *Revista de Psicoterapia*, n° 4, págs. 33-42.

Podemos ver conjuntamente cómo al final se han alcanzado o no los objetivos iniciales, o cómo estos han ido transformándose en una secuencia o sucesión de objetivos. También podemos ver que los objetivos (la demanda) no estaban tan claros como parecía, o eran demasiado genéricos o ambiciosos.

También, y esto es más interesante, puedo ver cómo aquellas impresiones que registré al principio (ver el apartado sobre la presencia) han estado presentes hasta el final, cómo las he manejado o cómo se han trasformado. Desgraciadamente constato que algunos caminos ciegos hubieran podido evitarse si hubiera hecho más caso de aquellas impresiones (como las parejas que fracasan cuando se encuentran ante sus narices con aspectos conflictivos de la relación que ya intuían al principio de la misma). También sucede lo contrario: ha habido un proceso, un enriquecimiento, un cambio. También puedo ver qué descuidé o qué forcé, en qué me adelanté o en qué me quedé atrás. Etc.

Pero lo que más me interesa es centrarme, sobre todo, en un *feedback* mutuo. ¿Qué, de lo que hemos hecho, le ha servido? ¿De qué manera le ha servido? ¿Qué no le ha servido? ¿Qué le hubiera ayudado más, qué le hubiera convenido que yo hiciera más y no hice? ¿Qué ha estado de sobra y ha resultado inútil o confuso? Y sobre todo: ¿cómo me ha percibido, cómo me ha sentido en relación con él? ¿Demasiado distante, hasta indiferente? ¿Demasiado próximo, hasta invasivo? ¿Demasiado complaciente? ¿Demasiado frustrante? ¿Escueto? ¿Reiterativo? ¿Cálido? ¿Frío? Este es el tipo de *feedback* que me resulta más útil para aprender.

Por mi parte le hago al cliente la correspondiente devolución: recursos que tiene y de los que puede sacar partido, limitaciones que debe respetar, puntos ciegos con los que debe tener cuidado, qué le puede ayudar o no en el futuro, y alguna otra orientación para el futuro: «si, más adelante, deseas continuar o reemprender un trabajo terapéutico, creo que te convendría...». Finalmente también le devuelvo lo que más me ha gustado y lo que menos me ha gustado de mi trabajo con él.

Lo que estoy diciendo de manera implícita es que, más que el resultado, me interesa el proceso en sí o, por decirlo de manera más específica, la relación. Cuando esta funciona y se desarrolla con fluidez (lo cual no significa que no haya atascos o conflictos, sino que estos se abordan), cuando la relación se desarrolla con transparencia y claridad, todo o casi todo puede hacerse (o bien lo contrario: está claro cuando no puede hacerse nada, o simplemente no hay nada que hacer) y lo más habitual es que se hayan producido resultados más o menos satisfactorios para el cliente.

Dicho al revés: cuando algo no fluye la cosa es de mal pronóstico. En algunas ocasiones el proceso terapéutico está atascado. Por ejemplo: hay asuntos en los que el cliente no quiere entrar pero dice que sí, y ningún recurso parece funcionar; o el cliente se muestra demasiado sumiso o demasiado escéptico, pero no lo reconoce (¿o tal vez la ceguera es mía?). Sorprendentemente, cuando le pregunto de qué le está sirviendo la terapia o en qué le estoy ayudando me dice que sí, que mucho, pero no llega a concretar nada. Cuando en tales casos el cliente abandona la terapia no me sorprendo y no me frustro.

Una última reflexión: creo que la forma en que acaba una terapia está muy directamente relacionada con la dirección en que se ha desarrollado el proceso. Y no me refiero solamente al hecho de que cuando el proceso funciona a trancas y barrancas el final de la terapia no puede ser satisfactorio. Esto es simplemente obvio. Me refiero a otro tipo de situaciones. Por ejemplo, en el caso de un cliente en que el proceso está orientado a promover su autonomía me encuentro que, cuando empieza a sentirse más seguro, me deja. ¿Debería yo haber esperado otra cosa? O cuando descubrimos un tipo de trabajo corporal que le resulta verdaderamente útil me comunica que prefiere seguir practicándolo en grupo. ¿Por qué tendría que seguir conmigo?

II

*Aspectos
de la experiencia*

2.1. EMOCIONES Y SENTIMIENTOS

Trabajar con las emociones

Suele decirse que la Terapia Gestalt es una terapia emocional. Estoy de acuerdo. No conozco otra terapia que dé tanta importancia a las emociones y al trabajo con ellas.

Sin embargo, no deja de sorprenderme cómo el trabajo con las emociones puede estar mediatizado por supuestos teóricos que con frecuencia no se revisan o se discuten, y que se ponen de manifiesto en el uso que se hace del lenguaje. Cuando digo «mediatizado» me refiero a que la influencia de dichos supuestos aboca a propuestas de trabajo o experimentos muy poco útiles, cuando no contraproducentes.

Una expresión relativamente corriente es, por ejemplo: «sacar las emociones», o alguna emoción en concreto, por ejemplo: «sacar la rabia».

El uso de esta expresión presupone que las emociones pueden estar almacenadas en una especie de depósito, cuyo grifo de salida está cerrado. Eso es malo: la emoción así almacenada, sin salida, puede estar pudriéndose o produciendo cualquier problema o efecto indeseado. Se abre el grifo, se «saca» la emoción, y parece que el problema queda así resuelto.

Desde este presupuesto pueden proponerse algunos tipos de trabajos calificados como «catárticos», como, por ejemplo, «sacar la rabia» golpeando o «sacar la tristeza» llorando. Con frecuencia este tipo de trabajo resulta un poco, o un mucho, forzado, como lo demuestra el hecho de que, con frecuencia, requiere ser animado, o «jaleado» desde fuera, por parte del terapeuta o de los mismos compañeros (en el caso de terapia en grupo).

La catarsis a veces funciona: el cliente se relaja y se siente más reconciliado consigo. Pero otras veces lo que produce es un cierto cansancio, cuando no agotamiento, en el que el cliente acaba sintiéndose relajado, pero más bien por una fatiga que no es sino el efecto del esfuerzo realizado (en el caso de forzar el «sacar la tristeza» no es infrecuente que acabe produciendo dolor de cabeza). Lo que ha ocurrido es que se ha realizado una especie de ejercicio de gimnasia, pero con muy poquita o nula conciencia.

Las emociones no se almacenan en ningún depósito, por lo tanto no hay que «sacarlas». Ni siquiera hay que expresarlas. Como dice Maturana[26]: las emociones se viven. Y, en la medida en que se viven, se expresan, pero en el sentido de que se muestran naturalmente, se dejan traslucir en el cuerpo, y no en el sentido de que «tengan que» ser expresadas o «sacadas».

Lo que estoy diciendo implica otro tipo de supuesto, diferente del anterior, que no tiene por qué ser más o menos acertado. Me parece, simplemente, más útil, y me limito a declararlo.

Una emoción es un fenómeno biológico natural y, como tal, naturalmente fluye, excepto cuando el sujeto lo interfiere de diversas maneras: inhibiendo o bloqueando la conciencia del mismo, o el proceso de energetización, o la acción subsiguiente (en términos del modelo gestáltico del ciclo de la experiencia).

Por tanto, el primer paso necesario sería tomar conciencia de la emoción, vivirla en este sentido (a mi me gusta más la expre-

---

[26] Hernández, M.J. y Ortega, M.V.: «Entrevista con Humberto Maturana». *Revista de Psicoterapia*, n° 26-27. Pág. 151. Humberto Maturana es biólogo.

sión «dejársela vivir» o «dejársela sentir») y, consecuentemente, en la medida en que se vive, dejarla transparentarse, dejarla manifestarse, dejarla fluir o dejarla aflorar. En definitiva: dejarla seguir o dejarla salir, mejor que «sacarla».

Pero si el proceso de energetización o de paso a la acción está inhibido o bloqueado, este fenómeno se pone claramente de manifiesto a nivel corporal. En muchas ocasiones, cuando un cliente dice, por ejemplo, sentir rabia, y le pido: *muéstrame tu rabia*, el cliente aprieta los puños o las mandíbulas, o tensa los brazos, o todo ello a la vez. Más que una manifestación de rabia, lo que encontramos es la manifestación del esfuerzo que el cliente hace para contener su curso. Una especie de pelea interna.

Entonces trabajo con ello: «date cuenta de cómo contienes» o «prueba a contener con más fuerza» (exagerando el movimiento de contención) o bien, alternativamente: «explora alguna manera de aflojar esa tensión». Ni empujo ni freno al cliente. A veces, por ejemplo, le acompaño de manera empática: ni más atrás ni más adelante que el cliente. ¡Oh, sorpresa! Puede ser que el cliente se ponga a gritar o a golpear. O puede ser que el cliente se ponga a llorar. O puede ser que el cliente empiece a sentir miedo.

Sea lo que sea lo que aparezca, con eso sigo trabajando. No hay que «sacar» nada. Pero el flujo de la corriente empieza a correr. Este proceso no tiene nada que ver con lo que sucede si damos por supuesto que la emoción contenida es «X» y que, por tanto, tiene que manifestarse de una manera predeterminada.

Hay muchas situaciones parecidas a la anterior. El cliente dice, por ejemplo: «tengo ganas de gritar, pero no puedo» o «tengo ganas de llorar, pero no puedo». Lo último que se me ocurre actualmente es alentarlo a que grite o a que llore (que es lo que hacía al principio). Le digo, por ejemplo: «¿cómo sabes que tienes ganas de...?», o bien: «¿cómo es esa sensación de ganas?». Y oriento su atención hacia la conciencia corporal. Y continuamos trabajando con lo que va apareciendo. De la misma manera: «¿cómo sabes que no puedes?» o «¿qué te lo impide?», (porque no está claro, en este caso, si se trata de una experiencia —por ejemplo, una sensación— o de una creencia) o mejor aún: «¿cómo es tu experiencia de no poder?», orientando así nuevamente la atención a la conciencia corporal. Y continuamos trabajando con lo que vaya apareciendo.

Otro supuesto teórico que a veces contribuye a desenfocar el trabajo con las emociones tiene que ver con la idea de «resistencia». A veces lo dice el propio cliente: «tengo resistencia a (lo que sea que dice que quiere)». No me gusta el término «resistencia». Sus connotaciones terapéuticas pertenecen a la teoría psicoanalítica. Pero no es, en origen, una referencia gestáltica.

Prefiero ver la resistencia en términos de conflicto de polaridades: una parte del cliente quiere una cosa y otra parte quiere otra. Estamos ante una expresión de la persona, del mismo valor que el deseo consciente. Por otro lado se presenta, lingüísticamente, como una nominalización. Pregunto, pues: ¿cómo sabes que te estás resistiendo? o bien: ¿qué estás experimentado concretamente cuando dices que tienes resistencia? Y continúo trabajando con lo que aparece.

Por otra parte, el uso del término «resistencia» se presta a diversos prejuicios. Una manifestación espontánea y natural del miedo, es, por ejemplo, ponerse a temblar. Como sabemos por biología, cualquier ser viviente que siente miedo reacciona de una de estas tres maneras: o bien sale corriendo, ataca o se queda absolutamente quieto. ¿Qué sentido tiene calificar cualquiera de estas tres reacciones como «resistencia»? Si el cliente ataca ¿se está resistiendo?, ¿o simplemente se está defendiendo o se está protegiendo? Si adopta un comportamiento fugitivo o si se bloquea, ¿es que se está resistiendo, está evitando?

No me parece este el enfoque más útil. Me parece más interesante trabajar con la experiencia «viva» del cliente, hasta que tome conciencia, primero, de lo que le está pasando y, luego, de qué necesita ocultarse, protegerse o defenderse.

De acuerdo con la propuesta de Kepner [27], en el enfoque gestáltico nunca trabajamos «contra» la resistencia, en el sentido de forzarla, sino que más bien la integramos, la incluimos en el proceso. Estoy de acuerdo en los términos en que se expresa Kepner. De todas formas, el concepto de resistencia he dejado de utilizarlo hace tiempo. Como he dicho, para mí no es una referencia gestáltica, así que prefiero ahorrarme su uso. Si es el cliente el que lo usa entonces lo respeto. Pero me limito a ello.

A veces, incluso, la cosa es más simple. En supervisión, particularmente, me he encontrado con que un cliente «se resiste» en la misma medida en que el terapeuta «empuja». Esta situación es fácil de detectar, a veces, mediante la observación del uso del lenguaje. Por ejemplo, dice el terapeuta, refiriéndose al cliente:

— *Es que no consigo sacarlo de ahí.*

¿Sacarlo? ¿De ahí? Sin comentarios.

También es fácil de detectar mediante la observación de los movimientos o tensiones corporales del terapeuta.

Suelo invitar al terapeuta, en tales ocasiones, a que se ponga a empujar una pared, para que pueda así darse cuenta de cómo la pared «se resiste».

Con frecuencia este tipo de atascos se produce a partir de los propios prejuicios del terapeuta. Un cliente está viviendo un conflicto y el terapeuta, sin darse cuenta, se alía con uno de los

---

[27] Véase el libro de Kepner, J.I.: *Proceso corporal*, que reseño en el epígrafe 6.2 de la bibliografía. Págs. 27-83 y 207-213. Véase específicamente sobre resistencia las págs. 57-68.

elementos en conflicto, presuponiendo que tal opción es «mejor» que la otra.

Un último aspecto que quiero señalar en este apartado inicial es el de la responsabilidad de las emociones. Supongamos que yo experimento una emoción como, por ejemplo, tristeza, en relación con una pérdida. Pero, en primer lugar, sentir tristeza no es la única opción posible: puedo sentir, por ejemplo, alivio o rabia. Responsabilizarse de las propias emociones significa reconocer que, en cualquier caso, el sentimiento que estoy experimentando es mío: me pertenece a mí, no al objeto ni tampoco a otro sujeto.

Aquí nos encontramos con una dificultad habitual, que consiste en distinguir entre responsabilidad y culpa. Puedo decir que no soy responsable de mi tristeza en el sentido de que no es resultado de un propósito deliberado, pero no es ese el sentido gestáltico del término «responsabilidad» cuando nos referimos a las emociones. Mi tristeza, o cualquier otra emoción que sienta, es mía. Por tanto, solo yo puedo hacerme cargo de ella. Hacerme cargo de ella me permite decidir qué haré con ella, mientras que atribuirla simplemente a la pérdida que he experimentado me deja sin opciones, ya que la pérdida es algo que está fuera de mi alcance.

Tengo, en este sentido, una situación ilustrativa para aclarar esta confusión. Más adelante, en el epígrafe 2.3 sobre la cognición, concretamente en el apartado sobre la triple función cognitiva, volveré sobre ella, para sacarle partido en otro sentido.

Dos perros diferentes se hallan ante la misma persona. La persona levanta un palo en alto. El primer perro sale corriendo entre alaridos. El segundo mueve el rabo y salta contento mirando al palo. ¿Qué está ocurriendo? Obviamente, el primer perro siente miedo mientras que el segundo siente alegría.

¿Cuál es el poder mágico del palo o del hombre que levanta el palo, capaz de suscitar, en uno miedo, en otro alegría, en un tercero quizá curiosidad, o indiferencia, o cualquier otra reacción emocional? ¿A quién pertenece el miedo o la alegría, al palo o al perro?

Luego se pueden hacer todas las interpretaciones que se quieran, pero el primer paso es hacerse cargo (es decir, responsabilizarse) de la experiencia emocional del momento.

Las emociones básicas

A veces tengo noticias de talleres que incluyen en su título el término «emociones básicas». Incluso, también a veces, se me ha formulado expresamente tal pregunta: «¿cuáles son las emociones básicas?».

La pregunta es similar a otras como, por ejemplo: «¿cuántos tipos de animales existen?», o «¿cuántos tipos de tonalidades amarillas existen?».

Para mí la respuesta más adecuada es: «tantos como palabras diferentes seamos capaces de utilizar para distinguirlos»[28].

No es este el lugar para desarrollar una amplia disquisición sobre las relaciones existentes entre el lenguaje y la experiencia, o sobre el constructivismo, cuyos supuestos básicamente comparto. Humberto Maturana, por ejemplo, en la misma entrevista que acabo de citar en el apartado anterior, expresa su opinión de que hay emociones que solo son posibles al vivir en el lenguaje.

La idea que tengamos sobre cuáles sean las emociones básicas depende de la referencia teórica en que nos basemos o del

---

[28] De manera incidental, cuando acabo de escribir estas líneas, cae en mis manos un ejemplar del boletín *Diario médico* correspondiente al 12 de julio de 2006 en cuya contraportada aparece una entrevista a Jaume Estruch, director del proyecto Percepnet, en la que dice textualmente: «El idioma determina cuántos colores se pueden diferenciar».

modelo de clasificación que utilicemos. Si menciono aquí este hecho es para manifestar mi opinión de que por este camino no vamos bien, en el sentido de que corremos el riesgo de alejarnos de la experiencia del cliente. Bastará con echar una ojeada a diversas experiencias comunes.

Consideremos, por ejemplo, la siguiente lista de términos:

— Rabia.
— Enfado.
— Cabreo.
— Enojo.
— Ira.
— Irritación.
— Mala leche.
— Agresividad.
— Etcétera

¿Se trata de sinónimos para designar la misma emoción? ¿Se trata de emociones diferentes? ¿Se trata de matices particulares de la misma emoción?

Me niego a buscar una respuesta teórica o lingüística. Las situaciones concretas son de lo más variado. Por ejemplo:

— *Estoy cabreado.*
— *Vaya, que estás enfadado.*
— *No, no. Enfadado no. Cabreado, que no es lo mismo.*
— *Y ¿cuál es para ti la diferencia?*
— *El enfado lo llevo en silencio. El cabreo lo expreso.*

Por el contrario:

— *Estoy cabreado.*
— *Vaya, que estás enfadado.*
— *Como lo quieras llamar.*

En otros casos puedo encontrarme con un cliente que dice que se siente confuso y, explorando esa confusión, se pone de manifiesto que lo que ocurre es que el cliente está experimentando una mezcla de emociones o, como algún cliente me ha dicho, una «ensalada» de emociones. Como es natural, este cliente identificará las que pueda y como pueda.

En otro caso, algún cliente me ha dicho, por ejemplo:

— *¡Qué raro! ¿Puede ser que yo esté experimentando alegría y tristeza a la vez?*

La respuesta es obvia:

— *Parece que sí, que puede ser.*

U otro cliente, por ejemplo, dice que se siente «raro». ¿Qué emoción es esta? Puede que «raro» sea un término que este utilice cuando no consigue identificar su emoción utilizando términos conocidos. O puede que sea otra cosa.

Obviamente no se trata aquí de andar con precisiones conceptuales. La experiencia emocional del cliente es la que es, y esto es lo que me interesa, y la llamo como él prefiera llamarla, respetando, en principio, los términos de su propio mapa.

Experimentar emociones y valorar emociones

Por qué digo «¿en principio?». Porque lo que me interesa, en primer lugar, es promover que el cliente respete su propia experiencia en vez de entrar a valorarla. No quiero que el cliente descalifique su experiencia por el hecho de que su expresión verbal no se ajuste a mi propio mapa.

Precisamente por eso hay un par de situaciones en que cuestiono el mapa de referencia del cliente.

Procedo a cuestionarlo, en primer lugar, cuando el cliente califica algunas emociones como positivas o negativas. El supuesto implícito es: «hay emociones buenas y emociones malas». Y la consecuencia inevitable: «hay que promover las buenas y evitar, controlar o refrenar las malas». Este es un supuesto implícito en diversas terapias y en muchos enfoques de crecimiento personal, incluyendo algunos considerados como «espirituales».

En tal caso intervengo, por ejemplo, preguntando:

— *¿Qué quieres decir con emoción negativa? ¿En qué te basas para calificar una emoción como positiva o negativa?*

O bien reformulando:

— *Más que emociones positivas o negativas lo que hay son emociones que nos gustan o que no nos gustan, o que nos resultan más fáciles o difíciles de llevar. ¿Qué hay en esta emoción para que no te guste, o qué es lo que se te hace difícil de ella?*

Hay un segundo tipo de situaciones sobre las que me parece importante intervenir activamente. Sabido es que, cuando la terapia funciona, uno de los síntomas más claros es la aparición de «lo nuevo». Y una de las características de «lo nuevo» es que al cliente le cuesta reconocerlo: por definición, lo nuevo no termina de parecerse a lo conocido. En tales casos es frecuente que el cliente diga, por ejemplo, que se siente «raro» o «extrañado» o algo semejante. Yo mismo, entonces, tengo miedo de que el cliente pueda sentirse asustado o receloso al respecto, de que acoja la nueva experiencia con temor y, en consecuencia, se aleje del contacto con ella. Lo que hago es reformular su experiencia.

— *Es natural que te sientas raro. Estás experimentando algo nuevo para ti. Es natural que incluso no tengas las palabras adecuadas para expresarlo. Simplemente respira y déjatelo sentir.*

Y, con calma, procedo a un chequeo corporal de la nueva experiencia emocional, antes de seguir explorando o elaborando.

En relación con este hecho, quiero referirme también a la falta de vocabulario o cultura emocional para designar o reconocer experiencias emocionales que muchas veces encontramos. El caso más común es el del cliente en cuya familia, proceso educativo u otras influencias ambientales las emociones no existen, o eran consideradas temibles, o se podían reconocer muy pocas. En casos extremos encontramos clientes que no conocen otros términos más que «bien» o «mal» para referirse a su experiencia emocional, para responder a la pregunta de cómo se sienten.

Hay un tipo de cultura tradicional en relación con la salud que define a esta como «el silencio de los órganos». Cuando no hay ninguna sensación molesta que llame mi atención estoy bien. De lo contrario estoy mal. Aunque esta cultura tiene que ver directamente con las sensaciones corporales o físicas se extiende también, con frecuencia, a las experiencias emocionales.

Se impone aquí, una vez más, un enfoque didáctico o educativo:

— *Si te pregunto cómo está pintada esta habitación y me dices que bien quizá me estás diciendo que te gusta, pero no me estás dando ninguna información sobre su colorido. O si pregunto por un paisaje y solo me dices que es bonito no consigo hacerme idea de qué es lo que estás viendo concretamente.*

Esta referencia metafórica la han entendido hasta ahora todas las personas a las que se la he formulado. A veces ayudo sugiriendo términos o proponiendo un menú de vocabulario:

— *¿Bien significa contento, tranquilo, ilusionado, descansado...?*

O bien:

— *¿Mal significa triste, enfadado, asustado, agotado...?*

Poco a poco el cliente aprende a identificar mejor sus experiencias emocionales [29].

El uso de términos como «bien» o «mal» puede indicar, pues, como hemos visto, una cierta falta de sensibilidad emocional o de registros emocionales. A veces indica, simplemente, un hábito social de proteger las emociones, de preservarlas de curiosidades inoportunas, mediante el uso de «fórmulas corteses»:

— *¿Cómo estás?*
— *Bien, gracias.*

El uso de estos términos puede parecer también, en ocasiones, una forma de valorar las emociones, pero se trata de una valoración extrínseca. «Bien» o «mal» se definen en función de algún punto de vista ajeno a la propia emoción. Paradójicamente, implican una falta de valoración de las mismas en el sentido de no reconocerles su valor: no vale la pena prestarles demasiada atención, son una fuente de «irracionalidad» que resulta preferible evitar, etc.

En el otro extremo encontramos clientes para los cuales las emociones no solo son un referente principal, sino absoluto, una especie de objetivo o valor supremo.

---

[29] Como dije más arriba, existen tantas experiencias emocionales diferentes como palabras diferentes seamos capaces de utilizar para identificarlas.

Así como Descartes decía «pienso, luego existo» estos clientes dicen «siento, luego existo». Tomada fuera de contexto, esta es una afirmación obvia. Mientras estamos vivos sentimos. No podemos no-sentir, a menos que estemos muertos. Pero ahora no quiero referirme a este sentido obvio. Estoy pensando más bien en los clientes que convierten sus emociones en el centro o norte de su existencia en el sentido de buscar más y más intensas y más variadas emociones.

Al límite de semejante situación me he encontrado con clientes que vienen a terapia para «sentir cosas especiales». Han descubierto o sospechan que se trata de una ocasión de abundar en esa intensidad o variedad de experiencias emocionales. Pareciera que la terapia es una ocasión o un apoyo importante para «vivir intensamente». En este sentido extremo he llegado a recibir alguna queja del tipo «es que aquí no me haces sentir nada». No tan al extremo, es más frecuente el caso de clientes que empiezan la sesión diciendo: «esta semana he tenido una fuerte movida emocional» o «desde la vez anterior, he tenido varias movidas emocionales».

¿Y qué? me pregunto yo. Esta situación es, para mí, semejante a la de un barco que llega a puerto tras haber pasado varias tormentas. Puede haber sido una experiencia emocionante por la sensación de peligro experimentado, o sobrecogedora por la grandiosidad de los fenómenos o de las sensaciones experimentadas. El viajero puede estar interesado en compartir su experiencia, tiene deseos de hablar de ella. Magnífico. Como terapeuta estoy abierto a que mi cliente comparta lo que quiera. Pero ¿qué terapia vamos a hacer con ello?

Para una intervención terapéutica lo importante no es tanto lo que ha pasado, sino cómo ha llegado a puerto. Sano y salvo, satisfecho, aunque todavía impresionado. Pues qué bien. Gracias por compartirlo y celebrémoslo.

Otra cosa es que algo se haya quedado atascado y no fluye. O que algo parezca haberse roto o perdido y no se sepa cómo repararlo o recuperarlo (si es que ello es posible). O que algo nuevo haya sido encontrado y no se sepa qué hacer con ello.

Al principio del presente capítulo hacía referencia a la Terapia Gestalt como terapia emocional. Pues bien: para este tipo de clientes el trabajo necesario no es tanto de activación o de conciencia, sino más bien de contención. O, para decirlo más exactamente, de autocontención. No el es sentido de que el cliente tenga que refrenarse, sino en el sentido de que no quede «absorbido» o «hipnotizado» por su experiencia emocional, como si no hubiera nada más. Normalmente escucho con tranquilidad y termino preguntando al cliente, por ejemplo, algo así:

— *¿Me cuentas eso para compartirlo conmigo? ¿Con algún otro propósito? ¿Quieres que hagamos algo más con ello?*

Y continúo trabajando con lo que me responde o, simplemente, volvemos con la atención al aquí y ahora:

— *Entonces, ¿cómo estás aquí y ahora? ¿Qué necesitas? ¿Por dónde seguimos?*

Señalaré un último aspecto que me parece importante a propósito de la experiencia emocional. Como diría Machado, con una expresión que a mí me gusta mucho:

> *A distinguir me paro*
> *las voces de los ecos.*

En términos más coloquiales: no hay que confundir el ruido con las nueces.

Algunos terapeutas —yo entre ellos— confunden o confundíamos, al principio, la intensidad de una emoción con la intensidad de su expresión. Como si el dolor que experimenta una persona fuera más agudo (o más grave) cuanto más grita esa persona. ¿De verdad, por ejemplo, cuanto más fuerte ríe una persona más contenta está? Aquí pueden pasar dos cosas diferentes. Los adictos a la intensidad emocional suelen redundar en su expresión, bien de modo verbal o bien de modo corporal, como si la redundancia en la expresión aumentara la intensidad de la emoción. Hay personas a las que les gusta «empujar» lo emocional, como les gusta empujar el malestar o el bienestar. También puede pasar lo contrario: tal expresión redundante o altisonante es una forma de evitación.

Sea cual sea el caso, prefiero no tomarme en serio el ruido. La intensidad ya no me impresiona, y prefiero la contención:

— *No hagas tanto ruido. No des tantas voces y pon un poco más conciencia. Presta más atención a lo que te pasa.*

O bien, sencillamente:

— *No hace falta que grites tanto, que ya te he escuchado.*

Profundizar en la experiencia emocional

Un punto de referencia importante, en mi opinión, es el significado relacional de las emociones. Básicamente, las emociones son reacciones biológicas («organísmicas») globales, que se producen en función de la manera en la que nos afecta la realidad. Considero esta afirmación como una aportación principal de la biología, es decir, de las investigaciones de los biólogos (y, más concretamente, de los etólogos).

Por tanto, tomo con sumo cuidado cualquier afirmación de un cliente cuando utiliza alguna expresión «autoemocional». Por ejemplo: «autocompasión» o «rabia hacia mí mismo», etc. En tales casos el uso de la silla vacía donde se represente la correspondiente polaridad (el que compadece frente al compadecido, el que tiene rabia frente al objeto de la rabia, etc.) suele mostrar con facilidad la proyección o introyección de qué se trata el verdadero sujeto u objeto de la compasión o de la rabia, por ejemplo.

En particular cuestiono términos como «quererse a sí mismo». Sí que es posible, por ejemplo, «cuidar de uno mismo»: esto es un comportamiento. Pero ¿qué significa «amarse a uno mismo»?

En este sentido quiero señalar el uso con frecuencia confuso que se hace del término «autoestima», como forma más sofisticada de nombrar el «amor hacia uno mismo». Con frecuencia, sin embargo, se puede deducir del contexto que el término «autoestima» se utiliza como sinónimo de «vanidad» u «orgullo». En particular, cuando alguien ha obtenido un reconocimiento social, merecido o no, puede decir que, de esta forma, ha aumentado su autoestima. O si ha recibido críticas puede decir que esto ha sido un golpe a su autoestima.

«Autoestima», como ya expliqué en el anterior apartado sobre el enfoque básico del proceso, es un término que fue introducido o, mejor, puesto de moda, por Virginia Satir[30], con el significado de «autovaloración». Tiene que ver, pues, con el gusto por sentirse valioso. Por tanto no tiene que ver directamente con lo emocional, sino con la forma en la que la persona se sitúa respecto de esa experiencia emocional. Aunque tiene una utilización concreta en el ámbito emocional. Como ya hemos visto, Virginia Satir solía preguntar:

---

[30] Satir, V.: *Relaciones humanas en el núcleo familiar*. México, Ed. Pax, 1978. Págs. 20-29. Edición ampliada. *Nuevas relaciones humanas en el núcleo familiar*. México, Ed. Pax, 1991. Págs. 34-43. También: *Autoestima*. México, Ed. Pax, 1988. 59 págs. Se trata de un pequeño librito que constituye, todo él, una especie de poema ilustrado.

— ¿*Cómo te sientes?*

Esta pregunta no debe resultarse demasiado extraña a ningún terapeuta gestáltico. Pero añadía una segunda pregunta:

— *Y ¿cómo te sientes sintiéndote así?*

Esta es, diríamos, «la pregunta del millón». Es la pregunta sobre la autoestima. Una persona puede sentirse triste y sentirse «bien» por sentirse triste, en el sentido de que puede vivir esa tristeza sin interrumpirla o sin querer salir corriendo de ella. O puede sentirse rabiosa y sentirse «bien» sintiéndose rabiosa, en el sentido de que asume su rabia como algo pertinente a la situación donde se reconoce a sí misma como un ser entero y congruente, y sin necesidad de evitar lo que siente.

Esta autoestima no tiene nada que ver con la búsqueda o el deseo de reconocimiento, no depende de valoraciones externas. Por eso mismo para la persona que goza de suficiente autoestima no hay emociones buenas ni malas. Simplemente, esa es su realidad aquí y ahora.

Tras esta breve digresión sobre la autoestima, quiero volver ahora sobre el significado relacional de las emociones. No de manera general, sino para recoger algunas observaciones fruto de la práctica. Porque lo relacional tiene que ver con «algo otro» presente pero a veces también con algo «otro ausente». En cualquier caso tiene que ver con la manera en la que nos afecta la realidad.

La rabia, por ejemplo, suele relacionarse con el dolor, con la herida. La rabia expresa el dolor o a veces lo disimula o encubre. Algo o alguien nos han lastimado. Entonces, simplemente, gritamos de dolor o de rabia o quizá, además, nos aprestamos a la defensa o al contraataque.

Pero hay rabias que tienen que ver con ausencia. Por ejemplo, cuando tengo hambre y no encuentro comida. O cuando quiero agarrarme a algo que se me escapa. Esto es obvio en su sentido físico.

Pero también en sentido psicológico. Cuando no encuentro el objeto del deseo, o cuando yo mismo interrumpo ese deseo, inhibiendo, por ejemplo, la energetización, o la acción, o el contacto. Hay rabias que son expresión de deseos autonegados. Una renuncia, o sucesivas renuncias, fruto de introyectos o de cualquier otro mecanismo de evitación del contacto, me ponen furioso. A veces de manera brusca. A veces por acumulación. En tales casos resulta evidente que cualquier propuesta de tipo catártico o de «sacar la rabia» no llevará a ninguna parte.

Las emociones, en primer lugar, se viven, y se viven conscientemente. Luego se decide qué hacer con ellas. Tratar de hacer algo como primera opción puede no servir de nada si antes no hay una primera conciencia de la rabia y de qué es lo que tal rabia está queriendo manifestar.

Algo parecido pasa, también por ejemplo, con el miedo. El miedo es una emoción elemental relacionada con la supervivencia. La pregunta obvia suele ser por el objeto o «agente» del miedo: algo o alguien nos atemoriza, puede dañarnos. El miedo tiene que ver entonces con una amenaza presente o potencialmente presente.

Pero también hay un miedo que tiene que ver con la ausencia. Lo que necesitamos, lo que nos ayuda, lo que nos protege, simplemente no está. «¿Hay alguien ahí?». Silencio u oscuridad por respuesta[31]. En tal caso el sujeto puede esconder su cabeza tras sus manos, protegiéndose de algo terrible que teme

---

[31] Melanie Klein supo observar y analizar cómo ya en los bebés la ausencia del objeto deseado se transforma, por proyección, en presencia de un objeto maligno.

que suceda, o bien extenderlas ansiosamente buscando algo a lo que agarrarse.

No es difícil distinguir una cosa de la otra. A veces, con un sencillo experimento regresivo, el cliente descubre, para su sorpresa, que no hay ninguna amenaza presente, pero no solamente no hay ninguna amenaza: no hay nada. Nada, ni nadie, por extensión. Y ahí está la clave.

Podemos hacer también un experimento muy simple cuando el cliente se esconde y se encoge, asustado. Si se trata del miedo ante una presencia y lo tocamos discretamente en la mano aún se encogerá más. Pero para su sorpresa y/o la nuestra podemos descubrir que lo que hace es agarrarse a la mano que le tendemos. ¿Quién no estuvo cuando se sentía solo? ¿Qué hace ahora en su vida, cuando se siente solo? ¿Buscar a alguien o asustarse y encogerse? Y a partir de aquí podemos comenzar a experimentar nuevas opciones.

También existen emociones sobre emociones, o emociones que encubren otras emociones. Esto no es nuevo para ningún gestaltista. Podríamos llamarlas «emociones-disfraz». El Análisis Transaccional tiene muy bien descritos y categorizados estos fenómenos, con el nombre de «rebusques». De nuevo, la clave no está en ninguna referencia teórica, sino en investigar el sentido relacional de la emoción o emociones de que se trate.

No sé si se trata de un rebusque, pero hay una especie de emoción que presenta algunas particularidades. Me refiero a lo que se suele llamar, según los casos, angustia o ansiedad. Así como el resto de emociones pueden vivirse sin considerarlas necesariamente como buenas o malas, esto no ocurre con la angustia o la ansiedad, desagradable en cualquier aspecto. Además, su sentido relacional es más que oscuro.

Las personas con suficiente autoestima raramente se angustian, o lo hacen de manera transitoria. La única excepción, la única circunstancia en que todos nos angustiamos se da cuando vivimos una situación en la que nos sentimos sobrepasados en múltiples frentes.

Por poner un caso extremo: ahora que necesito cambiarme de vivienda porque se me ha acabado el contrato resulta que me despiden del trabajo y a un familiar próximo le han diagnosticado una enfermedad grave. Pero en tales casos hasta la mayor angustia es más o menos pasajera, su sentido relacional es claro y lo que es desagradable o difícil no es la angustia, sino la situación en sí, lo difícil de la situación en sí. Por eso se vive de manera angustiosa.

Pero ¿y cuando no es así?

Prefiero explicar mi punto de vista con una metáfora. La angustia sería como una agitada espuma superficial en medio del agua. Pero es la espuma ¿de qué?

Siguiendo la misma metáfora, la angustia sería la manifestación superficial de una emoción más profunda, quizá poco reconocida, a la que se teme o que no se sabe cómo manejar. Entonces invito al cliente a poner conciencia en su angustia, a «respirarla», y para ello le presto todo mi apoyo. Con frecuencia la angustia encubre miedo, quizá un miedo excesivo. Pero entonces podemos trabajar con el miedo. Sin embargo otras veces la angustia encubre otra emoción, como por ejemplo rabia. El cliente se angustia cuando presiente (es decir: pre-siente) que se le moviliza la rabia. Se asusta (por tanto, algo de miedo hay), no sabe qué hacer con ella. También entonces podemos acercarnos, poco a poco, a su experiencia de rabia. Por encontrar, he llegado a encontrar algún cliente que se angustiaba cada vez que podía sentir alegría.

Otras veces la angustia encubre el miedo al dolor, que se prefiere evitar, ocultar o proteger. Tampoco esto es nuevo para cualquier gestaltista.

En cualquier caso, lo que acabo de explicar no es ninguna original teoría sobre la angustia. Es una metáfora que, como tal, me ha resultado enormemente útil para re-significar la experiencia del cliente y me ha facilitado profundizar en la experiencia emocional.

Quiero también decir algo sobre la ansiedad, término que considero, por lo demás, confuso o equívoco.

Hace tiempo que me doy cuenta de que me ocurre algo que he descubierto que es muy común, que le ocurre a mucha gente. A veces alguien me pide una colaboración o me propone una tarea de cierta responsabilidad y que debe realizarse de modo inmediato. Yo me siento preparado, así que, si dispongo de tiempo, acepto el encargo y lo realizo de modo inmediato y con absoluta tranquilidad.

Pero supongamos que el encargo no es inmediato sino que es, por ejemplo, para dentro de una hora. Entonces, en el tiempo que media desde que acepto el encargo hasta que llega el momento de llevarlo a cabo, me pongo muy nervioso. Esto, como digo, es muy común. Las personas solemos ponernos nerviosas en estas ocasiones y si además hemos estudiado o sabemos algo de psicología ya no nos ponemos nerviosas sino «ansiosas».

¿Qué ha ocurrido? Simplemente que me he activado, he puesto en marcha el motor, he empezado a inyectar combustible (en este caso adrenalina) pero aún no he tenido ocasión de poner en marcha el vehículo. Con el vehículo parado y el motor puesto en marcha, se produce un temblor visible como tal o experimentado como tensión si trato de contenerlo. Cuando empecé a darme cuenta de ello empecé a encontrar también varias opciones como permitirme temblar, o gastar el combustible en algún tipo de actividad física o aprovechar el tiempo en algo que me resultara más interesante. Añadiré que la opción de ponerme a fumar no me ha resultado nunca de verdadera utilidad.

A partir de esta experiencia tampoco pretendo formular ninguna teoría, pero sí que quiero declarar que reformular la ansiedad como activación o excitación me ha resultado y me sigue resultando de gran utilidad práctica.

No solo nos encontramos con emociones más elementales, espontáneas o genuinas, sino también con emociones que suelen llamarse «secundarias»

Toda emoción genuina tiene que ver con el aquí y ahora. Por tanto, se vive con los ojos abiertos. ¿Qué ocurre cuando a un cliente se le despierta una emoción que le lleva a bajar la cabeza, a cerrar los ojos o a ocultarse de una u otra manera?

A veces simplemente está sintiendo vergüenza. Si le doy un poquito de tiempo se irá dando cuenta. Puedo ayudarle, facilitárselo. Si el asunto es que se avergüenza entonces podemos trabajar con esa vergüenza.

Pero a veces pasa y pasa el tiempo y el cliente no sale o le cuesta muchísimo salir del lugar donde se ha metido. Además, parece que algo le duele, e incluso le duele mucho. ¿Qué le duele? No parece que sea nada que esté presente en el aquí y ahora. Pero, si no se trata de un dolor presente, parece razonable pensar que se trate de un dolor recordado, de la evocación de un dolor antiguo. Podríamos decir que se ha activado una emoción «regresiva», una emoción que tiene que ver con algo que le pasó.

Las opciones, en tal caso, son dos.

La primera: explorar qué ha pasado, qué pasó. Y continuar con ello mediante un trabajo con la silla vacía o cualquier otro tipo de experimento.

La segunda: pedir de nuevo su atención al presente. Que mire, que nos mire y mirarlo. Que toque y tocarlo. Sabiendo de la existencia de un recuerdo no «asimilado», sabiendo de la probable existencia de una «gestalt inconclusa», no siempre es necesario el trabajo regresivo para que el cliente se oriente en el presente y encuentre en él nuevas opciones.

Hay también otros tipos de emociones que algunas terapias

que incluyen el enfoque transgeneracional llaman emociones «adoptadas» o «transferidas», en el sentido en que las describe, por ejemplo, Bert Hellinger. No pertenecerían al sujeto sino al sistema del que forma parte. Pero no me voy a ocupar aquí de ellas, porque desborda claramente el ámbito del presente libro.

2.2. CUERPO

Cuerpo y emociones

Empecemos por dejar sentado que no hay emoción sin cuerpo, de la misma manera que no hay cuerpo sin emoción. No es posible que alguien no sienta nada salvo que esté completamente inerte. No hay emoción que no se acompañe de algún movimiento corporal, externo o interno. Si los antiguos definían la emoción como *motus animi*[32], no concebían el *animus* como una especie de habitante invisible extraño al cuerpo o sobrevenido a él, sino precisamente como la fuerza (la energía, dirían hoy algunos) capaz de producir el movimiento *motus* y que aparecía siempre reflejada en el rostro (*animi imago vultus est*) [33].

Otra cosa es que el cuerpo pueda estar aquietado y las emociones sean sutiles, o viceversa. También puede ser que el cliente no «conecte», no se entere, no tenga conciencia de lo que le pasa. Pero cualquiera que tenga un poco de experiencia en practicar el continuo de conciencia durante un tiempo suficiente sabe que habitualmente no nos encontramos con la dificultad de

---

[32] Movimiento del «ánimo». En el concepto clásico, el ánimo constituye la «intención» de la vida. Traducir «ánimo» como «alma» le añade connotaciones no pertinentes.

[33] También mal traducido como «la cara es el espejo del alma». En realidad significa: «la cara es el aspecto visible del ánimo», en el sentido antes apuntado.

no sentir nada, sino más bien con la práctica imposibilidad de prestar atención y registrar la inmensa cantidad de sucesos simultáneos que experimentamos, desde luego en el cuerpo, así como la imposibilidad también de registrarlos o reconocerlos todos sin interferirlos.

Se produce, en este sentido, un equívoco, yo diría que habitual, cuando parece que consideramos emociones y cuerpo como entidades distintas mientras que, en realidad, lo único que es distinto es nuestro punto de vista o nuestro foco de atención. Algunos enfoques psicosomáticos resultan igualmente equívocos cuando hablan de procesos emocionales «somatizados». Como si tales procesos influyeran en el cuerpo. Pero no influyen en el cuerpo. Son el cuerpo. Consisten en el cuerpo.

Otra cosa es que en determinadas condiciones estresantes o de particulares limitaciones del sujeto un proceso emocional se colapse gravemente, o se produzca un fenómeno de desidentificación y proyección en el cuerpo como objeto. Pero es toda la persona o todo el organismo lo que se colapsa. No es que una cosa sea resultado de la otra. Me parece que algunos enfoques psicosomáticos, en nombre de una pretendida unidad, cuando hablan de conexiones y puentes, lo que hacen es mantener la dualidad. El término «somatizar» parece significar, a veces, algo así como que el cuerpo se queja de aquello que la mente no digiere.

En realidad el cuerpo se queja cuando algo le afecta dolorosamente o perturba su funcionamiento y, desde luego, se queja cuando pretendemos llevarle la contraria, por virtud de una conciencia del yo que no es sino una escisión de la realidad. Porque la percepción del cuerpo sí que puede escindirse y desorganizarse.

El cuerpo es, pues, el lugar de las emociones. Claro que sí. Y de los sentimientos. Y de las sensaciones. Y de los impulsos, deseos, pasiones o tendencias. Y de la comunicación. Y de la cognición. Y de la fantasía. Y de lo que queramos añadir. Nada de esto sucede fuera del cuerpo. O, mejor dicho, nada de esto sucede sin el cuerpo. Sin el cuerpo no es posible el contacto.

El cuerpo es el lugar, el medio, la infraestructura. Pero no en el sentido de lugar pasivamente habitado, o de herramienta pasivamente utilizada. A la vez que medio el cuerpo es agente y paciente. El cuerpo es simultáneamente sujeto y objeto, es proceso, es suceso y es interacción.

Así que cuando decimos que trabajamos con el cuerpo estamos, de hecho, trabajando con todo lo anteriormente apuntado: sensaciones, sentimientos, emociones, impulsos, deseos, tendencias, pensamientos, etc.

¿Con todo ello a la vez? Evidentemente que sí. Pero no es posible tener conciencia de todo ello simultáneamente. Así que cuando trabajamos prácticamente ponemos nuestra atención en aquello que sea figura en cada momento concreto.

Por tanto, la base del trabajo corporal consiste en tomar como figura aquello que se muestra como tal a nivel corporal y que muchas veces no coincide con lo que es figura para la atención consciente del cliente en ese momento.

En definitiva, esta es la aportación básica de diversos autores que, como Wilhelm Reich, empezaron a prestar atención a la figura corporal de sus pacientes en lugar de atender preferentemente al curso del pensamiento. Curiosamente, otros han realizado el proceso contrario: a partir del trabajo con el cuerpo empezaron a prestar atención, por ejemplo, a las emociones [34].

---

[34] Tal es el caso del DFA (Duggan & French Approach), desarrollado por Annie Duggan y Jenny French, que comenzaron practicando el Rolfing y fueron poco a poco interesándose por los aspectos emocionales que aparecían, así como por su origen, desde un punto de vista regresivo.

La experiencia corporal: observar el cuerpo

La base del trabajo con el cuerpo viene dada, pues, por la atención a lo que se muestra como figura a nivel corporal y, para empezar, al conjunto de la figura que forma el cuerpo. Empezaré por explicar un poco lo que quiero decir con la expresión «el conjunto de la figura».

Lo ilustraré con ayuda de un experimento muy sencillo y que puede hacerse de manera más eficaz cuando se trabaja en grupo.

Se invita al cliente a caminar, como lo hace habitualmente. Algunas de las personas presentes le observan primero, luego se levantan y comienzan a caminar como él, al principio de manera superficial (es decir, según la forma externa) y, poco a poco, incorporando esta forma desde dentro. Seguidamente el cliente se retira para observar cómo caminan sus compañeros. Por último, estos le devuelven cómo se sienten y qué experimentan en su cuerpo.

Complementariamente se puede plantear la siguiente pregunta: «¿qué mensaje envías a tu entorno cuando caminas así?».

Naturalmente el experimento se puede hacer en terapia individual, con el terapeuta como único espejo.

He explicado este experimento a modo de ilustración de lo que quiero decir con «atención al conjunto de la figura que forma el cuerpo».

Fritz Perls toma de Kurt Lewin el concepto de «campo». Pues bien, desde el punto de vista organísmico el cuerpo nos muestra al sujeto en interacción: «organismo más ambiente igual a campo», según Perls. Cómo se mueve, qué postura adopta, etc., nos está diciendo cómo interacciona.

Existe una enorme diversidad de técnicas y enfoques de trabajo corporal y psicocorporal. Hace unos años, una asociación norteamericana, no recuerdo cuál, realizó un inventario de cerca de trescientas. Muchas de estas técnicas o enfoques incorporan la «lectura corporal» como base de su trabajo, a modo de diagnóstico previo, y también la incorporan como guía.

No es de este tipo de lectura corporal del que quiero hablar ahora, sino de la gestáltica atención a lo obvio, en el más puro enfoque del aquí y ahora.

En este sentido el cuerpo es un libro abierto, si lo sabemos leer, con la ventaja adicional de que no precisa ningún diccionario. No se trata pues, de una lectura del tipo «tal gesto significa tal cosa» o «tal postura obedece a tal causa». Si miramos al cuerpo, vemos lo que la persona hace y, muy frecuentemente, podemos ver cómo lo hace, si nos fijamos en sus reacciones corporales espontáneas.

Pondré un ejemplo para ilustrar lo que quiero decir. Estamos en un grupo y comenzamos con una propuesta sencilla:

— *¿Cómo estáis, aquí y ahora?*

Muchos de ellos cierran los ojos antes de responder. O los cierran todos, en una forma que casi parece ritual. Es evidente que la pregunta ha tenido como efecto un cambio en su foco de atención. Parece que ahora estén mirando a otro sitio. ¿Qué está ocurriendo?

A muchas personas cerrar los ojos les ayuda a darse cuenta mejor de sus sensaciones y emociones. Con los ojos abiertos y la atención dirigida hacia el exterior les resulta más difícil este darse cuenta. A tales personas les ayuda hacer esto, si están desconectados, pero ¿siempre es así? ¿Con qué contactan cuando cambian?

Si nos fijamos en el proceso podemos ver que en algunas personas el acto de cerrar los ojos se acompaña también de un significativo cambio en la postura o movimientos corporales. No se trata de interpretar el significado de tal cambio, sino de constatar simplemente que tal cambio se ha producido. No solo ha cambiado el foco de atención de esas personas, sino que ha cambiado también el conjunto. Ha cambiado la estructura del campo. La pregunta que hemos formulado con el propósito de orientar la atención ha interferido, de hecho, en el estado en que la persona se encontraba, modificándolo visiblemente. Por tanto, la respuesta que tengamos a la pregunta sobre lo que ocurre aquí y ahora probablemente no se corresponderá con lo que había en el momento en que formulamos la pregunta. Así no es de extrañar que una persona que hasta el momento se mostraba agitada dice ahora estar muy tranquila.

Este aspecto adquiere especial importancia cuando se trata del contacto y del diálogo interpersonal. Cuando alguien quiere explorar lo que le pasa con otra persona encontrará respuestas diferentes si lo hace mirando a esa persona, si lo hace con los ojos cerrados y, no digamos, si lo hace con los ojos abiertos pero mirando al terapeuta. O si lo hace con los ojos muy abiertos, sin pestañear, o con la mirada más relajada. Las respuestas entonces están condicionadas o limitadas por la manera de mirar. Se pueden encontrar respuestas diferentes mirando de manera diferente o, dicho de modo más general, desde una postura corporal diferente.

Cuando se trata de darse cuenta del aquí y ahora, cualquier cambio corporal lo altera: se trata de un aquí y ahora diferente. Por el contrario, cuando se trata de hacer algo, de encontrar el curso de lo que se quiere, de encontrar nuevas opciones, el cambio corporal resulta poco menos que imprescindible. Como he dicho antes, el cuerpo revela qué tipo de interacción se establece con el ambiente, y podría añadir aquí que lo que hacemos con el cuerpo, en el cuerpo o desde el cuerpo constituye un paradigma de la forma en la que manejamos nuestros recursos, ya que pone de manifiesto la forma en la que interactuamos. Así, por ejemplo, el tipo de recursos que una persona movilizará o el tipo de opciones que encontrará dependerá, en gran medida, de si está aislado (o incluso con los ojos cerrados) o en contacto, o de si está encogido o distendido, en pie o tumbado, etc.

Incluso hay personas que se reconocen mejor a sí mismas o reconocen mejor ciertos aspectos de sí mismas en la acción. Ante una disyuntiva, por ejemplo, existe la posibilidad de quedarse inmóvil, examinando los dos caminos que se presentan. Pero también existe la posibilidad de comenzar a recorrer uno de ellos, con un mínimo de conciencia, y rectificar en función de lo que vaya ocurriendo[35].

Decía Rousseau que le gustaba caminar porque caminar avivaba sus pensamientos. Me llamó mucho la atención cuando lo leí y pensé en ello por primera vez. Luego, a lo largo de mi vida, he tenido numerosas ocasiones de experimentar una cierta parálisis o, al menos, ralentización de mi propio flujo productivo (por ejemplo, escribiendo sobre algo o diseñando alguna cosa), y cómo este fluir se aviva nuevamente cuando me muevo. Con cualquier cliente podemos observar algo similar:

— *Estoy en blanco.*

O bien, en un caso semejante:

— *Estoy bloqueado.*

---

[35] Es conocida la anécdota del burro (en algunas versiones se trata de una burra) de Buridán que, situado en un punto equidistante entre dos pesebres, murió de hambre al no poder decidirse por ninguno de ellos. Esta anécdota constituye una falacia, pues ningún burro muere de hambre en una situación semejante, sino que se encamina directamente a cualquiera de los dos pesebres indistintamente.

La postura del cliente en tales casos es invariablemente estática, cuando no absolutamente rígida.

Puede que convenga trabajar con ese bloqueo, en el sentido de meterse en él y experimentarlo más a fondo.

— *¿Dónde estás bloqueado? ¿Cómo es ese bloqueo, corporalmente? Déjatelo sentir.*

Es una opción. Tenemos otras:

— *¿Qué te está pidiendo ahora el cuerpo? ¿Hacia dónde te lleva, si lo dejas?*

Creo que llega el momento de pasar a lo siguiente.

La experiencia corporal: trabajar con el cuerpo

Empiezo poniendo atención al cuerpo cuando la figura para el cliente se presenta, inicialmente, de este modo. También lo hago, opcionalmente, cuando la persona se está moviendo a nivel cognitivo u emocional sin que este movimiento le lleve a ninguna parte. En tal caso le pregunto al cliente:

— *Y ¿como sucede eso en el cuerpo, a nivel corporal?*

Por regla general prefiero trabajar con el cuerpo en la modalidad de «acompañar» más que de activar o incitar. Acompañar es, por un lado, una forma de presencia empática que permite captar mejor lo que el cliente está experimentando. También es una forma de intervención que facilita ayudar al cliente a «permitir que suceda», sin otra pretensión.

— *Pon atención a tu cuerpo y deja que él te guíe.*

A veces esto es más que suficiente.

Este tipo de trabajo suele calificarse como «minimalista», y yo voy siendo cada vez más firmemente partidario del mismo a medida que el tiempo pasa. Digo partidario por no decir admirador. ¡Qué cosas ocurren! ¡Qué cosas ocurren![36]

«Permitir que suceda» es más fácil si el cliente respira soltando el aire. Soltar el aire no es soplar, ni empujar, es solamente dejar salir. No requiere ningún esfuerzo físico, tan solo un poco de atención. El diafragma ya reacciona de manera espontánea para tomar una nueva inspiración, cuando resulta necesario. No requiere ningún esfuerzo.

Lo contrario de permitir que suceda es bloquear, interferir o tratar de dirigir. A veces la interferencia viene desencadenada por estímulos externos. Podemos fácilmente experimentar, por ejemplo, cómo, ante un susto, espontáneamente inspiramos y retenemos el aire. De igual manera reaccionamos cuando nos preparamos para un esfuerzo. Pero antes o después nos faltará el aire: si tratamos de tomar más cuando no hemos soltado el que tenemos nos tendremos que forzar, y sentiremos ahogo. Entonces necesitamos expulsar el aire retenido, cosa que hacemos muchas veces de manera automática, resoplando, empujando el aire hacia afuera con cierta brusquedad para volver a tomar más aire cuanto antes. Análogamente, cuando aplicamos un esfuerzo brusco (por ejemplo, para empujar algo o levantar o arrastrar algo pesado), lo que hacemos es inhalar con fuerza y retener. Cuando necesitamos aire, expulsamos con fuerza y volvemos a inhalar rápidamente.

---

[36] Recomiendo vivamente al lector, en este sentido, la lectura del breve pero jugoso artículo de Paco Peñarrubia que lleva por título: «Acompañamiento corporal gestáltico: elogio de la simplicidad», publicado en la *Revista de Terapia Gestalt*, nº 28, páginas 81-84.

Este comportamiento tiene sentido desde el punto de vista biológico: en situaciones de riesgo, tendemos a inhalar el aire con fuerza ante la eventualidad de que nos falte. Así, por ejemplo, cuando estamos en el agua y queremos sumergirnos. Sin embargo, los que practican la inmersión como deporte saben que antes de tomar aire hay que expulsar primero el que se tiene dentro. Espirar primero, para poder inspirar mejor.

De esto se trata: de que el cliente reconozca primero su pauta respiratoria, lo que no resulta fácil a la primera, dado su carácter automático. Con frecuencia es útil ayudarle con nuestras propias observaciones. Reconocida la pauta, se le pueden proponer cambios.

Con todo, el automatismo sigue presente. Si le proponemos a cualquier cliente que amplíe su respiración, lo que muy probablemente hará será inhalar con más fuerza.

— *Es que esta forma de respirar cansa mucho.*

Naturalmente. Está aplicando un esfuerzo excesivo e innecesario. Entonces le propongo que no se preocupe de inhalar el aire y se centre más bien en expulsarlo. Nuevamente se presenta el automatismo del esfuerzo, y lo que probablemente hará será soplar, empujar con fuerza el aire.

— *Mira, no se trata de empujar, sino solamente de dejar salir.*

Y se lo mostramos. A veces ayuda, para que lo capte mejor, hacer la exhalación con sonido. También ayuda que ponga la atención en su propio movimiento corporal cuando respira: qué partes del cuerpo se mueven y cuáles no se mueven si respira como lo hacía anteriormente, y cuáles se mueven ahora o se mueven de diferente manera.

Siempre es posible dejar salir un poco más de aire. Siempre

queda retenido más de lo que parece, si el cliente está acostumbrado a retener.

Y es de esta manera, dejando salir el aire en vez de inspirarlo y retenerlo con esfuerzo, cómo se facilita el proceso, cómo se «permite que suceda».

La mayoría de las personas pueden reconocer sin dificultad alguna que si aplican cualquier esfuerzo mientras dejan salir el aire la fuerza que efectivamente aplican es mayor, la fatiga menor y el resultado más fácil.

El mismo fenómeno se observa cuando tratamos de «aguantar», por ejemplo, el dolor, reteniendo la respiración. La capacidad de «aguante» aumenta soltando el aire, precisamente porque dejamos de aguantar. Yo prefiero entonces el término «sostener», que viene a significar: «vivir conscientemente, permitiendo que suceda y sin oponerse». Sostener, para mí, es bien distinto de aguantar.

Algo parecido podemos observar cuando exploramos el límite de flexibilidad de cualquier músculo o grupo muscular. Los ejercicios básicos de bioenergética como, por ejemplo, los de enraizamiento, se realizan soltando el aire. La tendencia espontánea es a retenerlo.

La respiración es el lubricante [37] o, como dice una persona allegada, «la barca». Pero el engrasado se produce de manera natural, no cuando tratamos de inyectar más aceite, sino cuando facilitamos la eliminación de que sobra a medida que se va ensuciando.

Observaciones similares pueden hacerse respecto del llanto. Hay personas que producen un llanto con aspecto de «gimo-

---

[37] Resulta muy recomendable a este respecto la lectura del interesante libro que sobre emociones y respiración ha escrito Humberto Maturana en colaboración con Susana Bloch, y que se cita en el epígrafe 6.2 de la bibliografía.

teo», donde apenas dejan salir el aire, y lo van tomando a modo de pequeños sorbos rápidos. Este es un llanto que nunca se acaba. Hay otras formas de llorar, por ejemplo, con sonido, pero estrangulando el aire al emitir el sonido, de modo que tal sonido aparece como una especie de alarido o «berrido». Este es un llanto que, como el anterior, si se acaba es por agotamiento, pero agotamiento físico de la persona, no porque el proceso se haya transitado con naturalidad. Al límite, al cliente acaba doliéndole la cabeza. ¡Tal es el esfuerzo de control que ha realizado!

Por eso no soy partidario de forzar nada y reconduzco rápidamente las catarsis que tienen aspecto de ejercicio de gimnasia, cuando no de pura histeria.

Por eso tampoco trabajo «contra» las tensiones, los bloqueos musculares o la rigidez. Más bien soy partidario de proponer al cliente que los acentúe, y que lo haga a medida que suelta el aire. Podríamos decir que me alío con la polaridad que en este momento parece más fuerte. El cliente no irá a ninguna parte mientras se pelee con ella o trate de «vencer su resistencia».

En este sentido he descubierto lo útil que resulta proponer al cliente que acentúe o afloje una tensión con suavidad, es decir, muy poco a poco, de modo que pueda tener plena conciencia de lo que hace para establecer una tensión o para aumentarla. Esto le permite, posteriormente, deshacer lo hecho, es decir, aflojar la tensión, con mucha suavidad, muy poco a poco, de manera que pueda también tener plena conciencia de lo que hace y de cómo lo hace. A lo largo del proceso así realizado pueden aparecer emociones u otras reacciones inesperadas, con las que vale la pena seguir trabajando [38].

---

[38] Algo similar ocurre, por ejemplo, con la técnica de «relajación fraccionada» de Jacobson.

Es impresionante constatar la capacidad del organismo para autorregularse, por poco que se le deje o se le facilite.

Poco más tengo que añadir, sino señalar otro instrumento privilegiado del cuerpo. El primero, como he dicho, es la respiración. El segundo, al que ahora me refiero, son los sentidos: ver, oír, tocar, olfatear, etc. El trabajo con los sentidos tiene, como sabemos, una gran variedad de posibilidades.

El simple «me resulta obvio que... imagino que», un clásico del «darse cuenta» [39], sobre todo si le añadimos como tercer ingrediente «siento...», permite descubrir con facilidad que algo diferente se activa según en qué del otro o en qué de uno mismo se pone la atención. Es muy curioso, al nivel de la observación corporal al que me refería en el apartado anterior, que algunas personas pueden estar hablando de sus dificultades de contacto sin mirar a nadie. Poner la atención en alguien, hacer otro uso de los sentidos (en este caso de la vista y, preferiblemente, también del tacto) modifica automáticamente la estructura del campo, y así se puede abordar la situación de otra manera.

---

[39] Stevens, J.O.: *El darse cuenta*. Santiago de Chile, Editorial Cuatro Vientos, 1976. Págs. 170-171.

2.3. COGNICIÓN

El tercer elemento

Hablando de modo general, en Terapia Gestalt suelen utilizarse expresiones que parecen implicar un cierto menosprecio o, al menos, cierta falta de aprecio de los aspectos cognitivos. *Te vas a la cabeza. Solo estás en el coco.* Ya Perls hablaba, en este sentido, de tres tipos de «caca»: de pollo, de toro y de elefante. Sin embargo, el propio Perls proporcionaba abundantes explicaciones de lo que hacía. Incluso escribió varios libros. ¿En qué quedamos?

De la misma manera que no hay emoción sin cuerpo ni cuerpo sin emoción, tampoco hay, ni puede haber, cognición sin emoción y cuerpo. Y no me refiero ahora al asunto de la conexión entre pensamientos y sentimientos, de lo cual me ocuparé más adelante, sino a algo mucho más elemental: el hecho de que la cognición forma parte de nuestro equipamiento biológico.

Incluso cuando empleamos la expresión, bastante usual, «irse a la cabeza», no estamos diciendo otra cosa sino que la atención se focaliza de modo exclusivo en el pensamiento, desviándose o desconectándose de la experiencia corporal y emocional.

No dejo de sorprenderme cuando una persona habla de su cabeza o sus pensamientos señalando su cabeza, y habla de su cuerpo señalando del cuello para abajo. Cabeza y cuerpo parecerían dos entes extraños entre sí, o quizá en conflicto, unidos, obviamente, por medio del cuello. «¡Pobre cuello! (pienso) debe de estar hecho cisco». Y no solo el cuello, claro.

Otras personas hablan de su mente o de sus pensamientos como si fueran una especie de entidad etérea que reside en la parte superior de su cuerpo (normalmente llamada cabeza), y no acaba de estar claro si esta residencia es permanente o circunstancial.

Para decirlo con claridad: pensamos con todo el cuerpo. Exploraciones neurofisiológicas muestran que cuando pensamos activamos inervaciones (motrices) correspondientes a diversos grupos musculares que afectan a todo el cuerpo, incluyendo específicamente las que afectan a la lengua (actividad sublingual). De ahí a «pensar en voz alta» media un pequeño paso. Es una cuestión de grado, no de cualidad.

Quienes tengan conocimientos mínimos de PNL saben que la activación de recuerdos, evocación o construcción de imágenes o de sonidos, exploración de sensaciones, monólogos o diálogos internos, etc., van habitualmente acompañados, por poco intensos o extensos que sean [40], de movimientos oculares específicos. Probablemente esto es también lo que ocurre durante los sueños, en los momentos conocidos como «fase REM» [41].

No podemos comprender los fenómenos o procesos cognitivos si los concebimos como la actividad de un ordenador implantado en el cerebro capaz, por su naturaleza, de realizar una serie de funciones autónomas. Las funciones cognitivas son, en su base, funciones de naturaleza biológica. En este punto creo que las aportaciones de la investigación biológica deben ser tenidas necesariamente en cuenta. La actividad cognitiva forma parte intrínseca de los procesos de autorregulación.

---

[40] Si se trata de activaciones muy puntuales, como, por ejemplo, para responder «sí» o «no», o para responder a la pregunta «¿cómo te llamas?», el movimiento ocular no llega a observarse, pero la inervación se produce igualmente.

[41] Como es sabido, REM significa en inglés «movimientos oculares rápidos».

Dice Perls [42]:

La actividad fantasiosa, en el sentido amplio en que estoy empleando el término, es aquella actividad del ser humano que, mediante el uso de símbolos, tiene a reproducir la realidad en una escala disminuida.

Y más adelante [43]:

Nuestra capacidad de actuar en un nivel de intensidad disminuido es enormemente ventajoso no solo para la resolución de los problemas particulares del ser humano, sino que también sirve a toda la especie.

La triple función cognitiva

Un concepto nuclear en Terapia Gestalt es el de «autorregulación organísmica». El proceso de autorregulación es, en primer lugar, un hecho biológico. Pues bien: la cognición es también un dato, hecho o fenómeno, de carácter biológico. «Cognocemos» con el cuerpo. ¿Con qué si no? Como veíamos al principio del presente capítulo, no hay cognición sin cuerpo o sin emoción. También los otros seres vivos «cog-nocen». No está tan claro cómo lo hacen las plantas, que también lo hacen, pero tratándose de los animales es obvio. Para todo el mundo es obvio que el perro conoce al amo (a veces incluso mejor de lo que el amo conoce al perro). Y los mecanismos cognitivos forman parte de los procesos biológicos.

Aun a riesgo de descubrir el Mediterráneo me atrevo a

---

[42] Perls, F.: O.C. Pág. 26.
[43] Perls, F.: O.C. Pág. 28.

señalar tres funciones básicas, insisto, de carácter biológico, que forman parte del «aparato cognitivo».

La primera es la de identificar, reconocer o nombrar. Es la pregunta básica del niño [44] cuándo señala algo con la boca abierta: *¿qué?, ¿qué es eso?* La respuesta habitualmente es una palabra, un nombre: *pájaro, hijo mío, eso es un pájaro*. El perro no utiliza palabras. Olisquea aquello que quiere conocer y se queda con el registro olfativo del objeto. Esa es su manera.

La segunda función es la de comparar y, correlativamente, evaluar. «Este camino es más corto que aquel» o «esta habitación es más luminosa que la otra» o «en esta frutería las naranjas están más baratas». Si observamos los comportamientos no verbales comprobaremos que también los otros animales comparan y evalúan. Constantemente. Y toman las correspondientes decisiones.

La tercera: ¿cómo designarla? Yo prefiero llamarla «atribución de significado». Sinónimos de la misma serían «interpretación» o «proceso inductivo-deductivo», que abarca cualquier operación que permita establecer algún tipo de nexo entre dos o más elementos percibidos, como «equivalencia» (A significa B) o «relación causa-efecto» (A es causa de B).

Estamos, insisto, ante un fenómeno biológico, no ante una «elucubración». Biológicamente, la atribución de significado tiene un valor pronóstico. El aparato cognitivo funciona, entre otras cosas, como un simulador que, a partir de las percepciones actuales, permite pronosticar eventos venideros.

Este hecho es anterior a cualquier desarrollo científico. Dos perros diferentes se hallan ante la misma persona. La persona levanta un palo en alto. El primer perro sale corriendo entre

---

[44] Se cree muy comúnmente que la pregunta básica del niño es «¿por qué?». Esta creencia está basada en la observación de los comportamientos verbales. Pero si observamos los comportamientos no-verbales o pre-verbales, comprobaremos que la cuestión «¿qué?» es mucho más básica.

alaridos. El segundo mueve el rabo y salta contento mirando al palo. ¿Qué está ocurriendo? Ambos perros están realizando una interpretación, una atribución de significado de lo que perciben (o, más exactamente, de lo que seleccionan de su campo perceptivo). Para el primer perro el palo levantado significa algo así como: «me va a dar un golpe». Para el segundo significa: «quiere que juguemos». Ambos perros están reaccionando ante eventuales sucesos, que todavía no se han producido. Claro está que ambos animales conservan en su memoria eventos del mismo «significado» que los que pronostican, pero ¿de qué otra manera se puede formular un pronóstico?

Me atrevo a afirmar que cualquier función cognitiva es reductible a una de las tres que acabo de mencionar, o a una combinación de las mismas. Por ejemplo, la función u operación de análisis: en su sentido más inmediato analizar es identificar los componentes de un todo. Un análisis de sangre, o de un perfume, o del espectro magnético de una estrella, son operaciones cognitivas de esta naturaleza. En un sentido más complejo analizar es, además, establecer relaciones entre componentes mediante atribuciones de significado (patrones de equivalencia o de causa-efecto, que son patrones lingüísticos, no atributos de la realidad) y comparaciones o valoraciones entre ellas. Este tipo de análisis es claramente una construcción lingüística de segundo grado, y va más allá de una simple descripción, que constituye una construcción de primer grado. Creo que podemos afirmar que las construcciones de segundo grado son exclusivas de los seres humanos.

Volvamos con uno de nuestros perros: aquel que sale aullando cuando el hombre levanta el palo. El significado atribuido es «me va a dar un golpe». Está presente también una emoción que, en este caso, es el miedo, activado por el recuerdo de un dolor experimentado con anterioridad. Solamente si se despierta el miedo el perro activa el significado «peligro». Pero también lo podemos decir al revés: solamente si se produce la atribución de significado de «peligro» se despierta el miedo. No voy a ir aquí más allá de esto porque lo que ahora me interesa no es dilucidar si es primero el huevo o la gallina. Como anuncié, me ocuparé de ello más adelante. Lo que estoy queriendo decir es que no es posible la atribución de significado sin la correspondiente emoción y viceversa. Van indisolublemente parejas.

Si en lugar del perro hubiera un robot, este sería perfectamente capaz de pronosticar que el golpe iba a dañarle pero no se apartaría, porque no tendría sensación de peligro. Como es bien sabido, las máquinas (al menos hasta ahora) no sienten miedo. Por muchos golpes que hubiera recibido. A no ser que el robot hubiera sido específicamente programado para apartarse cada vez que el pronóstico de la trayectoria del palo fuera que el golpe cayera sobre él. Para los seres vivos, esta programación forma parte de nuestra naturaleza biológica.

¿Y el otro perro? Es evidente que siente alegría.

Así podríamos seguir viendo diferentes ejemplos. Una vez más: la atribución de significado se acompaña de la correspondiente emoción.

Pero la atribución de significado no se reduce a la emoción. Existe, insisto en ello, una función de pronóstico. El perro está reaccionando ante un evento que aún no se ha producido. Podríamos perfectamente decir que el perro es capaz de fantasear o de anticipar lo que aún no se está produciendo en el presente.

La cognición humana

Como acabo de decir, las operaciones cognitivas son susceptibles de combinarse entre sí. Precisamente por esta capacidad de combinar operaciones el aparato cognitivo es susceptible de un extraordinario desarrollo (en función de las posibilidades del *hardware*, en este caso el cuerpo humano). Ello permite grandes construcciones cognitivas (como la ciencia) pero también puede propiciar inútiles hipertrofias. El aparato se aleja de su función biológica para realizar construcciones cognitivas, por así decir, «autónomas», que han perdido su sentido funcional originario.

Además, en el caso de los seres humanos, las operaciones descritas pueden funcionar de modo autorrecurrente o autorreferencial, por la propia potencia del aparato cognitivo humano. Dicho de manera más específica: el ser humano es capaz de autoidentificarse [45], autocompararse y autointerpretarse.

Como resultado de esta capacidad combinatoria y redundante, el aparato cognitivo humano es susceptible de un alto grado de desarrollo, de una especie de hipertrofia. Puede tomar como objeto de su actividad sus propios productos [46], resultando así, en consecuencia, lo que podríamos llamar «desarrollo autista» del aparato cognitivo. Añadamos que, también como consecuencia de lo anterior, es igualmente capaz de autointerferirse. Es en este contexto donde podemos situar toda clase de autointerferencias.

¿Es a todo este desarrollo hipertrófico y autista a lo que Perls llamaba «caca»? Si no es exactamente eso, creo que, al menos, no andamos lejos.

En el caso de los humanos la cognición no es en principio

---

[45] Por lo que sabemos hoy, la autoidentificación tampoco es exclusiva del ser humano. Diversos experimentos han demostrado que también son capaces de autoidentificarse otros mamíferos como los chimpancés, los delfines y los elefantes. En este sentido se dice de ellos que tienen conciencia de la propia identidad. Dichos animales son igualmente capaces de autocompararse. No se ha podido averiguar si son también capaces de autointerpretarse.

[46] Como lo estoy haciendo en este momento cuando escribo esto.

ningún problema y, también en principio, no tendría por qué serlo. Para empezar es algo inevitable, imprescindible. Solo se puede convertir en un problema cuando se hipertrofia, como resultado, a veces, de su propia potencia. Otras veces, como resultado de múltiples interferencias en el proceso natural de cognición. Solo los humanos somos capaces de ignorar el miedo o la alegría que experimentamos ante el palo levantado, al mismo tiempo que nos dedicamos a formular diversas hipótesis sobre las intenciones del que lo levanta, ayudados por todo lo que hemos oído sobre la educación o la autoridad, por ejemplo. Y en vez de atenernos a la experiencia, en vez de atenernos al asunto real para, si nos hace falta, encontrar mejores opciones de respuesta (o sea, nuevas formas de autorregulación), en vez de eso, digo, nos dedicamos a «comernos el coco». ¿No sería eso, en verdad, a lo que Fritz Perls llamaba «caca»?

Supongamos que quiero decidir si me voy al cine o si me quedo en casa. Soy consciente de que estoy en un proceso de tomar la decisión y la identifico como duda. Pero entonces pretendo encontrar un significado para esta duda y me pregunto por qué dudo. Ya tengo dos ingredientes. Añado un tercero: me comparo con otras personas que toman decisiones parecidas, y evalúo mi proceso como lento. Entonces pretendo encontrar un significado para esta lentitud y me pregunto por qué soy tan lento. Y así sucesivamente.

Esta es, en mi opinión, la «hipertrofia» de lo cognitivo [47]. No resulta difícil detectarla. El cliente nos presenta análisis, razonamientos, deducciones, generalizaciones, etc., más propias de un razonamiento lógico que de un relato o descripción. Pero

---

[47] En el argot popular existen, al menos por estas latitudes, abundancia de expresiones para denominar estas hipertrofias: «comerse el coco», «comerse el tarro», «hacerse pajas mentales», «rayarse» y otras muchas que sin duda desconozco.

nos proporciona muy pocos datos de experiencia, e incluso ninguno.

Lo anteriormente expuesto supone una visión «minimalista» de la cognición humana. Se centra en sus tres aspectos funcionales básicos. Todo lo que vaya más allá estorba, no desde el punto de vista de las creaciones del pensamiento humano (como la ciencia, la técnica, la filosofía o el arte) pero sí que estorba en el aspecto terapéutico. Me atrevo a afirmar que la Terapia Gestalt adolece de una insuficiente comprensión (teórica) de los aspectos cognitivos, tal como los he descrito, y que puede traducirse, en la práctica, en una innecesaria desvalorización de tales aspectos, cuya función, como vengo diciendo, resulta imprescindible. También puede traducirse, a veces, en un innecesario ejercicio de paciencia, tan innecesario como inútil.

A pesar de este aspecto que señalo y que considero como una insuficiencia, la intuición del terapeuta también funciona. Digo intuición no como sexto sentido o como una especie de capacidad de percepción extrasensorial, sino más bien como sensibilidad y como atención consciente a sus propias sensaciones e impulsos «sanos», es decir, que no sean puro resultado de sus propios introyectos. En estas condiciones y, a pesar de lo dicho, el terapeuta dispone de múltiples opciones de manejar las «hipertrofias».

El manejo de las hipertrofias cognitivas

El hecho es que en terapia nos encontramos una gran mayoría de clientes con hipertrofia cognitiva. Ya no es que les guste resolver crucigramas difíciles o problemas de ajedrez. Tampoco que les guste filosofar o, incluso, que sean profesores de filosofía. Todo esto tiene también su función y no deja de estar justificado [48]. El problema es que tal hipertrofia les lleva a no distinguir lo real de lo supuesto o imaginado. Confunden, según la famosa expresión de A. Korzybski [49] y G. Bateson, mapa con territorio. No distinguen entre vivir y razonar. Peor todavía: cuando viven algo que no comprenden se sienten gravemente amenazados, si no es que incluso temen enloquecer. Tenemos al cliente que «solo está en la cabeza» y parece que le cuesta apearse de la azotea y situarse al nivel del suelo.

En este sentido me atrevería a hablar de «neurosis cognitivas». Estoy pensando en tantos casos en los que el cliente, más que tener un problema real, el supuesto problema no es más que una expresión de la manera en la que el cliente se complica las cosas cuando piensa sobre ellas. En tales ocasiones me hago una pregunta que, cuando tengo suficiente grado de confianza con el cliente, me atrevo a formularla en voz alta:

— *Pero ¿esto es un problema real o una paja mental tuya?*

Todo ello tiene que ver con la dificultad, ya examinada en el epígrafe 1.1 («Llega el cliente») de entender la demanda del cliente y decodificarla, en el sentido de distinguir entre lo que le pasa y lo que cree que le pasa o lo que piensa sobre lo que le pasa.

Hay muchas personas que «sienten» de manera sana, es decir, que no interfieren o autointerrumpen sus sensaciones o sus emociones, pero se confunden o se complican a la hora de codificar lingüísticamente su experiencia sensorial o emocional. Expresiones como «siento una generosidad desprendida», o «siento poca auto-

---

[48] En un capítulo de una serie de televisión que he visto recientemente un chico le pregunta a su profesor: «¿para qué sirven las ecuaciones de segundo grado?». La respuesta del profesor: «para desasnar a borricos como tú».

[49] Recordemos a este respecto que, en algún tiempo, A. Korzybski (semántica general) fue uno de los inspiradores de F. Perls.

estima» serían ejemplos sencillos de lo que digo, por no citar ejemplos de expresiones más farragosas que dan la impresión de que la lectura de una sensación no sea posible sin la completa asimilación previa de algún libro de autoayuda. En la fase de toma de conciencia hay una falta de respeto a la experiencia por efecto de introyectos: la sensación se juzga más que simplemente se lee. Aquí no basta con las preguntas clásicas. Hay que ayudar a «recodificar».
¿Qué hago en tales casos? ¿Cómo manejo las «hipertrofias»?

Según los casos, tomo una u otra de las siguientes opciones (o varias de ellas):

— Orientar su atención hacia sus emociones y/o hacia su cuerpo, preguntándole cómo se siente o pidiéndole que ponga la atención en la manera en la que respira mientras continúa su discurso. Muchas veces esto da trabajo más que suficiente.
— Frustrar, suprimir (en el sentido en que lo formula C. Naranjo), confrontar al modo clásico: *me aburro, eso no me interesa, eso es perder el tiempo.*
— Cuestionar el contenido del discurso del cliente con más suavidad: *estoy escuchando tus análisis y tus razonamientos pero no consigo enterarme exactamente de lo que te ocurre.*
— Intervenir de forma didáctica: *eso es más bien un pensamiento o un razonamiento.* Y le sugiero otros términos de connotación emocional.
— Intervenir con la ayuda de metáforas o resignificaciones. Se trata aquí de proporcionar otras lecturas, otras atribuciones de significado, otros mapas para el mismo territorio. Imaginemos, por ejemplo, un cliente que habla y habla con muestras visibles de agotamiento. Podemos decirle, por ejemplo: *te imagino como un depósito que se está agotando, y me pregunto si es que gasta demasiado y si lo que le pasa es que repone de manera insuficiente.* Si acepta el comen-

tario puedo continuar: *¿en qué gastas tú tanta energía, o cómo te aprovisionas de ella?*
— Intervenir, en un sentido análogo al anterior, pero no para acompañar sino para cuestionar. Puedo decirle, por ejemplo: *la realidad empieza donde acaba nuestra capacidad de comprensión* [50]. Si acepta el comentario puedo continuar: *¿cómo te manejas tú con la realidad?* También me resulta de utilidad una historia que leí hace tiempo sobre unos hombres sabios que viajaban en búsqueda de experiencias. Llegaron a una ciudad con edificios muy grandes, tan grandes como nunca habían visto. Analizando el fenómeno llegaron a la conclusión de que tales edificios solo podían haber sido puestos allí por gigantes y que, en tal caso, sería arriesgado acercarse a ellos. Y satisfechos con tal descubrimiento siguieron viaje en busca de nuevas y enriquecedoras experiencias.
— Empatizar con el cliente. Empatizar emocionalmente, claro está, lo cual es diferente de «creerse» su discurso. Me pongo como él, tal cómo le veo. Y me pregunto qué hay. Entonces lo digo en voz alta, a modo de «alter ego» como se utiliza, por ejemplo, en psicodrama.
— Levantarme y moverme. Justo lo contrario de lo anterior. Se trata de romper con cualquier empatía, de distanciarme incluso físicamente. Es sorprendente lo que se percibe y lo que se descubre cuando se realiza este tipo de movimiento. Más sorprendente es la forma en la que cambia su modo de estar el cliente, sobre todo si explico lo que

---

[50] Esta frase está tomada textualmente de P. Watzlawick. Pero encontramos las mismas referencias en otros contextos diferentes y aparentemente tan distantes como, por ejemplo, en Lao-Tsé: *El Tao cuyo nombre conoces no es el verdadero Tao.*

estoy haciendo: *a tu lado me siento tan pegado al mismo muro contra el que tú te estrellas que necesito mirar de otra manera o buscar la salida por otro sitio*. Aunque parezca exagerada, esta es una manera eficaz de desbloquear cualquier situación, que tiende a bloquearse más fácilmente en situación estática o de inmovilidad.

A veces no funciona ninguna de las anteriores opciones. Esto suele ocurrir, en particular, con aquel tipo de discursos que suelen acompañarse de una gran ansiedad. No hay manera de que el cliente se apee del discurso. La ansiedad es bastante perceptible desde una posición empática. De manera empática o no, a medida que lo escucho me voy sintiendo cada vez más ansioso o simplemente inquieto. Visualmente es una situación claramente perceptible. El cliente habla a toda velocidad. Incluso no respira. Y todo él se muestra muy tenso. A veces es posible que pare un poco. Pero, aunque esto se consiga, frecuentemente vuelve donde estaba. En casos extremos se hace necesario tratar este tipo de ansiedad por vía médica[51]. Recuerdo clientes que aceptaron (o tomaron por iniciativa propia) este tipo de tratamiento y luego han podido reconocer: *no podía encontrar la solución a mi problema porque iba como una moto; ahora estoy un poco más tranquilo y veo las cosas de otro modo»*. Desde un punto de vista clínico ortodoxo podríamos reconocer aquí estructuras cognitivas de tipo obsesivo-compulsivo.

Sin embargo, en ocasiones me ha funcionado también el

---

[51] Cuando digo vía médica no estoy diciendo medicamentosa, ni siquiera me circunscribo a la medicina alopática al uso. Puede servir un ansiolítico, un antidepresivo o también otro tipo de tratamiento homeopático, así como acupuntura, osteopatía, quiropraxia, etc.

recurso a exagerar, pidiendo al cliente, por ejemplo, que hable más deprisa, que respire menos o que se tense y apriete más. Todo lo dicho hasta aquí sobre los aspectos cognitivos permite entrever una limitación y al mismo tiempo facilita una comprensión. El aquí y ahora es inabarcable y, en muchos aspectos, inefable (creo que esto es así siempre, y se pone especialmente de manifiesto, por ejemplo, en el caso de experiencias meditativas o de determinados estados alterados de conciencia). Solo percibimos conscientemente aquello que podemos identificar y, en el caso de los seres humanos, aquello a lo que podemos atribuir significado. Lo otro se nos escapa. La experiencia por sí sola no es nada: se nos escapa constantemente. Solo aquello de lo que podemos darnos cuenta y, por tanto, elaborar conscientemente es lo que puede ser de utilidad para el futuro. Por tanto, en este sentido, la terapia consiste, en cualquier caso, en atribuir nuevos significados o renovar o ampliar los existentes. Entonces la Terapia Gestalt no es tan emocional o tan puramente emocional, y tiene claramente connotaciones cognitivas y conductuales.

Pensamientos, sentimientos

Quiero abordar aquí una cuestión a la que me he referido en anteriores ocasiones y que sucesivamente he ido aplazando. Me refiero al clásico debate sobre la relación entre sentimientos y pensamientos, entre emociones e ideas. La emoción: ¿es el reflejo o consecuencia de una creencia como sostiene, por ejemplo, la terapia racional emotiva de Albert Ellis?[52] ¿O el pensa-

---
[52] Ellis, A. y Grieger, R.: *Manual de terapia racional-emotiva*. Bilbao, Desclée de Brouwer, 1981. 455 págs.

miento es una forma de evitación del contacto, como podríamos pensar desde un punto de vista más gestáltico?

En definitiva: ¿los pensamientos crean emociones o viceversa? Como también dije anteriormente, para mí se trata de un problema semejante al del viejo dilema de qué es primero: el huevo o la gallina.

Realicemos un sencillo experimento: proporcionemos a un grupo de personas uno o varios estímulos auditivos (por ejemplo, diferentes pasajes musicales) o visuales (por ejemplo, diferentes imágenes o escenas mudas) y pidámosles que presten atención a la figura que se va formando y al proceso de cómo ocurre. En bastantes casos nos encontraremos que a partir del estímulo externo se ha despertado una sensación y, seguidamente, el sujeto ha evocado o construido una imagen o desarrollado una fantasía. En bastantes casos también nos encontraremos que a partir del estímulo externo se activa la imagen y que la sensación subsiguiente guarda relación más bien con la imagen interna formada o evocada y no directamente con el estímulo externo. También podemos encontrarnos diversas combinaciones o variantes, sin hablar de interferencias por efecto, por ejemplo, de la memoria.

Pero aún podemos seguir preguntándonos: ¿la secuencia es «realmente» así, de una de las dos formas descritas, o aparece así como resultado de la puntuación que el sujeto introduce en la lectura de una experiencia que «realmente» funciona como un bucle? Por el momento no tengo respuesta para esta pregunta. No descarto que pueda haber varias, incluso algunas que ni siquiera se me han ocurrido.

Desde el punto de vista, por ejemplo, de la Programación Neurolingüística, se nos dirá que el modo en la que se produce la secuencia depende de cuál sea el sistema representacional que para el sujeto actúe como índice o guía.

Pero, insisto, no me interesa aquí discutir ningún punto de

vista teórico. Si vamos a lo práctico, lo único que me interesa es la forma de esta experiencia concreta en este cliente concreto. Así encontraremos casos en los que el pensamiento, si no precede a la emoción, al menos interfiere en ella o en la lectura que la persona hace de ella, como en el caso de muchos introyectos. Así sucede, por ejemplo, cuando el sujeto experimenta culpa al sentir un determinado deseo o emoción. En cambio existen otros muchos casos de lecturas «limpias» de las sensaciones, en el sentido de que el pensamiento que aparece resulta congruente con la sensación percibida y no juzgada, sin que se aprecie el efecto de interferencia alguna. Una vez más, es en el aquí y ahora donde mejor podemos orientarnos.

Las creencias

Es hora de decir algo sobre ellas.

Desde el punto de vista de la triple función cognitiva antes expuesto, ¿qué significan, qué papel tienen, cómo se forman las creencias?

Desde dicho punto de vista me atrevo a decir que las creencias son fuentes de atribución de significado. Lo cual, desde un punto de vista biológico y de autorregulación, tiene un sentido económico. Como hemos visto, atribuir significado a una experiencia identificable tiene un valor pronóstico. De ahí que enseguida generalicemos el pronóstico y esta generalización toma la forma de creencia. Si meto los dedos en un enchufe y recibo una descarga eléctrica formaré la creencia: «es peligroso meter los dedos en un enchufe» (sin cortar antes la corriente, por supuesto). Pero también, si salgo al cine por la noche y al regresar a casa alguien me roba puedo formar la creencia «es peligroso salir de noche». Más allá de que una creencia pueda resultar cierta o errónea, me interesa subrayar el aspecto de que una creencia puede ser funcional o disfuncional, es decir: me ayuda a orientarme en la vida o me limita innecesariamente.

Además, por los mismos motivos económicos, sería costosísimo que tuviéramos que formarnos todas las creencias necesarias. Hay una solución menos costosa: importarlas. La importación de creencias es un procedimiento congruente con la forma en la que se socializa el comportamiento humano o, lo que es lo mismo, la forma en la que utilizamos el lenguaje y su función social.

Claro está que normalmente no sometemos a contraste experimental estas creencias «de importación», cuyo criterio de validez viene dado por la autoridad que nos imponen o que reconocemos a nuestros proveedores de tales creencias importadas, especialmente a nuestros padres o a nuestro entorno familiar y escolar cuando somos pequeños. Más probablemente haremos lo contrario: seleccionaremos de nuestra experiencia todos aquellos datos que confirmen dichas creencias.

A este tipo de creencias importadas las conocemos en Gestalt, como en otros enfoques terapéuticos, con el nombre de «introyectos».

De nuevo no nos interesa tanto el origen cuanto su función. Los introyectos también pueden ser funcionales o disfuncionales, en el sentido de que pueden ayudarnos como pueden limitarnos innecesariamente, e incluso generarnos sufrimiento. El problema normalmente consiste en la dificultad de hacernos conscientes de ellos, de reconocerlos como tales introyectos y de reconocer la forma de interferencia que constituyen.

Pero lo mismo ocurre con las creencias autogeneradas. Confundiendo el mapa con el territorio tomamos las creencias como declaraciones de realidad. Un cliente se encuentra en condiciones óptimas para modificar una creencia, sea esta introyectada o no, cuando la reconoce como tal. Pero aceptar que se puede hacer otra lectura diferente de la realidad lleva bastante más tiempo.

Desde luego, reconocerla como introyecto puede ayudar. Un cliente, por ejemplo, que está revisando las relaciones con sus padres, puede sentir deseos de mayor autonomía y, a partir de ahí, revisar introyectos (en la medida en que son disfuncionales o producen interferencias) se vuelve más fácil. Pero cuando no es así, o cuando se trata de creencias autogeneradas, la cosa es más complicada. O cuando una creencia introyectada tiene un trasfondo sistémico, de forma que, aun habiendo un fuerte deseo de autonomía, revisar la creencia conlleva una conciencia de «deslealtad», como si cambiar la creencia, además de un paso adelante en el camino de la propia autonomía, supusiera una desvalorización de los esfuerzos hechos por los antecesores en relación con dicha creencia.

Como he indicado con anterioridad, las creencias tienen siempre una vertiente de expectativas, lo cual es congruente con su función de base para establecer pronósticos. Un cliente, por ejemplo, puede declarar de manera consciente y explícita sus expectativas respecto de su pareja. Lo hace en función de sus propias creencias sobre la pareja: «una pareja debe darte lo que tú no tienes» o «en una pareja no debe haber conflictos», etc. Es inútil preguntar de dónde procede tal creencia. ¿Creencia? En modo alguno creencia. Para él, es sencilla y rotundamente así. ¿Cómo puede ser diferente?

En la misma línea podemos considerar el conjunto de creencias que el cliente tiene sobre sí mismo o, como diríamos con un término más gestáltico, el «autoconcepto».

Conozco muchas técnicas útiles para el cambio de creencias. El problema básico, insisto, en mi opinión, es el de identificarlas como tales.

El único camino practicable que he encontrado hasta ahora ha sido el de seguir la pista de las limitaciones, en el sentido precisamente que describe Albert Ellis y su terapia racional-emotiva: creencias que hacen sufrir. De especial interés resulta una observación importante de Albert Ellis: una creencia limitadora está siempre presente en el sufrimiento del cliente. Por esta vía se pueden revisar expectativas (o la inutilidad de «pedir peras al olmo») o se puede, vía metáforas o resignificaciones, abrir la puerta a otra lectura de la realidad. Pero aquí las opciones son las ya señaladas a propósito del manejo de las hipertrofias cognitivas, y nada nuevo tengo que añadir.

2.4. RELACIÓN Y RELACIONES

Lo relacional y lo emocional

En cierto sentido, las relaciones no son algo de naturaleza diferente a los tres aspectos anteriores. Por ejemplo, como ya hemos dicho, las emociones son algo de naturaleza relacional, pero también la cognición es un instrumento de relación, especialmente desarrollada en los humanos, puesto que incluye el lenguaje verbal. También el cuerpo es un instrumento de relación. En cualquier asunto podemos preguntar: ¿cómo sucede eso en el cuerpo?, o ¿qué sientes?, o ¿cómo es eso en relación con el otro? Y viceversa.

Más específicamente, exploramos o, mejor dicho, ayudamos a explorar la relación cuando preguntamos: ¿qué te pasa con esa persona?, ¿cómo te sientes con ella, o qué sientes respecto de ella?, ¿qué necesitas de ella?, ¿qué quieres hacer al respecto?, etc. Este sería, en mi opinión, el punto de vista propiamente gestáltico.

Explicaré ahora por qué prefiero abordar el aspecto relacional como aspecto específicamente diferente de los otros, en general, y del emocional, en particular. Explicaré, más adelante, una segunda opción que tomo. Considero simultáneamente todas las relaciones: tanto las que el cliente mantiene con las diversas personas de su entorno como, de manera específica, la relación terapéutica. Vamos con lo primero.

Hay quien incluye las relaciones en el mismo lugar que las emociones, como aspectos estrechamente ligados. Desde el punto de vista gestáltico hay buenas razones para ello. Como ya he dicho antes, las emociones son reacciones biológicas de naturaleza relacional. Pero, una vez establecido esto, tengo que añadir que las relaciones no me parecen reductibles a su aspecto emocional. Hay otros elementos implicados. Señalaré concretamente estos dos:

— Los comportamientos dirigidos hacia el otro, tanto los verbales como los no verbales, con independencia de cuáles sean las propias intenciones y la propia autopercepción al respecto.

— La percepción que se tiene del otro y, más exactamente, de sus comportamientos (verbales y no verbales), ya que sus sentimientos o intenciones no son directamente perceptibles.

El enfoque gestáltico es, en mi opinión, de uso preferente en el puro contexto del aquí y ahora. Por ejemplo: en un contexto de terapia grupal, cuando a uno de los miembros del grupo le empieza a ocurrir algo con otro de los miembros presente y no sabe cómo manejarlo. Otro ejemplo: cuando se producen emociones u otras reacciones desconcertantes para el cliente en el contexto de una relación nueva. También: cuando aparece una dificultad especial o inesperada en el contexto de una relación habitualmente satisfactoria hasta la fecha. Más situaciones: cuando se liquida una relación, cuando se produce una pérdida, por los motivos que sean (lo que normalmente se llama «elaborar el duelo»). Y así sucesivamente.

En otro sentido o desde otro punto de vista las relaciones tienen su propia naturaleza, con entidad propia, en cierto sentido independiente de los individuos o no reductible a los datos individuales, aunque siempre, por definición, se establecen entre individuos. Pero tienen, por así decirlo, sus propias reglas. Tal sería, por ejemplo, el punto de vista sistémico[53], que contempla no solamente lo que le ocurre a la persona «A» respecto de la persona «B», o a la persona «B» respecto de la persona «A», sino que además, y de manera específica, contempla lo que sucede «entre» las personas «A» y «B». Desde este punto de vista se pone la atención en las pautas interactivas, en orden a detectar y cambiar pautas disfuncionales. Ello permite un abordaje sistémico, estructural, estratégico, etc., mediante, por ejemplo, prescripciones que se han de llevar a cabo, pero que no pasan para nada por una darse cuenta previo.

Lo que digo a continuación incorpora elementos de este enfoque sistémico, que me parecen complementarios, enriquecedores y para nada incompatibles con el enfoque más propiamente gestáltico.

Quiero dejar claro, no obstante, que lo que incorporo del enfoque sistémico son sus puntos de vista enriquecedores y que para nada pretendo sustituir el trabajo fenomenológico gestáltico por un trabajo de prescripciones, de naturaleza directiva. Aclararé, finalmente, que, en la práctica, sí que es posible incluir prescripciones en el trabajo gestáltico, a modo de experimentos o de «tareas para casa».

Relación terapéutica y relaciones en general

En Terapia Gestalt es habitual referirse al «vínculo», para resaltar, por ejemplo, su importancia en el proceso terapéutico. Pero ¿qué se quiere decir cuando se habla de vínculo? y ¿qué connotaciones tiene en términos de experiencia?

Normalmente se dice que alguien tiene un buen vínculo

---

[53] También el punto de vista de la psicología transpersonal.

que algo parezca haberse roto o perdido y no se sepa cómo repararlo o recuperarlo (si es que ello es posible). O que algo nuevo haya sido encontrado y no se sepa qué hacer con ello. Al principio del presente capítulo hacía referencia a la Terapia Gestalt como terapia emocional. Pues bien: para este tipo de clientes el trabajo necesario no es tanto de activación o de conciencia, sino más bien de contención. O, para decirlo más exactamente, de autocontención. No el es sentido de que el cliente tenga que refrenarse, sino en el sentido de que no quede «absorbido» o «hipnotizado» por su experiencia emocional, como si no hubiera nada más. Normalmente escucho con tranquilidad y termino preguntando al cliente, por ejemplo, algo así:

— *¿Me cuentas eso para compartirlo conmigo? ¿Con algún otro propósito? ¿Quieres que hagamos algo más con ello?*

Y continúo trabajando con lo que me responde o, simplemente, volvemos con la atención al aquí y ahora:

— *Entonces, ¿cómo estás aquí y ahora? ¿Qué necesitas? ¿Por dónde seguimos?*

Señalaré un último aspecto que me parece importante a propósito de la experiencia emocional. Como diría Machado, con una expresión que a mí me gusta mucho:

A distinguir me paro
las voces de los ecos.

En términos más coloquiales: no hay que confundir el ruido con las nueces.

Algunos terapeutas —yo entre ellos— confunden o confundíamos, al principio, la intensidad de una emoción con la intensidad básicos de vinculación me parece, hoy día, imprescindible. Por otro lado, las aportaciones de Lorentz y otros etólogos han dado lugar a la teoría de los sistemas comportamentales que, hoy día, no podemos ignorar [56].

Por otra parte, son sobradamente conocidas tanto la teoría psicoanalítica de la transferencia y la contratransferencia como la teoría de los juegos psicológicos desarrollada por el Análisis Transaccional.

Para completar el panorama, no podemos dejar de tener en cuenta el paradigma sobre el proceso de comunicación desarrollado por la escuela de Palo Alto, con su serie de axiomas y corolarios.

¿Será por falta de modelos o teorías? ¿A qué viene esta acumulación de citas que he incluido en tan breve espacio? Explicaré, seguidamente, mis puntos de vista al respecto.

a) El asunto de las relaciones es de naturaleza compleja. No existe un único paradigma de tipos de relación. Existen diversas formas de relaciones sanas y diversas formas de establecerlas. A su vez, todas las formas de relación pueden ser sólidas, o pueden adolecer de carencias o sesgos en función de dificultades que la persona no ha aprendido aún a resolver, que le llevan a aferrarse a aspectos de la relación que no le facilitan una autonomía suficiente. Aquí podríamos hablar de relaciones neuróticas o manipulativas, pero tampoco disponemos de un único paradigma de ellas. En consecuencia, hay que tener cuidado con las confusiones. Por ejemplo, una necesidad de apego no necesariamente comporta una dependencia neurótica. Es importante, si queremos servirnos de referencias o modelos teóricos, elegir aquellos que nos ayuden a ver las cosas de una manera más

---

[56] Véase, por ejemplo, a este respecto, el interesante artículo de Liotti, G. y Intreccialagli, B.: «Los sistemas comportamentales interpersonales en la relación terapéutica» en *Revista de Psicoterapia*, nº 26-27. Págs. 13-23.

amplia, y desechar aquellos que limiten o condicionen excesivamente nuestra visión.

b) Hay un par de, me atrevería a decir, «axiomas», útiles en la práctica terapéutica. No me ocuparé de demostrarlos, aunque sí de mostrarlos. Digamos que se trata de un par de creencias por las que he optado en función de su utilidad y que, por otra parte, no he inventado yo y son ampliamente compartidas.

El primer «axioma» dice que cuando alguien se dirige a otra persona y establece contacto o comunicación con ella es que quiere algo de ella. No existe la comunicación «neutra». La comunicación sirve para «provocar» algo: un comportamiento, una emoción, una reacción, una respuesta, etc., o para establecer algo: una zona de contacto, un límite, una diferencia, etc. Ya me he referido e ello en el capítulo 1.1, en el apartado sobre los niveles de la demanda, a propósito de la demanda de relación o propuesta de relación.

— *El otro día te saludé y no me contestaste.*
— *¡Ah!, pero ¿querías que te contestara?*

El segundo «axioma» dice que, una vez supuesto lo anterior, lo que una persona quiere de otra puede ser obvio o no. Es más: a veces lo que parece obvio que la otra persona quiere no siempre es lo que realmente quiere. A veces es posible saber lo que realmente quiere por el contexto (pensemos, por ejemplo, en los diversos contextos y tonos de voz en que puede formularse la pregunta «¿qué hora es?»), pero, en muchas ocasiones, no se puede saber en el momento, y solo puede evidenciarse cuando vemos la reacción de la otra persona ante nuestra respuesta.

c) En la práctica terapéutica creo suficiente poder distinguir entre demandas más transparentes y demandas menos transparentes. A las menos transparentes las llamaremos manipulativas.

Una demanda es transparente cuando queda claro el rol en que se sitúa el demandante y el rol en el que, de forma complementaria o simétrica, sitúa al demandado (en este caso, el terapeuta). No me refiero aquí a roles sociales o profesionales, sino a roles de interacción: protector-protegido, admirador-admirado, conductor-conducido, etc. (roles complementarios), o bien pareja sexual, socio, competidor, etc. (roles simétricos). Esta transparencia permite al interlocutor (en este caso, el terapeuta) decidir si acepta o no dicho rol propuesto, o durante cuánto tiempo lo acepta, o en qué condiciones lo acepta. Yo puedo, por ejemplo, comprometerme a hacer de cuidador de alguien durante algún tiempo, con el pacto explícito de que, durante ese tiempo, el otro vaya aprendiendo a cuidar de sí mismo para que, finalmente ya no necesite que le cuide yo.

Una demanda no es transparente cuando dicho rol no queda claro: se formula de manera genérica, o a medias, o en forma poco congruente. Con frecuencia este tipo de propuesta no aparece como figura a las primeras de cambio, pero se va desvelando poco a poco si permanecemos mínimamente lúcidos y conscientes. Ejemplos como «carga conmigo», «desespérate conmigo», «no me sueltes de la mano», «castígame», «adivina lo que necesito», «empújame», «consuélame», «admírame», constituye una cierta variedad de demandas o propuestas que, cuando no son explícitas, son verdaderas manipulaciones.

Naturalmente, como terapeuta, puedo tener la capacidad de atisbar o presentir tales manipulaciones y sigo teniendo la libertad de aceptar o no la propuesta de que se trate, asumiendo, con lucidez suficiente, que el verdadero trabajo terapéutico va a consistir precisamente en desvelar y poner de manifiesto este tipo de propuesta de relación y la trampa que conlleva, de forma que el cliente pueda aprender y desarrollar propuestas de relación más transparentes y maduras.

Creo que estaremos fácilmente de acuerdo en que trabajar con un cliente sobre la base de este tipo de propuestas neuróticas, sin cuestionarlas, solamente puede servir para afirmar más aún su neurosis.

La primera condición, sin embargo, para poder trabajar con ello, no es que el terapeuta sea conocedor de la teoría, sino que sea consciente de sus propias zonas oscuras o tendencias automáticas, ya que si el cliente presenta una demanda manipulativa que incide en una tendencia neurótica complementaria por parte del terapeuta como, por ejemplo, «nadie te consolará mejor que yo», o «mira qué listo soy», o «no encontrarás a nadie tan fuerte como yo», etc., estaremos en la situación de la serpiente que se muerde la cola indefinidamente.

Dicho lo anterior, añadiré que cada cliente dispone, por regla general, de más de un modo de manipulación neurótica, y que no todos se activan por igual en función del contexto. Lo más común es que una persona utilice mecanismos manipulativos un poco más específicos cuando tiene que habérselas con un interlocutor según lo percibe como igual, como superior o como inferior.

Pero lo que nunca ocurre es que los mecanismos que se activan en el contexto de la relación terapéutica sean exclusivos o privativos de dicha relación. Lo habitual es que el cliente los utilice de manera más o menos profusa en diferentes contextos, pero puede ser que los active en la misma dirección o en la contraria. Así que puede jugar con intercambios de roles del tipo «invasor-invadido», «castigador-castigado», «ayudador-ayudado», etc.

Añadiré también que, en este sentido, prefiero el contexto grupal para la terapia, por cuanto facilita la percepción de las «maniobras» del cliente. Lo que ya no tengo tan claro es que el contexto grupal facilite el cambio en comparación con el contexto individual. Pero de esto me ocuparé más adelante, en el epígrafe 3.3, sobre terapia individual y grupal.

Lo que también es cierto, y me parece importante señalarlo, es que, en la práctica, no existe solo lo blanco o lo negro, lo cual quiere decir que el abanico entre propuestas claras y propuestas manipulativas es muy amplio, y nos encontramos, de hecho, con una enorme gradación de matices intermedios. Por eso en algunos casos podemos centrarnos básicamente en la tarea, y apenas hay asuntos que aclarar en términos de relación (en el sentido que esta se desarrolla de manera suficientemente clara), mientras que en otros casos el aspecto de la relación resulta absolutamente decisivo.

Hay muy diversas maneras de abordar terapéuticamente las manipulaciones. Señalaré algunas de ellas.

— Ante el movimiento manipulativo, no hacer nada, permanecer pasivo y dejar al cliente ante su propio vacío.
— Señalizar al cliente la maniobra, sometiéndola a su comprobación. *Parece que estés esperando, o queriendo, de mí... (tal cosa). ¿Es así?*
— Aceptar la propuesta del cliente y responder en consecuencia, incluso exagerando la respuesta.
— Hacer lo mismo que el cliente hace en vez de hacer lo complementario, que es lo que está esperando.
— Ignorar tranquilamente la maniobra y pasar a hacer otra cosa.
— Denunciar la maniobra e interrumpirla: *me estoy cansando de esto, no quiero seguir este juego.* Confrontarlo abiertamente.

Remito al lector, en este sentido, a la interesante exposición de Joan Garriga: *El burro frente al establo. Reflexiones sobre comunicación y relación terapéutica*, que cito en la bibliografía del capítulo 6.2.

Relaciones y autorregulación

Al comienzo del apartado anterior me he referido al vínculo, tomando, para definirlo, las referencias que normalmente usamos en contextos de Terapia Gestalt. Me he referido a él en la forma que habitualmente se presenta entre las personas con autorregulación o autoapoyo suficientes. ¿Qué pasa, entonces, con la forma en que se vincula el neurótico, quien, por definición, interfiere su propia autorregulación y carece de suficiente autoapoyo?

Como muy bien explican Lewis, Amini y Lannon [57] la autorregulación comienza siendo hetero-regulación. La regulación se produce, al principio, en circuito abierto, en contacto con la madre y con otras figuras emocionalmente próximas. Poco a poco van acabando de formarse y consolidarse los circuitos internos, y el sujeto va haciéndose capaz de autorregulación autónoma. Dicho de otra forma: a lo largo de la evolución personal se progresa desde la heteronomía hacia la autonomía.

Según las situaciones y las circunstancias, hay mayor o menor probabilidad de que en este proceso hayan quedado gestalts inconclusas, de mayor o menor calado. En palabras de los autores que estoy comentando: circuitos internos que no acabaron de cerrarse, o que se cerraron de modo deficiente, «en falso», por así decirlo.

Así el adulto no ha llegado a ser completamente autónomo, pero goza de un grado suficiente de autonomía para caminar por la vida de modo más o menos satisfactorio.

¿Qué ocurre cuando este adulto establece una relación que se va haciendo cada vez más estrecha e íntima? Que, a medida

---

[57] Lewis, Th., Amini, F. y Lannon, R.: *Una teoría general del amor*. Reseñado en el capítulo 6.2 de la bibliografía. Págs. 82-119.

que se van abriendo gestalts, aumenta la probabilidad de que se reactive alguna vieja gestalt inconclusa. En el lenguaje de los autores que comento, aumenta la probabilidad de que se active un circuito de regulación que no terminó de cerrarse bien internamente. Entonces este adulto adopta comportamientos infantiles (técnicamente se suelen llamar «regresivos») y se pone tremendamente dependiente.

Suele ocurrir, típicamente, en las relaciones de pareja, de las que se dice que activan sentimientos o posiciones regresivas. «No puedo vivir sin ti», suele ser su expresión más frecuente.

Suele ocurrir en las relaciones de pareja... y en la relación terapéutica, en la medida en que se van abordando asuntos íntimos.

El primer paso, en el terreno estrictamente terapéutico, es el de reconocer la necesidad insatisfecha y completar la gestalt correspondiente. Pero cerrar una gestalt antigua en un adulto no es tan sencillo, de la misma manera que un adulto puede aprender un idioma extranjero pero jamás lo dominará tan bien como aquel o aquellos que aprendió cuando era niño.

La vía de la satisfacción, al menos momentánea, es necesaria para que el cliente se haga cargo de lo que le pasa, pero no es posible estar esperando la satisfacción indefinidamente. De forma paradójica, la resolución no viene en estos casos por la vía de la satisfacción sino por la vía de la renuncia. Lo que no fue, no fue, no tiene vuelta atrás posible, y de lo que se trata es de aprender a vivir con ello.

Volveré sobre este asunto en el capítulo 5 sobre terapia y educación.

La relación terapéutica y el poder

No pretendo ahora una reflexión completa sobre el viejo asunto del poder en la terapia, o sobre las connotaciones de igualdad o de desigualdad que caracterizan a la relación terapéutica en función de diferentes modelos. Me limitaré a algunas observaciones concretas sobre el ejercicio del poder tanto por parte del terapeuta como del cliente.

En principio, el terapeuta tiene el poder de establecer y hacer respetar determinadas reglas y condiciones de trabajo. Por poco que nos fijemos, no se trata de un poder que «pueda» imponerse. Como mucho es una propuesta del terapeuta que el cliente acepta, excepto cuando la acepta al principio para luego rechazarla.

Supongamos que el cliente acepta las reglas y condiciones que el terapeuta le propone. Bien: estamos, entonces, ante un pacto. Se trata de una colaboración entre iguales. Como todo pacto, debe respetarse, y también puede renovarse o revisarse. Lo que también puede ocurrir es que sea incumplido unilateralmente. Sigamos suponiendo que es el cliente quien lo incumple.

En tal caso, el terapeuta puede, simplemente, desistir: «en estas condiciones no trabajo». También puede ponerse a competir con el cliente: la misma expresión «contigo no trabajo» puede utilizarse como un envite o una provocación. Me parece incuestionable que una pelea de este tipo no se resuelve con ninguna clase de victoria. Ambos contendientes pierden.

Otra opción consiste en considerar el comportamiento del cliente como una manera típica de relacionarse por su parte, no necesariamente neurótica. Puede ser una forma de intentar manipular para conseguir imponerse, o puede ser, sencillamente, una forma de asegurarse de la solidez del terapeuta, de poner a prueba su firmeza. En cualquiera de los dos casos vale la pena examinar conjuntamente el sentido del comportamiento del cliente en otros contextos cotidianos. Se trata de un comportamiento probablemente útil en determinados contextos laborales o profesionales, ya que la sociedad de mercado es una verdadera selva. Otra cosa diferente puede ocurrir cuando se trata de relaciones personales y afectivas. ¿Es así como suele funcionar el cliente?, ¿qué consecuencias tiene para él esta manera de funcionar?, ¿es eso lo que quiere o más bien quiere otra cosa?

También puede ocurrir que el cliente acepte el «poder» del terapeuta de forma transitoria, esperando poder manipularlo más adelante. Acabo de comentar la situación en que podemos encontrarnos si el cliente intenta cualquier cosa por la vía del ejercicio de un contrapoder abierto. Para mí, este tipo de situaciones son claras y no me preocupan especialmente.

Me preocupa más, me parece una situación más difícil, cuando el cliente acepta el poder del terapeuta en la secreta esperanza de obtener luego otra cosa, endosándole un papel que no se corresponde con los términos acordados. No va a ejercer un contrapoder abierto, sino oculto. Utilizará el poder del «perro de abajo». El terapeuta se pone a cuidar y el cliente no se deja. El cliente pide algo y no lo toma. El terapeuta «tira» y el cliente «se resiste». Y ¿por qué «se resiste» el cliente? Evidentemente, porque el terapeuta «tira».

Me he sorprendido a mí mismo más de una vez haciendo de «perro de arriba». Lógicamente, mi cliente era el «perro de abajo». Incluso a veces he tardado en darme cuenta.

Como en el apartado anterior, en este tipo de situaciones son posibles varias opciones, y una u otra suele funcionar.

— Señalarle la situación al cliente cuidadosamente.
— Empatizar con el perro de abajo y aliarse con él.
— Denunciar el juego e interrumpirlo, confrontándolo abiertamente.
— Dedicarse a otra cosa, proponer una actividad diferente.

— Cualquier otra opción que espontáneamente se me ocurra.

Naturalmente, la reacción del cliente ante cualquiera de estas opciones no es exactamente predecible. Nos podemos encontrar con cualquier cosa. Pero, sea lo que sea lo que aparezca, algo se habrá movido, algo nuevo habrá ocurrido con lo cual podremos seguir trabajando.

Finalmente: hay otras situaciones que, en mi opinión, son las más delicadas, y que se producen cuando el cliente atribuye todo el poder al terapeuta, sin reservarse ninguno para él mismo. Se pone, en el más pleno sentido, en manos del terapeuta. Paralelamente dimite de toda responsabilidad personal. Digo que me parecen las más delicadas porque son las que más se prestan a toda clase de abusos, especialmente si al terapeuta le gusta disfrutar en forma narcisista de su propio poder. Más allá o más acá de cuestiones éticas relacionadas con los abusos de poder, lo más evidente es que en tales condiciones no hay terapia posible. Para ser más precisos: no hay terapia gestáltica posible. Pisotear con más fuerza al interlocutor que tenemos enfrente no permite razonablemente esperar que este reaccione de forma sana. Y, desde luego, no lo hace, salvo en aquellos casos extremos que rozan el delito y, a veces, ni aún en tales casos.

2.5. ACTITUDES

Emociones, cuerpo, cognición y relaciones son objeto habitual de atención y de trabajo tanto en la práctica como en la teoría de la Terapia Gestalt.

Pero hay también otro aspecto al que con carácter general se suele llamar actitud que, en mi opinión, no está suficientemente considerado en el enfoque gestáltico o del que se habla o se escribe, creo yo, poco.

En el abordaje del asunto de las actitudes desde el punto de vista de la psicología general se señalan en su definición tres componentes, de una manera que hoy en día puede ya considerarse clásica, y que son:

— un componente cognitivo (una creencia),
— un componente emocional o afectivo, y
— un componente dirigido a la acción: impulso o tendencia.

Así, por ejemplo, una actitud «racista» se podría caracterizar por una creencia en que el otro, por ser diferente tiene menos valor o es peligroso, acompañada por emociones como el miedo, la desconfianza y el odio, y por la tendencia a despreciar al otro, a rechazarlo, a vigilarlo y a no darle lugar. Una actitud «paternalista» se caracterizaría por creencias como que yo soy superior al otro, el cual necesita mi protección, acompañada por sentimientos de cariño y comportamientos de cuidado y vigilancia, etc. No estoy ahora exponiendo definiciones, sino simples ejemplos de actitudes, en este caso conscientes.

Ya hemos revisado antes la conexión entre emociones y pensamientos. He explicado mi punto de vista en el sentido de que cuando se plantea cuál de los dos elementos es causa y cuál es efecto estamos ante un falso problema. Ahora solo cabe añadir que cuando se produce una sinergia entre un pensamiento y una emoción aparece normalmente el tercer ingrediente: el impulso o la tendencia, de manera, además, bastante automática o ciega. Cuando se le hace ver esta sinergia o este automatismo a un cliente le cuesta mucho comprender que las cosas puedan ser de otra manera o que él pueda actuar de otra manera, le parece algo natural en él («es que yo soy así») e incluso llega a descalificar directamente a los que piensan o actúan de otra manera.

La visión que acabo de presentar puede tener mayor o menor interés desde un punto de vista teórico, pero ¿qué sentido tiene todo esto en la práctica? Pues es precisamente en la práctica donde nos encontramos con la enorme dificultad de cambiar actitudes. No se trata de que cambiar actitudes sea en sí mismo un objetivo, sino de que, con frecuencia, dicho cambio es necesario para que el cliente pueda salir del atolladero en que se mete una y otra vez.

No basta con profundizar en la experiencia emocional. Tampoco basta con revisar y cambiar creencias. Hay algo más, muy arraigado en el cliente, una tendencia a conducirse por los caminos trillados o a discurrir por los raíles de siempre, que resulta muy difícil «desarraigar». Como suele decirse: «la cabra al monte tira». Hay actitudes que hunden sus raíces en aprendizajes muy tempranos. Hay algo que podemos llamar «la impronta profunda».

Cuando era pequeño caían piedras del tejado. Aprendí a protegerme cubriéndome la cabeza con los brazos. Ahora soy adulto, el tejado está arreglado, ya no caen piedras, pero sigo con los brazos sobre mi cabeza. Lo más impresionante con este tipo de experiencias es que si llego a reconocer este hábito, me propongo cambiarlo y empiezo a aflojar mis brazos, empiezo también a sentirlos fuertemente doloridos. Ocurre que nunca fui consciente del esfuerzo y del desgaste de energía que me estaba produciendo tener los brazos permanentemente levantados. Al mismo tiempo, en lo más íntimo, probablemente sigo pensando que el peligro viene de arriba. Este es el conjunto de condiciones que dificultan el cambio.

René Descartes se hizo famoso por su proposición: «*pienso, luego existo*». Más allá del valor filosófico de dicha proposición, para algunas personas se trata de una afirmación existencial, de una afirmación de carácter ontológico: si no piensan, no existen, no se reconocen como seres vivos o, al menos, como personas. Pero no es una afirmación igualmente válida para todos. Cada uno tiene su propia forma o sus propias formas de identificarse:

— *Sufro, luego existo.*
— *Triunfo, luego existo.*
— *Practico el sexo, luego existo.*
— *Ayudo a otros o soy útil para los demás, luego existo.*
— *Lucho, luego existo.*

Y así sucesivamente.

Cuando alguno de mis padres me atendía, siendo yo pequeño, lo hacía con notable sufrimiento, suyo y mío. A veces pagaba un alto precio, del tipo que fuera, para proveer a mis necesidades. Yo aprendí a vivir con cierto dolor el contacto íntimo. Con independencia de que esto pueda reflejarse en alguna creencia con características de introyecto como por ejemplo «el amor es sacrificio»[58], aquí hay algo más. Esta experiencia no solo apare-

---

[58] Expresión muy difundida en determinados círculos o ambientes cristianos y probablemente en muchos otros.

ce reflejada en forma de creencia, sino también en forma de criterio de valor. El sufrimiento se convierte así en prueba de validez profunda del verdadero amor. Si el otro no sufre por mí, desconfío de su amor o, si quien no sufre soy yo, mi amor no es verdaderamente profundo. En consecuencia, buscaré o provocaré motivos de sufrimiento para validar el amor entre nosotros. A esto es a lo que me refiero como «impronta profunda», o como «raíles arraigados».

Desde luego, cuando hablo de desarraigar una actitud no quiero decir nada como amputarla, eliminarla o suprimirla, sino de flexibilizarla, es decir, de encontrar alternativas de pensamiento o de acción. Que el cliente encuentre otros caminos, otras vías. Que su manera de reaccionar habitual hasta ahora deje de ser la única, no que pretenda arrancarla de su persona.

Hay que tener en cuenta, además, que las actitudes más profundas o arraigadas del cliente algunas veces aparecen rápidamente en el proceso terapéutico, pero otras veces tardan en aparecer y solo se manifiestan cuando el proceso dura ya un cierto tiempo. Resulta, por ejemplo, que hemos trabajado un asunto o un tipo de asuntos una y mil veces, y el cliente parece que no acaba de darse cuenta o aprender. O bien se da cuenta, una y otra vez, pero luego parece que se le olvida. Una y otra vez tropezamos en la misma piedra. Entonces, cuando parece ponerse de manifiesto que nos hemos estado dando de cabezazos contra un muro, puede aparecer un sentimiento de frustración o de fracaso, que en nada ayuda.

En mi opinión, una actitud solo puede cambiarse cuando pueden reconocerse sus tres ingredientes, la conexión que existe entre ellos, especialmente la conexión entre introyecto, valor y emoción, en la forma que he descrito anteriormente, y se trabaja con todo ello de manera conjunta. No veo otro camino o, al menos, no lo he encontrado todavía.

Cuando consideramos las actitudes, así entendidas, no creo

que estemos lejos de la idea de «fijaciones» y «pasiones», incluso de las «ideas locas», que tan bien se analizan y describen en el Eneagrama, como el mismo Claudio Naranjo apunta, refiriéndose a Brentano[59].

Quiero subrayar el peso que tiene todo esto que llamamos impulsos o tendencias, que actúan como una fuerza propulsora ciega, pero no pretendo aquí llegar tan a fondo en este asunto como supuestamente lo hace la psicología de los eneatipos. Actitudes de rebeldía, desconfianza u otras podemos encontrarlas en personas de diferentes rasgos. O tendencias a ser demasiado solícito, demasiado resolutivo. Ciertamente en cada rasgo con sus matices y sus modalidades. Pero no creo que sea necesario hacer un trabajo con el rasgo para ayudar a un cliente, por ejemplo, a confiar, si realmente lo desea. Pongamos que se trata de una desconfianza muy arraigada. Puede tener que ver con el rasgo, probablemente. También puede tener que ver con ciertos introyectos familiares, incluso con cierta lealtad a determinadas pautas familiares. Sea lo que sea, ya nos lo iremos encontrando a medida que vayamos profundizando y, personalmente, prefiero un enfoque de trabajo centrado en la conciencia del aquí y ahora que otro enfoque de trabajo con mayores pretensiones y que suponga una especie de prediagnóstico, del tipo que sea, sin el cual se considera imprescindible orientar eficazmente la tarea.

Podríamos iniciar aquí un largo peregrinaje cognitivo tratando de establecer nexos entre actitudes, pautas de comportamiento, pautas de relación, pautas de manipulación, rasgos del Eneagrama y condicionantes sistémicos de todo ello. Me parece un trabajo excesivo, y hace tiempo que huyo de cualquier pretensión de reduccionismo.

---

[59] Naranjo, C.: *La vieja y novísima Gestalt*, reseñado en el capítulo 6.1 de bibliografía. Pág. 247.

Una vez identificada la tendencia, un primer aspecto importante, desde el punto de vista práctico, es encontrar qué la activa, ante qué o ante quien se activa, cuál es el gatillo que dispara el impulso o tendencia, y cómo ocurre. A veces se activa ante algo doloroso. A veces se activa ante el vacío. A veces se activa ante determinadas demandas manipulativas, de tipo seductor o victimista. A veces ante determinadas exigencias, ya sean reales o simplemente vistas como tales por el cliente. En este punto, el proceso del darse cuenta es imprescindible, y hay que tomárselo con tiempo: qué es concretamente lo que el cliente ve u oye, dónde va su atención, qué emoción o sensación experimenta, qué se dice a sí mismo, qué imagina, qué tiene todo ello de nuevo o de conocido (por ejemplo: si aparece algún recuerdo), etc. Este darse cuenta puede producirse en relación con el aquí y ahora o en relación con una experiencia evocada, pero resulta muy útil, en cualquier caso, no quedarse solo con el trabajo que se realiza durante la sesión, y que el cliente continúe con este ejercicio de atención en lo cotidiano, o en momentos concretos de lo cotidiano.

Otro aspecto importante desde el punto de vista práctico es la atención a lo corporal. Todo impulso tiene inevitablemente una base o, al menos, un componente corporal. Se trata de observar movimientos muchas veces muy sutiles, que a veces incluso no llegan a ser movimientos y se quedan en tensiones que apuntan a algún movimiento que no llega a ser visible como tal, pero la tensión, al menos, sí que puede llegar a ser visible. Por ejemplo: un irse con parte del cuerpo hacia adelante, iniciar un pequeño movimiento con las manos o los pies, contraer la respiración o ahogarla, un pequeño gesto con alguna parte de la cara como apretar las mandíbulas, fruncir el ceño, realizar con los ojos algún movimiento en alguna dirección, incluso cerrarlos, etc. Además, comúnmente estos impulsos corporales se producen en puntos o zonas del cuerpo de los que el cliente tiene menos conciencia. También en este sentido, además del trabajo realizado en la sesión, la atención a la experiencia cotidiana resulta muy conveniente y necesaria.

Un último aspecto importante, en mi opinión, es la conexión existente entre actitudes y pautas de relación. Es fácil de comprender esta conexión si atendemos al hecho de que los comportamientos manipulativos del neurótico funcionan precisamente como hábitos o tendencias automáticas, como si tales comportamientos manipulativos se hubieran consolidado antes de que el individuo estuviera en condiciones de poder darse cuenta de que disponía de otras opciones. Pues bien, trabajar directamente sobre tales comportamientos, sobre la forma en que el cliente manipula, encontrar a qué necesidad trata de responder precisamente de forma neurótica, encontrar formas más maduras de gestionar tales necesidades y ponerlas en práctica, es también una manera de trabajar para el cambio de actitudes.

En todo caso, el asunto de las actitudes, tal como yo lo veo, es hoy por hoy una zona oscura en la Gestalt, poco trabajada o poco desarrollada. O, tal vez, el ignorante soy yo. Sea como sea, prefiero dejar este asunto abierto y quedarme en disposición de seguir aprendiendo sobre ello.

2.6. LENGUAJE VERBAL Y EXPERIENCIA

Todo lo dicho anteriormente sobre la experiencia está muy bien, pero ¿cómo tenemos acceso a la experiencia del cliente? De dos maneras.

Primera: por observación. De esta manera podemos captar cómo el cliente respira o modifica su respiración, en qué tono y con qué cadencia habla, dónde mira, qué mueve o qué inmoviliza, etc. En definitiva: atendiendo a lo obvio.
Segunda: mediante el lenguaje.

Quiero detenerme en este punto porque, con mayor frecuencia de la que suponemos, casi nada es lo que parece. Algunas personas creen que el lenguaje es un reflejo de la realidad (salvo que la estemos falseando, claro). Pues bien: con frecuencia esto no es así. Y aquí hay varios aspectos a considerar.

a) Los supuestos implícitos en el uso del lenguaje.
Así, por ejemplo, y como ya hemos indicado anteriormente a propósito de la experiencia emocional, una expresión como «sacar la rabia» (u otra emoción) presupone que una emoción (en este caso, la rabia) es una especie de entidad que pudiera estar almacenada en alguna especie de cajón o cesto, de donde se la puede «sacar». Con ello, también supuestamente, determinado problema quedaría así resuelto. Si no revisamos tales supuestos, podemos embarcarnos en propuestas de trabajo o experimentos muy poco útiles, cuando no contraproducentes.

b) El uso de sustantivos abstractos.

«Silla» o «bolígrafo» no son sustantivos abstractos. «Alegría» o «carrera» sí lo son.

«Carrera» no es algo que sucede. Lo que sucede es «correr». De la misma manera no sucede «alegría». Sucede «alegrarse» o, más concretamente, «yo me alegro». «Yo me alegro» refleja experiencia. «Alegría»... digamos que no está tan claro. Se trata de una abstracción. Alegrarse es un suceder. Si el pequeño tren (o grande), o proceder, que constituye de alegrarse, lo empaquetamos (o sea, lo metemos en un paquete), lo que hacemos es abstraerlo.

Esta no es una mera disquisición semántica. Tiene inmediatas y sencillas consecuencias prácticas, que voy a explicar.

En la práctica, advierto a mis alumnos o clientes que no quiero que usen esta clase de sustantivos. Quiero que usen frases con verbo.

— *En vez de decir alegría, di mejor: yo me alegro.*

Este simple cambio en la manera de usar el lenguaje abre puertas: ¿de qué te alegras? o ¿con qué o con quién te alegras?, ¿cómo te alegras?, ¿cuándo te alegras?, etc. Son preguntas que permiten, ahora sí, acceder mejor a la experiencia o, como diría Maturana, al «experienciar». (Maturana utiliza habitualmente el verbo «emocionar» en lugar del sustantivo «emoción»).

De la misma manera que no «existe» la alegría, tampoco «existe», por ejemplo, el amor («¿queeeeé?»). Lo que sucede realmente es «amar» o, por pasiva, «ser amado». Afirmaciones como, por ejemplo: «qué bello es el amor», son aceptables como expresiones poéticas, con indudables connotaciones estéticas y/o placenteras, pero nos dicen bien poca cosa de cómo esa persona concreta experimenta amar y ser amada.

Esta es la vía que propongo. Si, en lugar de ello formulamos preguntas como, por ejemplo, «¿qué es para ti el amor?» nos mantenemos en el mismo nivel de abstracción, dando lugar así a inútiles disquisiciones pseudoacadémicas.

Un último ejemplo: «confianza». Pongamos el verbo correspondiente: «confiar» o «fiarse». Las preguntas, obviamente, son ¿de qué, o de quién, te fías?, ¿cuándo confías?, ¿cómo confías?, etc. (Pero no «¿por qué confías?», ya que esta pregunta nos remite al terreno de las creencias. Es mejor preguntar, por ejemplo: «¿qué te ayuda a confiar?»).

Algunas de estas preguntas (por ejemplo: ¿cómo confías?) pueden, en un primer momento, desconcertar al cliente. Simplemente, no está acostumbrado a formulárselas. Pero eso también nos habla de cierta limitación del cliente para darse cuenta. Nada nuevo, pues, que no sepamos abordar.

c) Confusión entre experiencia e interpretación de la experiencia.

En el epígrafe 1.1 («Llegada del cliente») y dentro del apartado «Las bases del contrato» ya me he referido a la dificultad de distinguir, en bastantes ocasiones, entre lo que al cliente le pasa o lo que el cliente opina, o cree, acerca de lo que le pasa. En otras palabras: distinguir entre lo que constituye la experiencia del cliente y la interpretación que el cliente hace de su experiencia. También proponía algunas intervenciones sencillas al respecto. Por ejemplo: el cliente dice:

— *Es que soy muy exigente.*

En este ejemplo (ver más arriba) yo proponía preguntar:

— *¿Cómo sabes que eres exigente? ¿Qué te hace pensar que eres exigente?*

Bien: hagamos la prueba del verbo. Sustituimos el sustantivo (en este caso, adjetivo) «exigente», por el verbo «exigir»:

— *¿A quién exiges? ¿Qué exiges? ¿De qué manera exiges?* Etc.

De esta manera facilitamos el acceso a la experiencia. Otro ejemplo. Dice el cliente:

— *Soy muy inseguro.* O bien: *tengo mucha inseguridad.*

En este caso no sé a qué llama el cliente «inseguridad». Desde luego, no le preguntaré «¿a qué llamas tú inseguridad?», ya que con esta pregunta probablemente no saldremos del terreno de la abstracción, o de la interpretación. Pregunto, mejor:

— *¿Qué sientes exactamente cuando dices que te sientes inseguro?*

Reconozco que esta es una pregunta tramposa, en el sentido de que presupone que el término inseguridad se refiere a una emoción. Bien, pero funciona. Con frecuencia el cliente habla de miedo o temor. Así es más claro:

— *¿Qué temes? ¿A quién temes?* Etc.

Un último ejemplo:

— *Es que soy un desastre.*

Ahora sí que no sé qué decir. (Falso). Lo que sucede es que no conozco ningún verbo que se corresponda con el sustantivo «desastre».

Así que prefiero dejar a la imaginación, o a la experiencia, del lector, cómo proceder en tal caso. Bueno: he aquí algunas sugerencias:

— *Y lo dices mirando al suelo.*
— *Es que me da vergüenza.*
— *¡Aaaaah! Vergüenza. Y ¿cómo es esto de avergonzarte?*

Nótese que, enseguida que puedo, utilizo el verbo. Otras sugerencias:

— *¿Cómo es esto de ser un desastre?*
— *¿Y en qué te puedo ayudar?*
— *O sea, que no eres un sastre* (je, je).

Etc.

III

Sobre la técnica

3.1. SOBRE POLARIDADES Y EL TRABAJO CON LA SILLA VACÍA

Aspectos básicos

Decía Perls en cierta ocasión, dentro de un contexto didáctico, que todo lo que necesitaba para trabajar era una silla vacía, la caja de pañuelos y su tabaco.

Eso estaba bien para sus alumnos, que se supone sabían de qué se trataba. Pero la inmensa mayoría de mis clientes se sienten desconcertados cuando les propongo por primera vez un trabajo con la silla vacía, lo cual resulta perfectamente comprensible. Nunca han hecho nada parecido. ¿Qué es esto? ¿De qué diablos se trata?

Así que opto por la vía didáctica: puesto que no saben de qué se trata ni nunca han hecho nada semejante, no tienen por qué saber hacer nada. Ya lo irán aprendiendo e iremos, por tanto, paso a paso.

Es de sobra conocido: la primera condición para hacer un trabajo efectivo con la silla vacía consiste en identificar claramente los interlocutores. No se puede hacer un trabajo efectivo con la silla, en principio, sin saber exactamente quien se sienta en un lado y en el otro, aunque, a veces, «suena la flauta por casualidad»[60]. En este sentido quiero subrayar la importancia de que, además de nombrarlas, cada una de las partes se autoidenti-

---

[60] Según conocida expresión de la fábula de Samaniego: «El burro flautista».

fiquen, se reconozcan a sí mismas, primero, para reconocer a la otra, seguidamente. Me parece imprescindible tomar el tiempo que haga falta para este reconocimiento antes de entrar a dialogar. Por experiencia sabemos que a veces esta parte del trabajo es suficiente y no hace falta proseguir. En casos así, cuando el cliente «entra» en la polaridad oculta, rechazada, negada, se sorprende. Con facilidad «se da cuenta». Y podemos seguir trabajando con ello, quizá sin que sea necesario por ahora pasar al diálogo.

Supongamos que pasamos al diálogo, cuya condición básica es que se produzca desde lo emocional. La interacción que se produce de esta manera no es cualquier tipo de interacción, no se trata de una discusión. A medida que el diálogo avance, no sabemos lo que ocurrirá. En cualquier momento, incluso en los momentos iniciales, como ya he dicho, puede aflorar la conciencia de algo, que habrá que terminar de elaborar y, aunque el trabajo puede considerarse formalmente interrumpido, ya habrá cubierto su función. Como no se trata esencialmente de una técnica para la resolución de conflictos, puede ocurrir que algún problema se «resuelva», pero es más probable que se «disuelva», es decir, que se diluya en otra cosa.

Le propongo, pues, al cliente, inicialmente, el trabajo con la silla vacía como un trabajo de investigación o de exploración. Iremos viendo, paso a paso, hasta dónde vamos llegando.

Cuando dos son tres

En este tipo de trabajo tenemos dos personas: el terapeuta y el cliente. Pero el cliente adopta dos papeles diferentes. Si hacemos una sencilla suma, resulta que son tres los personajes en danza: dos actores, tres papeles. Aunque parezca una obviedad y, a primera vista parezca que solo forma parte del encuadre, la realidad es que este trabajo no funciona con dos roles, sino con tres. Incluso cuando una persona acostumbrada a trabajar con la silla vacía realiza un trabajo por sí solo, en su casa, en realidad moviliza tres personajes: los dos interlocutores y el director de escena, si bien este tercero de manera implícita.

¿Director de escena? ¿Ayudante de dirección? ¿Apuntador? ¿Ego auxiliar (en lenguaje psicodramático)? ¿Árbitro de las reglas de juego (nunca árbitro del conflicto entre las partes)? ¿Simple testigo u observador? Como quiera que la consideremos, su función no es neutra aunque pudiera parecerlo. Por poco que nos fijemos podemos darnos cuenta de que tal función, sea la que sea, es necesaria, y su utilidad se deriva del hecho de ocupar un lugar apartado, neutral en el sentido de que no participa del proceso.

Ahora bien: si el cliente puede moverse entre dos interlocutores, ¿qué impide que se mueva también por la posición del observador? y ¿qué pasa si lo hace?

Pues pasa, simplemente, que se amplía la perspectiva del cliente, que se facilita la comprensión y el proceso de darse cuenta. A veces, en algunos trabajos gestálticos, da la impresión de que el terapeuta, o cualquier otra persona si se trata de un contexto de terapia individual en grupo, se da cuenta antes de algo o se da cuenta mejor (que la persona que realiza el trabajo) por el hecho de estar fuera del nudo. ¿Por qué, entonces, vamos a privar al sujeto de esta oportunidad? Se trata, nada menos, que de la oportunidad de aprender a ser observador de sí mismo, de distanciarse de sí mismo, objetivo o camino propugnado por escuelas de diversos enfoques.

Este modelo de trabajo que utiliza estas tres posiciones y no solo dos ha sido descrito, utilizado y difundido por la programación neurolingüística con el nombre de «triple posición perceptiva». Sabido es que la programación neurolingüística ha inventado pocas cosas, pero lo que hace muy bien, y lo ha hecho siempre muy bien, desde su orígenes, es «modelar», o sea, observar, analizar, sintetizar y reproducir lo que se demuestra que funciona: modelos, esquemas y pautas de percepción y de comportamiento operativos y útiles.

No es este el lugar ni tampoco es mi propósito hacer una defensa de la programación neurolingüística. Pero he visto a terapeutas gestálticos que no tenían conocimiento de ella utilizar espontáneamente la tercera posición perceptiva (la del propio terapeuta), invitando al cliente a situarse en ella, con el resultado de un notable enriquecimiento del trabajo.

Entre las fuentes de la PNL están los propios trabajos de Perls, así como también la terapia sistémica en sus orígenes, específicamente los trabajos de Virginia Satir. Invito al lector, si no lo conoce, a interesarse por lo que esta autora llamaba «la fiesta de las partes»[61]. Nada más parecido, en mi opinión, a un trabajo que yo llamaría de «multisilla», ya que no solo aparecen dos partes sino todas las que hagan falta, con todo el aparato escénico necesario, incluido atrezo. Claro que esta escenificación correspondería a la fase final de «integración» de las partes, después de todo un trabajo previo de identificación emocional que solía durar alrededor de un año.

En un sentido semejante Zinker[62] propone, para el trabajo con parejas, además de un lugar para cada uno de sus miembros, un tercer lugar para la pareja misma, para la relación, lugar que van ocupando cada uno de los miembros a medida que resulte conveniente. Tenemos, pues, una silla triple a la que, si sumamos el lugar del terapeuta, nos da un total de cuatro posiciones.

Los roles que el terapeuta adopta y que antes he señalado, por los cuales puede pasar el cliente, no son los únicos posibles. Hay

---
[61] Satir, V.: *Terapia familiar paso a paso*. México, Editorial Pax, 1995. Págs. 251-257.
[62] Citado por Castanedo, C.: *Grupos de encuentro en Terapia Gestalt*. Barcelona, Ed. Herder, 1990. Pág. 51.

otras posibilidades a considerar en función de la propia imaginación: árbitro de fútbol (con silbato incluido), marciano u otro tipo de extraterrestre, vagabundo filósofo, etc.

Quede claro que no estoy propugnando el uso ordinario de estos recursos. Ni siquiera el sencillo esquema de la triple posición perceptiva. Normalmente trabajo al modo clásico. Pero pienso que es útil disponer de estas opciones, contemplar la posibilidad de utilizarlas. No soy partidario de poner límites a la creatividad, siempre y cuando sepamos lo que estamos haciendo y dónde nos estamos metiendo.

En particular recurro a esta manera «ampliada» de trabajar cuando el método clásico se queda corto en algún sentido. Tal es el caso, y quiero destacarlo especialmente, del diálogo entre el perro de arriba y el perro de abajo, quizá la polaridad más característica del enfoque gestáltico [63].

En mi experiencia, el trabajo con esta polaridad es la que más se presta a que se produzcan atascos, es decir, a que el cliente entre en un bucle repetitivo, sin salida. Algunas veces propongo un trabajo corporal complementario, por ejemplo, para deshacer una retroflexión. Pero hay perros de abajo que muestran una resistencia[64] o aguante corporal sin límites, además de una pasividad al parecer infinita.

A veces opto por aliarme con el perro de abajo, a modo de «ego auxiliar». Ningún movimiento nuevo hará este perro de abajo frente al perro de arriba que ya conoce, o frente a otros candidatos a perro de arriba que se le pudieran parecer. El riesgo de que el terapeuta acabe convirtiéndose en viceperro de arriba es

---

[63] Me parece muy interesante, como aportación sobre este asunto, el artículo de Pedro de Casso «Un recurso gestáltico clave: el manejo de la polaridad "perro de arriba – perro de abajo"», publicado en la *Revista de Terapia Gestalt*, nº 27, páginas 52-66.

[64] En su sentido ordinario, no psicoanalítico.

evidente. Entonces, como digo, opto por aliarme con el de abajo, poniéndome a su lado e incluso reforzándolo. Sabemos lo que hace con el perro de arriba. ¿Qué hará con otro perro de abajo, sobre todo si es más perro y de más abajo? Quiero darme, y me doy, la ocasión de sorprenderme.

Otra opción es la de introducir más personajes como apoyo a ambos interlocutores. Por ejemplo: un fiscal y un abogado defensor. O simplemente un carcelero y un experto en fugas. Cualquier cosa que permita introducir nuevos ingredientes en el guiso. De nuevo: solo cabe sorprenderse.

Silla vacía y polaridades

Un antiguo amigo decía que cuando una idea era clara tenía la propiedad de ser «graficable», es decir, susceptible de plasmarse en una imagen gráfica.

Pues bien: ¿cuál sería la imagen gráfica adecuada para expresar la idea gestáltica de polaridad? Invito al lector a que lo piense un momento, antes de proseguir con la lectura.

Yo he encontrado, por ahora, cuatro, y estoy abierto a la posibilidad de que haya más. Veamos cuáles son y qué da de sí cada una de ellas.

La primera imagen vendría representada por los extremos de un continuo. Pensemos, por ejemplo, en un segmento rectilíneo, con dos extremos, que podemos llamar A y B.

La peculiaridad heurística de este modelo es que permite visualizar toda la zona intermedia, lo cual proporciona una perspectiva bien interesante. ¡La polaridad no se constituye solo de extremos! Es más: estos son solamente puntos, tienen una realidad prácticamente virtual. La realidad es más bien la amplia zona intermedia que no solo puede verse sino también recorrerse. Recorrerla con calma, con la atención puesta en la sensación interna, puede ser un muy buen trabajo terapéutico. También encontrar en ella la zona de equilibrio. A veces, asociadas a la sensación, pueden evocarse imágenes de situaciones. Buen material de trabajo, como digo, y con utilidad preferentemente práctica. Aunque esta modalidad parezca tener poco que ver directamente con el trabajo de silla vacía.

La segunda imagen vendría representada por una moneda que, como sabemos, habitualmente tiene dos caras. ¿Alguien ha visto alguna vez alguna moneda de una sola cara? Muchos clientes sí: tienen una imagen de ellos de una sola cara.

Las dos caras de una moneda tiene la particularidad de que nunca se ven la una a la otra. Sin embargo, son parte inseparable la una de la otra. Si las separamos, nos quedamos sin moneda. Podemos desarrollar la fantasía de que una de las caras que siente a la otra, por ejemplo, como una pesada carga pretenda, en consecuencia, desprenderse de ella.

A primera vista esta imagen parece tener un valor principalmente conceptual: ayuda a comprender el sentido de la polaridad, su sentido hondo, tiene, por tanto, una utilidad en el plano cognitivo. Se trata de las dos caras de una misma moneda. Pero es aquí también donde adquiere pleno sentido el trabajo con la silla vacía. Con la ayuda de un artificio, las dos caras pueden llegar a verse, a reconocerse, a tocarse y a expresar sus sentimientos.

La tercera imagen es similar a la anterior: se trata del cuerpo humano. Apreciamos la gran cantidad de órganos, o partes de órganos que existen a pares: dos orejas, dos ojos, dos agujeros en la nariz, dos pulmones, dos brazos, dos riñones, etcétera. Se trata de pares típicamente simétricos y, en virtud de ello, resulta que podemos llegar a sobrevivir aunque falte uno de ellos. Lo sorprendente es que también existen pares de apariencia antagónica (en realidad, complementaria): boca y ano, pecho y espalda, por ejemplo[65]. Curiosamente, es en el caso de estos pares antagónicos

---

[65] Existe un «par» específicamente interpersonal: pene-vagina.

(complementarios) donde no sería posible la pervivencia de una parte sin la otra.

También a primera vista el mayor valor de esta imagen se muestra en el plano cognitivo, en un sentido similar al de las dos caras de una moneda. Sin embargo tiene otra utilidad: la PNL ha desarrollado un modelo de trabajo con polaridades donde estas se identifican en ambas manos. En un formato hasta cierto punto comparable al de la silla vacía, lo que se propone aquí es un diálogo entre ambas manos, previas las necesarias fases de identificación y reconocimiento. Por otro lado, se trata de un método mucho más pautado, donde se emplea menos la palabra y más las sensaciones y las imágenes.

La cuarta y última imagen es la que yo llamo de «polaridades anidadas». Me resulta muy difícil explicarla sin tener el recurso a dibujarla. Imaginemos, por ejemplo, dos esferas frente a frente: una clara, la otra oscura. Pero la claridad superficial de una dimana de su propio interior oscuro que, a su vez, se refleja en la oscuridad superficial de la otra que, por su parte, dimana de su propio interior luminoso. Un verdadero bucle.

Pensemos por ejemplo, en la polaridad fuerte-débil. Estoy convencido de que, en un caso así, un trabajo de silla vacía no está completo hasta que la fuerza no reconoce su propia debilidad interna, al mismo tiempo que la debilidad puede llegar a reconocer su interno poderío.

Este sería un caso de anidación simple. En la práctica hay otros más complejos, en forma de red. Por ejemplo, en la polaridad alegría-tristeza podemos encontrarnos con que en el interior de la alegría anidan la prepotencia, o la exigencia, o el desinterés, o la compasión, mientras, simultáneamente, en el interior de la tristeza aparecen ingredientes parecidos o distintos. Siempre que la cosa no se complique demasiado opto por trabajar simultáneamente con todos los elementos que van saliendo a la luz, de modo semejante a como se hace, clásicamente, en el trabajo con los sueños.

3.2. SOBRE EL TRABAJO CON LOS SUEÑOS

El trabajo gestáltico con los sueños

Empezaré por declararme entusiasta y ferviente partidario del típico trabajo gestáltico con los sueños. Me siguen impresionando los descubrimientos que los clientes hacen cuando se identifican con tal o cual elemento del sueño que aparentemente menos tiene que ver con él: una puerta que no se abre, ropa interior sucia en un rincón de la escalera, una tormenta, un iceberg... ¡qué inmensa variedad!

Desde que comencé a trabajar como gestaltista he ido aprendiendo y poniendo en práctica las diversas maneras de trabajar con los sueños, todas ellas útiles de diverso modo o en diferentes momentos. No me voy a detener aquí en ello pues, sinceramente, nada nuevo tengo que aportar [66].

Pero quiero referirme específicamente a un aspecto que bien podríamos considerar teórico o, al menos, metodológico. El trabajo gestáltico con los sueños parece tener un objetivo obvio, en la dirección de facilitar la integración o asimilación o apropiación del material onírico. En ese sentido encontramos muy abundantes referencias al proceso de darse cuenta, al trabajo centrado en el aquí y ahora, la integración de polaridades,

---

[66] Quien tenga interés en ver un excelente resumen sobre el trabajo con sueños puede consultar el libro de Vázquez, C. y Martín, A.: «*Cuando me encuentro con el Capitán Garfio... no me engancho*». Madrid, Las Mil y Una Ediciones, 1983. Págs. 77-78.

mecanismos tales como los de identificación y proyección, etc. Podríamos decir que un buen trabajo con un sueño se hace al servicio del cierre de una gestalt. Se espera que, al menos, facilite dicho proceso. Que si no se llega a completar el cierre facilite, al menos, un avance en tal dirección.

Sin embargo, junto a tal abundancia de referencias, no he encontrado apenas ninguna, y puede tratarse de una carencia mía, al modelo gestáltico del ciclo de la experiencia.

Trataré de explicarme. El trabajo con los sueños puede hacerse en un formato de silla vacía (o multi-silla, según los casos), o de actuación de una fantasía, pongamos por ejemplo.

En el aspecto que estamos viendo, cuando se trabaja con una parte, sí se suelen tener en cuenta las fases del ciclo de la experiencia y, normalmente, se avanza a través de las sensaciones, la toma de conciencia, la energetización, etc. Lo habitual cuando trabajamos con una gestalt.

Pero no me refiero a eso, sino a lo que el sueño refleja en cuanto al momento del ciclo de la experiencia en que el cliente se halla en relación con una determinada gestalt y al modo habitual como el cliente recorre y completa o no el ciclo de la experiencia, a modo de «pauta».

El trabajo clásico con los sueños requiere situarse frente a ellos como una totalidad. ¿Y si el sueño no reflejara una totalidad? ¿Y si solo reflejara una «parcialidad» concreta? ¿Y si el sueño no solo tuviera que ver con una peripecia vital concreta del cliente, sino también con la manera habitual o recurrente como el cliente se atasca en algún punto del ciclo de una gestalt? ¿Y si el sueño reflejara, no la manera en la que el cliente se atasca sino precisamente todo lo contrario, es decir, cómo resuelve?

En este sentido me atrevo a hablar, por ejemplo, de sueños de sensación, sueños de interrupción, sueños de proyección e incluso sueños de resolución. Por poner solo algunos ejemplos.

He tenido ocasión de encontrar, por ejemplo, sueños que yo llamaría «resolutivos» o, incluso, «celebrativos». No había nada que concluir: todo estaba concluido. Simplemente el cliente aún no lo sabía, aunque en el sueño se había organizado su propia fiesta de celebración. No lo sabía, y bastó solamente con plantear el trabajo para que se diera cuenta, con gran sorpresa suya. Todos los elementos del sueño eran armónicos, sus relaciones eran transparentes y el sentimiento general era una mezcla de alegría y agradecimiento. Todo ello pudo verse fácilmente.

El «trabajo» consistió en reconocer que no había nada que trabajar. ¿Qué quedaba por hacer? Felicitarse y nada más.

En la práctica he encontrado otros casos similares a este. Y también varios que se pueden situar en el otro extremo del arco. Existen clientes especializados, por ejemplo, en saltarse la toma de conciencia cuando ya tienen encaminado un curso de acción. En la penumbra han quedado aparcados, por ejemplo, un miedo, un deseo de venganza, una emoción o una necesidad de cualquier tipo. Y sueñan, también por ejemplo, que se han convertido en fugitivos, o en asesinos. En muchos de estos casos el sueño «hace por ellos» lo que ellos mismos no asumen conscientemente en su vida cotidiana.

¿Que tipo de sensaciones ha retenido o evitado quizás un cliente cuando se lanza a la acción? ¿De qué sentimiento no se ha percatado, eligiendo un curso de acción que tiende, precisamente, a evitarlo?

Un cliente, por ejemplo, resuelve satisfactoriamente una situación difícil. Al atardecer está contento. Por la noche sueña, y tiene pesadillas. Ha ocurrido algo muy simple: el cliente ha ignorado su propio miedo, y este miedo, por la noche, le dice: «hola, estoy aquí».

Lo que quiero decir es que, en la práctica, he observado una serie de características «recurrentes», en la mayoría de los casos, desde el punto de vista del ciclo de la experiencia.

Podemos enfocar este mismo asunto de otra manera. ¿Por qué trabajar con un sueño, o tal sueño concreto? ¿Cuál es el motivo del cliente o del terapeuta para decidir hacer un trabajo con un sueño? ¿Es que al cliente le ha quedado una sensación incómoda? ¿Es que se ha quedado de alguna manera activado, y necesita hacer algo pero no sabe qué? ¿Es que quiere entender algo? ¿Y qué le pasa si no lo entiende?

Por ejemplo, un cliente queda angustiado tras haber soñado algo. Me parece de interés la siguiente pregunta: ¿a qué fase del ciclo corresponde esta angustia? Puede ser que el cliente se sienta desbordado por una multiplicidad de sensaciones, entre las cuales se sienta perdido, porque cuando se encuentra ante una diversidad de gestalts emergentes no sabe reconocerlas y priorizarlas. O puede ser, por ejemplo, que la angustia encubra un temor concreto al contacto. O cualquier otra cosa. De modo que me dedico a investigar este asunto concreto.

Por ejemplo, los clientes que quieren «entender» un sueño son frecuentemente personas que van por la vida tratando de entender. Abordar un sueño en esta coyuntura, ¿realmente ayuda, aunque en al aquí y ahora parezca que sí? ¿O más bien estaremos haciendo «más de lo mismo»?

O en el caso del cliente que quiere trabajar un sueño porque se ha quedado angustiado: ¿qué hace normalmente esta persona con sus angustias? Y este es el punto que creo que merece la principal atención.

En términos más concretos: no se trata de abordar el trabajo con un sueño para descubrir, aprender o resolver algo, sino de mirar también desde dónde abordamos el trabajo, desde dónde el cliente lo desea. Y, por supuesto, trabajar concretamente con un sueño puede ser, en este sentido, de ayuda.

El enfoque gestáltico y otros enfoques

Quiero acabar este apartado con una observación que no tiene nada que ver con lo anteriormente expuesto. El enfoque gestáltico del trabajo con los sueños tiene una originalidad y potencia características. Hay otros enfoques posibles, y estoy pensando ahora concretamente en los de tipo transpersonal. En mi opinión no existe incompatibilidad, sino más bien complementariedad y, en cualquier caso, nada me hace pensar que un enfoque tenga que ser mejor que otro.

Pero me he encontrado con un tipo de asuntos que de vez en cuando aparecen en los sueños para cuyo abordaje el enfoque gestáltico clásico no siempre me ha funcionado: me refiero a los asuntos familiares. A veces me ha ocurrido que sí, y en el trabajo aparece una emoción enmascarada, o aparece algo que necesita ser dicho o ser hecho por el cliente a un determinado miembro de su familia. Pero otras veces la situación es más compleja, y el cliente aparece implicado en una trama familiar de la que forma parte y que parece más poderosa que él mismo. En tales casos el trabajo gestáltico con el sueño no suele conducir a nada, y prefiero un abordaje sistémico.

3.3. SOBRE TERAPIA INDIVIDUAL Y GRUPAL

Consideraciones generales

En todo lo que he dicho anteriormente, especialmente el capítulo 1 (a propósito del encuadre, el proceso y el final de la terapia) he estado presuponiendo un contexto de terapia individual, si bien muchas de las observaciones y reflexiones posteriores (las del capítulo 2 y los aspectos que acabo de apuntar sobre el trabajo con la silla vacía y con los sueños) son igualmente válidas y aplicables en un contexto grupal.

No voy a entrar aquí en reflexiones o precisiones sobre los diversos formatos o enfoques del trabajo gestáltico en grupo o con un grupo. Nada tengo que decir, específicamente, sobre el trabajo de grupo que, típicamente, se basa en las propuestas de trabajo que formula el terapeuta, al menos en los comienzos del trabajo grupal. Tampoco voy a decir nada sobre los enfoques más propiamente no-directivos en la línea de Kurt Lewin o de Carl Rogers. Nada de esto será el objeto de mi consideración aquí[67].

Me referiré específicamente a la terapia individual en grupo, en el formato clásico de Perls. En este formato se trabaja básicamente, como en la terapia individual en sentido estricto, a partir de las demandas de los clientes.

---

[67] En este sentido es muy interesante, por ejemplo, el capítulo sobre «El grupo en Terapia Gestalt» en el libro de Peñarrubia, F.: *Terapia Gestalt. La vía del vacío fértil*, reseñado en el capítulo 6.1 de la bibliografía. Páginas 243-256.

Para mí, la terapia individual en grupo presenta indudables ventajas con respecto a la estrictamente individual. Describiré las principales.

Primera ventaja: la dedicación del tiempo «justo» al trabajo con cada cliente. En un contexto grupal, cuando se trabaja con alguien, raramente la figura es el tiempo total dedicado. Se trabaja lo que el cliente necesita, lo que sea posible y útil para dar un paso en alguna dirección. O se deja el trabajo cuando no conduce a nada. Desaparece así uno de los inconvenientes prácticos que tiene la terapia individual. Ya he explicado en el primer capítulo cómo hago para incorporar esta perspectiva a la hora de determinar la duración de las sesiones individuales.

Segunda ventaja y más importante: la disponibilidad de recursos. Es indudable que las posibilidades de trabajar con experimentos, de traer los asuntos al aquí y ahora, son mucho mayores en el contexto de un grupo, donde contamos con la presencia de otras personas vivas y, en este sentido, no estamos limitados a las evocaciones, al uso de la silla vacía o a la comunicación real solo con la persona del terapeuta. ¡Cuantas veces, durante el trabajo en terapia individual, he echado de menos poder contar con otros hombres o mujeres presentes para poder realizar algún experimento que me parecía especialmente apropiado en ese momento!

Tercera ventaja y, en mi opinión, más importante todavía (y relacionada con traer los asuntos al aquí y ahora): poder ver al cliente, ver los movimientos reales del cliente. En grupo son más obvios sus comportamientos y reacciones, y no solo para el terapeuta. El mapa de las relaciones aparece mucho más claro, y, como acabo de decir en el punto anterior, también son más abundantes y variadas las posibilidades para manejar este tipo de asuntos.

Volviendo de nuevo a lo que ocurre en la terapia individual, encuentro con mayor o menor frecuencia que, cuando se trata de asuntos de relación con terceros, lo que el cliente narra, lo que el cliente cuenta que dice o hace, o cómo lo dice o cómo lo hace, recordándolo o actuándolo frente a una silla vacía donde imagina la presencia del otro (porque el otro realmente no está), poco o nada tiene que ver con lo que realmente dice o hace ante un otro real, donde podamos verlo en vivo y no solamente escuchar su relato. Y el problema no es que solamente tenga poco o nada que ver, sino que su relato adolece normalmente de los mismos puntos ciegos sobre los que conviene trabajar. Para mí esta es una limitación de la terapia individual. Trabajando en grupo no tengo este problema.

También, en sentido inverso, en el trabajo en grupo podemos ver qué y cómo es lo que otro participante dice o hace y cómo eso le afecta al cliente y cómo efectivamente reacciona ante ello, y no quedar limitados solo por lo que nos cuenta. Vemos los movimientos, no solamente oímos la narración de los mismos. Así podemos apreciar cierta cantidad de elementos que en su narración no están normalmente representados.

En terapia individual presto mucha atención al relato de mi cliente en el sentido de reconstruir la escena que me cuenta en base a los datos que me facilita sin presuponer ni añadir nada, y con mayor atención, si cabe, a los vacíos y lagunas. ¡Con frecuencia es más interesante lo que no cuenta! Las palabras tienen la virtualidad de revelar al mismo tiempo que ocultar, en la medida en que operan con una selección del mapa (es decir, con una percepción sesgada), sobre todo si el cliente evita. Los sesgos que obedecen a evitaciones se muestran como vacíos, algo que el cliente no ve o no oye, o no le quiere dar importancia. Este esfuerzo de atención no es necesario en terapia en grupo, donde tenemos acceso al conjunto de la experiencia, desde dentro del cliente, desde dentro de su interlocutor y desde fuera de ambos.

Quiero finalmente señalar una evidente ventaja adicional del formato grupal, específicamente para el trabajo con asuntos familiares. Solo el formato grupal permite un trabajo «escénico», de tipo psicodramático o cualquier otro, mediante la utilización de actores, representantes, egos auxiliares o, en general, cualesquiera recursos que solo en grupo se tienen.

Junto a la constatación de estas indudables ventajas de la terapia individual en grupo podemos preguntarnos si no habrá también limitaciones. Porque una cosa es obvia: si este formato de terapia no tiene más que indudables ventajas terapéuticas, además de que resulta normalmente más barata, ¿cómo es que está tan poco difundido o tan poco utilizado, comparativamente con el formato estrictamente individual?

Se me ocurren varios aspectos a señalar.

Un primer aspecto, que podría considerarse anecdótico pero que no por ello deja de tener su importancia, y grande, es la cuestión del horario. Las sesiones de terapia individual tienen lugar, habitualmente, en horas convenidas. Las sesiones de grupo, por el contrario, suelen tener lugar en horarios prefijados. Y difícilmente diez clientes individuales pueden reunirse en un solo grupo en un horario que les vaya bien a todos.

Un segundo aspecto es, en mi opinión, de mayor calado. Me refiero concretamente al miedo o a los prejuicios.

— *¡Huy, no! ¡Yo no quiero tener que contar mi vida en público!*

O también, por ejemplo:

— *¡Ni hablar! ¡No quiero correr el riesgo de encontrarme con alguien conocido!*

Encuentro este obstáculo habitualmente invencible, al menos en un primer intento, por más explicaciones que pueda dar. Lo siento, porque normalmente recomiendo el trabajo de grupo a

las personas que creo que mejor se beneficiarían de él, en vez del trabajo estrictamente individual, o en combinación con el trabajo individual. Me atrevo a estimar en una cifra entre el 15% y el 25% el número de clientes que aceptan mis sugerencias en este sentido.
En cierta ocasión me ocurrió con un cliente lo siguiente:

— *No me interesa, no me atrevo, no quiero encontrarme con alguien de mi ambiente.*
— *Es prácticamente imposible que te encuentres con alguien de tu ambiente.*
— *¿Cómo estás tan seguro?*
— *Las personas de tu ambiente no van a grupos terapéuticos precisamente porque no quieren encontrarse en ellos con personas de su ambiente.*

No sirvió de nada.

Un tercer aspecto, que no está lejos del anterior, es la falsa idea que la mayoría de las personas tienen del trabajo de grupo, fundada, creo yo, en clichés y estereotipos frecuentes en películas o series de televisión. El paradigma del que más frecuentemente se abusa es el de grupo de apoyo, como, por ejemplo, el de Alcohólicos Anónimos [68]. A veces aparecen también otros extraños formatos de terapia de grupo, sobre los que prefiero no hacer comentarios, sobre todo cuando se muestran en clave de comedia.

El miedo del cliente, tal vez oculto tras la fachada de los prejuicios o los estereotipos, es normalmente miedo al compromiso, es decir: miedo al riesgo de quedar más fácilmente al descubierto. Quizás el cliente confía en que en el trato individual podrá manejar o controlar mejor la situación. Como es natural, se manipula o se

---

[68] Mis respetos y mi apoyo a este tipo de grupos.

confía en poder manipular más fácilmente una relación con una sola persona que con varias a la vez.

Dependiendo de mi propia apreciación, tras explorar un poco el asunto, normalmente hago una de estas dos cosas. La primera es, simplemente, dejar de insistir, abandonar la sugerencia. Algunas personas son más vergonzosas que otras, y no es cuestión de forzar nada. Otras se comportan de manera tan evitativa y les cuesta tanto tomar contacto con determinados aspectos propios que ponerlos en una situación donde se asusten más, se protejan más y se pongan más a la defensiva no conduce a nada. Al menos, por el momento, lo que tendríamos no sería más que una tortura inútil.

Pero a veces el asunto me parece lo bastante importante como para ponerle atención, no más adelante, sino de forma inmediata. Y no con el objeto de que el cliente se convenza de la utilidad de un trabajo de grupo para él, sino solamente como una ocasión para abordar la manera en la que el cliente va por la vida: qué le gusta mostrar de sí mismo, qué prefiere ocultar y de qué prefiere, simplemente, no enterarse.

Las relaciones en contexto grupal

Quiero, por último, volver de nuevo sobre el asunto de la manipulación antes apuntado, para decir también algo sobre los asuntos de relación.

Decía hace un momento que quizás el cliente confía en que en el trato individual podrá manejar o controlar mejor la situación. Efectivamente, en grupo resulta más difícil hacerlo, o al menos hacerlo sin que se note. Ahora quiero decir algo en sentido contrario: cuando el cliente lo consigue, la manipulación en grupo puede ser mucho más poderosa y más difícil de manejar por el terapeuta. La teoría de los juegos de Eric Berne realiza, aunque de modo anecdótico, alguna observación interesante en este sentido [69]. La detección y el manejo de este tipo de fenómenos exigen especial atención por parte del terapeuta y a mí, particularmente, me ha resultado de especial utilidad el trabajo en coterapia o la ayuda de un observador [70].

Existen otros fenómenos característicos en los grupos, en cuyo detalle no entraré. Me limitaré a señalar como el más característico de ellos la aparición, no infrecuente, del «cabeza de turco» o «chivo expiatorio» que ocurre cuando una persona se convierte en catalizador de las proyecciones de la mayoría de los miembros del grupo.

¿Qué tienen que ver estos fenómenos con el asunto general de las relaciones? Hay quien dice que, en contexto grupal, el asunto de la relación entre cliente y terapeuta tiene menos peso o menos importancia. Hay quien dice lo contrario.

Yo no creo ni una cosa ni la otra. Creo simplemente que, en contexto grupal, la relación entre cliente y terapeuta queda más difusa o difuminada en el marco de las diversas relaciones que los miembros del grupo mantienen entre ellos y cada uno de ellos con el terapeuta. Además, por definición del encuadre, las relaciones entre ellos son relaciones entre iguales, mientras que las relaciones con el terapeuta son relaciones con alguien que tiene un estatus diferente, normalmente interpretado como superior. En consecuencia, es más probable que aparezcan fenómenos de competición.

No será la primera vez ni la última que me encuentro con que un miembro del grupo plantea una demanda difícil o com-

---

[69] Me refiero, en concreto, al juego «Invernadero». Berne, E.: O.C. Págs. 166-168.

[70] Quiero aprovechar para citar aquí el interesante trabajo *Análisis de la conducción de un grupo en co-terapia*, realizado por Francesc Codina, Pepita del Olmo y Berta Silva, y presentado como tesina en la AETG (España).

plicada con el único propósito de que el terapeuta se ocupe de él, o de afirmar un determinado estatus dentro del grupo. La demanda o mensaje encubierto puede ser «yo también quiero tu atención», o «yo no quiero ser menos importante que este otro», o, por ejemplo, lo contrario: «lo que vale para otros no vale para mí».

Si el terapeuta responde a esta demanda de manera ciega, se encontrará que ha estado contribuyendo a este juego de competición o a cualquier otro juego o relación tramposa que pueda surgir entre iguales. La experiencia me dice, además, que el grupo es especialmente sensible a la forma en que el terapeuta reacciona en estos casos. Toman nota, y actúan en consecuencia.

Así que el asunto de las relaciones en contexto grupal resulta mucho más rico, variado y complejo, tanto para lo fácil como para lo difícil. Como dije antes, me ha resultado de especial utilidad, en este sentido, el trabajo en coterapia o la ayuda de un observador.

IV

Reflexiones epistemológicas

4.1. SOBRE EL MÉTODO GESTÁLTICO

Lo que propongo seguidamente es un análisis y reflexión sobre el enfoque gestáltico en comparación con el enfoque clínico.

El enfoque clínico procede de acuerdo con una metodología característica. Su primer paso consiste en la formulación de un diagnóstico. Para ello se dedica a reunir todas las informaciones que sea posible obtener en torno al síntoma o problema de que se trata, de manera que pueda establecerse el origen o causa del mismo o, como mínimo, pueda tipificarse de algún modo en qué consiste la anomalía dentro de un catálogo nosológico.

En base a este diagnóstico se realiza un pronóstico, basado en la mayor o menor probabilidad o facilidad de que el problema sea resuelto.

Por último se establece o prescribe un tratamiento, consistente en un conjunto de medidas correctoras que permita solucionar el problema o, al menos, paliar sus consecuencias indeseables. En función del resultado del tratamiento puede revisarse este, o revisar tal vez el diagnóstico o el pronóstico, o acabar reconociendo que la ciencia o la técnica quizá no tienen todavía las soluciones más adecuadas. El tratamiento puede ser directamente aplicado por el técnico, o bien este proporciona al cliente, paciente o usuario las indicaciones («prescripciones») pertinentes para su aplicación.

Este método presupone unos roles determinados por parte de las personas implicadas, roles que son, por su propia naturaleza, desiguales y complementarios. Este dato no es en modo alguno circunstancial: forma parte de la esencia del método.

Un rol es el de técnico, que corresponde a la persona que se supone que sabe: sabe diagnosticar porque posee conocimientos técnicos en relación con el organismo u objeto afectado por el problema y con los métodos propiamente diagnósticos; y sabe también elegir o diseñar el tratamiento adecuado. Por tanto, su rol es eminentemente activo.

El otro rol es el de usuario (o cliente, o paciente), que es la persona o colectivo de personas directamente o indirectamente afectados por el problema y que se supone que no saben diagnosticar o, al menos, no conocen el tratamiento adecuado o no saben o no pueden aplicarlo. Incluso puede que no sepan exactamente cuál es el problema. Su rol es pasivo. Es el objeto de la actividad del técnico experto: de sus análisis y exploraciones, de su tratamiento. A lo sumo le corresponde cierta responsabilidad «activa» al objeto de seguir, eso sí, lo más fielmente posible, las prescripciones del tratamiento establecido por el técnico experto.

Consecuentemente, el experto tiene que ir «por delante». Su capacidad para establecer un pronóstico y para establecer o prescribir un tratamiento implica la capacidad de anticipar lo que ocurrirá. Se trata de un método de trabajo y, en consecuencia, de un modelo de relación, fuertemente directivo.

Este método clínico no es exclusivo de la psicoterapia. Es característico de la medicina (no solo la medicina académica occidental, sino también la medicina homeopática, en la cual se da mucha importancia al diagnóstico, e igualmente en el caso de muchas otras medicinas «alternativas»). Pero tampoco es exclusivo de la medicina. Es el método que se sigue, por ejemplo, en cualquier taller de reparaciones. Es el método que sigue cualquier técnico, sea ingeniero, economista o fontanero. Asimismo se practica también por un gobierno o por la dirección de una empresa a la hora de tomar medidas que afecten a la economía, a la seguridad, a la calidad, etc. Es característico, finalmente, de muchas terapias, como las cognitivo-conductuales o como buena parte de las terapias sistémicas. Me permito señalar, como uno de sus máximos representantes actuales, a Giorgio Nardone [71], quien parece no conocer otra forma de trabajo terapéutico efectivo que aquel que es conducido y controlado estrechamente, de principio a fin, por el terapeuta experto. No digo esto con ningún ánimo de crítica, pues considero que el trabajo terapéutico de Nardone es muy efectivo, sino solamente para poner aún más de manifiesto el modelo metodológico y de relación directiva al que me estoy refiriendo.

A diferencia del método clínico, la Terapia Gestalt (y no solo ella, sino también la mayoría de las terapias humanistas o de «tercera vía», entre otras) utiliza un método «fenomenológico». Este consiste, básicamente, en trabajar con lo que hay, con lo que se presenta y tal como se presenta, evitando, en la medida de lo posible, juicios o interpretaciones, y prescindiendo del análisis de causas así como de etiquetas diagnósticas o de cualquier otro tipo de prejuicios.

El reparto de roles entre terapeuta y cliente, aun manteniendo cierta desigualdad o asimetría (uno es el que viene a pedir ayuda y otro el que accede a prestarla), es mucho menos directivo. Teniendo claras connotaciones complementarias, la esencia del proceso se basa en que ninguno de los dos interlocutores es más, o mejor, o mayor, que el otro. Este modelo de relación podría asimilarse al que clásicamente se conoce con el nombre de «encuentro dialógico», tal como lo describe, por ejemplo, la «Terapia centrada en el cliente» de Carl Rogers, así como diversas terapias «existenciales». En el trabajo fenomenológico intervienen conjuntamente ambas subjetividades, la del terapeuta y la del cliente, sin que tenga predominio la una sobre la otra. Se requiere una intervención activa por parte de ambos.

---

[71] Nardone, G.: y Salvini, A.: *El diálogo estratégico. Comunicar persuadiendo: técnicas para conseguir el cambio.* Barcelona, Integral-RBA ediciones, 2006. 147 págs.

El terapeuta es, pues, menos directivo y toma más el lugar de acompañante que de guía. Acompañar al cliente quiere decir ir a su paso: ni por delante, ni por detrás. Claro está que hay diversos modos de acompañar. Uno es el modo empático. Otro, más característico de la Terapia Gestalt, es el modo simpático-confrontativo. Pero no lleva muy lejos que el terapeuta se adelante al cliente, como lo haría en este sentido un guía. Es el cliente el que tiene que descubrir lo que necesita y aprender lo que le conviene. Acompañado, eso sí, del terapeuta. En el único aspecto en que el rol del terapeuta mantiene la característica de experto es en lo referente a modos de explorar la experiencia: el terapeuta sabe mejor «cómo». Pero no sabe «qué» mejor que el cliente.

Porque de lo se trata con el método fenomenológico es de explorar la experiencia. Por eso las preguntas pertinentes son «¿qué?» y «¿cómo?», y es menos pertinente la pregunta «¿por qué?»[72].

Más específicamente: se trata de explorar la estructura de la experiencia, y no tanto su contenido. El contenido es útil en la medida en que nos provee de informaciones de contexto. Por ejemplo, ante alguien que dice «estoy asustado» puede ser útil preguntar «¿qué te asusta?», (buscando la información de contexto). Pero para el trabajo terapéutico es mucho más útil la pregunta: «¿cómo te asustas?». Es investigando la estructura del asustarse como el cliente puede encontrar, con ayuda del terapeuta, opciones de comportamiento más satisfactorias. «Estoy furioso»: «¿cómo te enfureces?». Con frecuencia la exploración de la estructura de la experiencia abre por sí sola opciones de cambio o puede mostrar, sencillamente, que no hay nada que cambiar. Hay también típicas preguntas ¿qué? Por ejemplo: ¿qué sucede?, ¿qué sientes?, ¿qué necesitas?, ¿qué quieres hacer con ello? Todas estas

---

[72] A no ser que pretendamos adentrarnos en la exploración de creencias.

preguntas apuntan a la experiencia, al flujo de la misma, al proceso de adaptación organismo-ambiente. En modo alguno apuntan al análisis de causas ni al establecimiento de diagnósticos.

En capítulos anteriores he expuesto otros ejemplos ilustrativos de lo que quiere decir «explorar la estructura de la experiencia». A medida que nos adentramos en ella lo que menos nos interesa son las causas. Nos interesan más bien los «cómo» y las opciones que a partir de ahí se nos abren. La salida de la situación viene orientada por la pregunta: «¿qué quieres hacer con ello?». Por tanto, la salida de la situación consiste en una decisión.

Deseo comentar, a este respecto, una vivencia personal, en el contexto de una formación dentro de la empresa. Se trataba de una formación en una técnica clásica de «análisis y solución de problemas»: el método «Kepner y Tregoe [73]», un riguroso y eficaz método para determinar las causas de un problema técnico y orientar, por tanto, su solución. El director de personal mostró su interés por la posible aplicación del método a la resolución de problemas humanos. Responde el ingeniero experto:

— *Sí, pero con algunas variantes.*
— *¿Qué variantes?*
— *La primera: frecuentemente, cuando se trata de problemas humanos, hallar la causa no orienta o no es suficiente para orientar la decisión.*

Y el ingeniero experto ilustró su afirmación con diversos ejemplos.

— *Has dicho decisión, pero yo creía que se trataba de solución. ¿No es así?*

---

[73] Kepner y Tregoe®.

— *En el plano técnico algunas veces se encuentra una solución que elimina todo problema. Pero, más frecuentemente, una solución que elimina un problema crea otro de otro tipo o en otro sitio. Por eso, en definitiva, la cuestión se plantea frecuentemente en términos de cuál es el problema que queremos prioritariamente eliminar y cuál otro estamos dispuestos a asumir. Por eso, prefiero hablar de decisión más que de solución. Y esto, que cuando se trata de problemas técnicos frecuentemente es así, cuando se trata de problemas humanos resulta inapelable.*

El que así hablaba, repito, era un ingeniero [74].

A veces utilizo una metáfora sencilla para ilustrar este punto de vista: pongamos que del tejado de una casa se ha desprendido un cascote que ha impactado en el techo de mi coche que, como consecuencia, ha quedado fuertemente abollado. ¿Qué hago con la abolladura del techo de mi coche? ¿Es que saber la causa de la abolladura me va a servir para algo? ¿Es que la solución para la abolladura consiste en reparar el tejado de la casa?

Creo que el método fenomenológico es adecuado para encarar decisiones más que soluciones, en el sentido antes descrito. Por supuesto, también hay soluciones. En tales casos normalmente estas aparecen. Según mi experiencia, aparecen mas fácilmente cuanto más nos comprometemos con la experiencia —*¿qué quieres hacer con ello?*—, y no aparecen tan fácilmente cuando se produce una búsqueda afanosa de las mismas.

Insisto: el método fenomenológico es, fundamentalmente, un método «paso a paso» y, por lo tanto, sin itinerario prefijado[75].

---

[74] Aprovecho para dedicar aquí un cariñoso recuerdo a Juan Llamas, que es el ingeniero-consultor de quien hablo. Un hombre de amplia experiencia, del que aprendí mucho y con el que mantuve interesantísimas conversaciones.

[75] *Caminante, son tus huellas el camino y nada más. Caminante, no hay camino, se hace camino al andar.* ¿Hace falta citar el autor?

Aunque dispongamos de modelos o referencias cognitivas que nos permitan encuadrar lo que vamos haciendo. Un itinerario paso a paso es un flujo, un devenir hecho de una sucesión de momentos aquí y ahora, que toma un rumbo sano si no lo interferimos. El sentido del flujo es su propia sucesión. ¿Quién puede predecir el curso de un río antes de recorrerlo? Y esta metodología paso a paso viene dada por el enfoque de Perls de poner atención a lo obvio.

Se suele decir que la metodología clínica es una metodología científica, mientras que la metodología fenomenológica es una metodología intuitiva. No estoy de acuerdo en absoluto. Las personas clínicamente más competentes se sirven de grandes dosis de intuición. Así se han producido también la mayor parte de los descubrimientos científicos. Por más que, tanto en un caso como en otro, la técnica pueda, de hecho, arropar, apoyar o incluso guiar los trabajos.

Y tampoco creo que la metodología fenomenológica se base principalmente en la intuición. En mi experiencia y en mi opinión se basa más bien en la observación. Luego, la experiencia, la intuición e incluso la técnica también ayudan. Pero sin la capacidad de poner atención a lo obvio no hay trabajo gestáltico posible.

Quiero, para finalizar este capítulo, decir algo sobre lo que comúnmente se llama «clínica gestáltica». Dicho así, sin más, parece una contradicción en los términos. En la práctica, sin embargo, cuando en algunos escritos he leído esta expresión de «clínica gestáltica» se refería, ni más ni menos, que a la experiencia en el trabajo con clientes.

La cuestión se plantea en otros términos cuando queremos utilizar la Terapia Gestalt en el trabajo con personas diagnosticadas clínicamente, al modo clásico. Creo que hay que tener sumo cuidado en lo que decimos cuando hablamos de «clínica gestáltica» en estos casos. Los diagnósticos clínicos vienen habitualmente formulados en términos del DSM, o cualquier otro sistema nosológico. Lo primero a decir es que la Terapia Gestalt no fue creada para realizar este tipo de diagnósticos ni para tratar las correspondientes enfermedades, ya que ni este sistema de diagnóstico le es propio (opera con categorías nosológicas completamente diferentes de las gestálticas) ni la Gestalt opera como un tipo de tratamiento en el sentido clínico descrito más arriba. Ni siquiera el concepto de «enfermedad» es propio de la Gestalt.

Otra cosa es que investiguemos y encontremos, con ayuda del método gestáltico, algunas características comunes en clientes diagnosticados del síndrome «X», o, por el contrario, algunas características claramente diferentes entre ellos, que nos lleven a preguntarnos cómo sus situaciones pueden estar agrupadas bajo la misma etiqueta diagnóstica.

Todo ello puede ser objeto de debate, análisis o reflexión en los círculos profesionales adecuados, y también podemos contrastar qué visión tenemos de tal o cual caso desde la óptica gestáltica, o qué tipo de ayuda eficaz se puede prestar o no a estos clientes desde el trabajo gestáltico, o cuáles son nuestras posibilidades y limitaciones. Aquí podemos utilizar el término «sesiones clínicas» a falta de otro mejor en el vocabulario común, pero evitando confusiones.

4.2. ÉXITO Y FRACASO EN TERAPIA

El fracaso

Las nueve de la noche. A punto para cenar. Llama el vecino a la puerta (no el cartero, que no suele llamar a estas horas):

— *¿Tienes un poco de lechuga, que se me ha olvidado comprar?*
— *No, no tengo.*
— *¿Y endivias?*
— *Tampoco. Tengo, si quieres, tomates o zanahorias.*
— *No, gracias, no es lo que busco. Vale, buenas noches.*

¿Fracaso? ¿Qué fracaso? ¿Qué vecino, en su sano juicio, diría: «he fracasado»? Podría decir más bien: «no he encontrado lo que buscaba». ¿Decepción? Eso, tal vez. Pero fracaso… el fracaso es otra cosa.

Decepciones hay muchas. Voy al cine a ver una película que me interesa. No quedan entradas. Decepción. Frustración, incluso. Pero fracaso… el fracaso es otra cosa.

— *¿Voy bien para la estación?*
— *No, para la estación es por esa otra calle.*

Y, sencillamente, cambio de calle. Corrijo el rumbo.

¿Quién ha fracasado aquí? Podríamos decir que nadie. Pero en mi opinión esta es una falsa respuesta. En mi opinión, la pregunta no admite ninguna respuesta válida porque, sencillamente, la pregunta carece de sentido.

Para hablar de fracaso hace falta que yo me haya empeñado en que la estación tiene que encontrarse siguiendo la calle por la que voy. Y como no está entonces vivo la frustración con dolor, o con rabia, o con rebeldía. Puedo culpar a otros: el mundo está mal hecho, el mundo está equivocado. El mundo no responde a mis expectativas. O puedo culparme yo: no he sabido, no he acertado, no he sido capaz. He fracasado.

¿Ha fracasado el vecino que pedía lechuga? La habrá encontrado en otro sitio, o habrá preparado una cena sin lechuga. ¿Cuál es, entonces, el asunto? Para hablar de fracaso hace falta que yo me empeñe en que el resultado tenga que ser este y no pueda ser otro, y que el camino para alcanzar el resultado tenga que ser este y no pueda ser otro.

Por tanto, insisto, la experiencia que llamamos fracaso solo es posible cuando yo me empeño de manera rígida en un objetivo concreto, en un camino concreto hacia tal objetivo, o cuando tengo demasiadas prisas en llegar al objetivo o en encontrar el camino certero cuanto antes. Y si el camino no es este, y tampoco ese, y tampoco aquel, entonces estoy fracasando. ¿Y si mi objetivo está confundido? ¿Y si el camino es difícil de encontrar? ¿Y si simplemente, no hay camino, porque el lugar al que quiero llegar es aquel en que ya estoy, y lo único que sucede es que aún no me he dado cuenta?

Anthony de Mello, en su sabroso librito titulado *El canto del pájaro*[76], cuenta la historia de un pececillo que iba nadando a toda velocidad, cuando encuentra a un viejo pez:

— *Pececillo, ¿dónde vas tan deprisa?*
— *Estoy buscando el mar.*
— *Pero el mar es esto, aquí, donde tú estás.*
— *No puede ser. Esto no es más que agua.*

---

[76] De Mello, A.: *El canto del pájaro*. Santander, Ed. Sal Terrae, 1982. 216 págs.

Y el pececillo siguió nadando a toda velocidad [77].

Asimismo Paul Watzlawick [78], en su también sabroso librito *Lo malo de lo bueno*, nos cuenta hacia el final de la historia de un buscador:

— *Visto desde fuera, su problema era bien trivial. Cada vez ponía en duda solo el objetivo buscado, pero no, en cambio, la búsqueda misma* [79].

Veamos el mismo asunto desde un punto de vista menos metafórico, o poético, o filosófico. Desde un punto de vista más pragmático, que tiene que ver, no con las metas, sino con los caminos.

Cuentan que Thomas Alva Edison realizó más de cien experimentos hasta conseguir la incandescencia estable de un filamento y que cuando alguien le hizo la observación de que llevaba más de cien fracasos contestó simplemente que ya tenía una lista de más de cien maneras inadecuadas para conseguir la incandescencia que buscaba.

Hoy lo conocemos como el inventor de la bombilla eléctrica.

Si tomo un camino para llegar a un lugar y compruebo que por ahí no voy bien, simplemente tomo otro camino. Si la situación se repite varias veces puede resultar frustrante y, en este sentido, incómoda. Si puede más mi curiosidad o mi interés, continúo. Si no es así, abandono.

Como recomienda Jorge Bucay: *cuando usted se encuentre en un callejón sin salida, no se preocupe; simplemente salga por donde ha entrado.*

---

[77] De Mello, A.: O.C. Pág. 26.
[78] Watzlawick, P.: *Lo malo de lo bueno*. Barcelona, Ed. Herder, 1990. 134 págs.
[79] Watzlawick, P.: O.C. Pág. 129.

El ejemplo de Edison tiene que ver con la resolución de un problema técnico. ¿Qué puede impedirme adoptar una perspectiva semejante en terapia?

— Es posible que el cliente o yo nos estemos empeñando en insistir en el mismo enfoque en lugar de probar enfoques diferentes.
— Es posible que el cliente o yo estemos compulsivamente probando diferentes enfoques llevados de mi propia ansiedad o de la ansiedad del cliente para encontrar un enfoque satisfactorio, o de mis propias prisas o de las prisas del cliente para encontrar soluciones o salidas.
— Es posible que el cliente o yo nos estemos empeñando en un camino de solución porque uno u otro o ambos creemos que es el adecuado o porque otras veces ha funcionado, sin reconocer en el aquí y ahora que el camino, no solo no funciona, sino que en este empeño estamos consiguiendo exactamente lo contrario de lo que el cliente o yo pretendemos.
— Es posible que el cliente o yo no estemos siendo capaces de reconocer nuestros propios límites, que nos estemos empeñando en encontrar alguna opción que realmente no está a nuestro alcance, simplemente porque no sabemos o no podemos, pero nos negamos a reconocerlo.
— Es posible que nos hayamos embarcado en algún objetivo o meta, o en un camino, simplemente imposible.

Este asunto del fracaso es, pues, de carácter poliédrico. Tiene muchas caras, se puede manifestar de muchas formas. Hay muchas maneras de abocarse al fracaso: hacerse cargo de demandas imposibles, o de demandas que tienen aspecto de reto o provocación, poner el listón muy alto o andarse con pretensiones (o expectativas, o buenas intenciones) excesivas, etc.

En mi opinión, cuando «fracasamos» no hemos hecho otra cosa que tocar nuestros propios límites, y si algo nos enseña esta experiencia a la que llamamos fracaso es, precisamente, a reconocerlos [80].

La reflexión anterior se refiere al «fracaso» en términos de tarea, o de objetivos. Pero, como hemos visto anteriormente, la tarea se produce siempre en el contexto de una relación, con independencia de que esta responda a una propuesta transparente o a una propuesta enmascarada o manipulativa. En este segundo caso, poder identificar la pauta de relación y elaborarla (en la situación viva con el cliente o en un espacio de supervisión) y cambiarla o manejarla de otra manera resulta decisivo para el progreso de la terapia. Cuando el terapeuta tropieza con alguna de las dificultades o cae en alguna de las trampas que acabamos de enumerar podemos preguntarnos qué le ha llevado a ello, qué actitud es la que le hace enfermar de ceguera. Me atrevo a afirmar que, las más de las veces (por pura prudencia no me atrevo a afirmar que siempre), en la base de tal actitud se halla una propuesta de relación encubierta o manipulativa por parte del cliente y aceptada por el terapeuta, o incluso generada por él mismo. Mensajes (técnicamente mejor dicho: «metamensajes») del tipo «yo sé lo que a ti te conviene», o «yo puedo con todo», o «nadie te ayudará mejor que yo» le llevarán inevitablemente al fracaso. Me atrevo nuevamente a afirmar que, sobre la base de una relación transparente (o limpia, o «exenta de tonto», en términos del A.T.) no es posible el fracaso, precisamente en la medida en que uno y otro interlocutor, terapeuta y cliente, reconocen y valoran sus propios límites y que, por tanto, el fracaso terapéutico, más allá de un fraca-

---

[80] Bernáldez, A.M., Dicuzzo, C. y Sánchez, F.: *El impacto de la actividad terapéutica en el crecimiento y desarrollo personal del terapeuta*. Páginas 113-115.

so de la tarea es, principalmente y con toda probabilidad, un fracaso de la relación.

No se pueden pedir peras al olmo. El olmo lo sabe. Si alguien se le acerca y le pide peras puede responder con tranquilidad: *Peras no tengo, pero puedo darte, si te apetece o si estás cansado, una buena sombra.* Si el caminante insiste, el olmo puede quizá compadecerse, pero no puede hacer nada más al respecto.

Fracasar como terapeuta implica, pues, empeñarse en ser toda clase de árboles frutales a un tiempo. Lo cual, bien visto, automáticamente deja de ser un problema dado que tal cosa es sencillamente imposible. Para salvarse del fracaso es suficiente con reconocerse y validarse como quien se es, y no empeñarse en ser quien no se es [81].

El éxito

J. Haley, en «El arte de fracasar como terapeuta» [82] comienza diciendo: «Todavía no tenemos, en el campo de la terapia, una teoría del fracaso» [83]. Ilustrando esta afirmación, menciona diversos experimentos y observaciones en los que se da cuenta de historias de clientes que mejoran sin terapia o incluso empeoran con ella. Este punto de vista no es ni mucho menos nuevo [84].

---

[81] Parafraseando la conocida expresión de Arnold R. Beisser que él mismo explica en su «Teoría paradójica del cambio». Fagan, J. y Shepherd, I.: *Teoría y técnica de la psicoterapia gestáltica.* Buenos Aires, Amorrortu editores, 1973, págs. 82-85.

[82] Haley, J.: *Tácticas de poder de Jesucristo y otros ensayos.* Buenos Aires, Ed. Amorrortu, 1973. Págs. 71-78.

[83] Haley, J.: O.C. Pág. 71.

[84] Véase, en este sentido, el interesante artículo de Semerari, A.: «¿Y si un geniecillo me estuviera engañando todo el rato? Convicciones de autoengaño y trastornos inducidos por la psicoterapia», reseñado en el capítulo 6.2 de bibliografía.

Decir que no tenemos una teoría del fracaso es lo mismo que decir, por pasiva, que tampoco tenemos una teoría del éxito. Yo, desde luego, por ahora no la tengo. Por el contrario, en mis comienzos como terapeuta lo tenía clarísimo. El éxito consistía en que el cliente había solucionado su problema, o alcanzado su objetivo, o, simplemente, se mostraba satisfecho y agradecido, porque «habíamos hecho las cosas bien». Obvio es decir lo que esta afirmación implica: «yo había hecho las cosas bien».

En mis comienzos como terapeuta y en los comienzos de la mayoría de los terapeutas que veo en supervisión existe mucha preocupación por los «fracasos» (en el sentido de «algo hice mal») pero no suele existir ninguna preocupación por los «éxitos» (puesto que si el éxito significa «acerté, lo hice bien» solo puede ser motivo de satisfacción y no constituye objeto de preocupación en modo alguno). Pero esto, francamente y valga la redundancia, me resulta preocupante.

> *Estúpido es aquel que no sabe reponerse de un fracaso, pero solo es verdaderamente sabio aquel que sabe reponerse de un éxito* [85].

¿Cuándo cree un terapeuta que la terapia por él conducida ha sido un éxito? Las respuestas más comunes suelen ser, como acabo de mencionar: cuando vemos en el cliente determinados cambios, cuando el cliente se muestra satisfecho, etc.

Parece obvio que si el cliente se muestra verdaderamente satisfecho la terapia le habrá servido para algo aunque, a veces, no sepamos para qué. Esto no admite mucha discusión. Pero cuando se trata de valorar cambios, y es el terapeuta el que hace una valoración positiva ¿de qué clase de cambios se trata? ¿De los que el terapeuta espera, o da como buenos? ¿En función de qué criterio?

---

[85] Lamento no recordar el nombre del autor de tan brillante observación, leída, en cierta ocasión, en un calendario de sobremesa. Mis disculpas a quien corresponda.

En la tesina que para el acceso a la condición de miembros titulares de la AETG elaboramos conjuntamente Ana Mª Bernáldez, Cristina Dicuzzo y yo, y que ya he citado con anterioridad, formulamos unas observaciones que recogimos durante el proceso de análisis de las más de treinta entrevistas realizadas a otros tantos terapeutas. En el transcurso de las mismas preguntamos a los terapeutas sobre la eficacia de su trabajo. Pues bien: en la mayoría de los casos los descriptores que nuestros entrevistados utilizaron para responder eran, al pie de la letra, los mismos que habían utilizado para responder a una pregunta anterior sobre la utilidad para ellos mismos de su propio proceso terapéutico.

Lo cual sugiere una interesante hipótesis que también formulamos en la referida tesina: ¿será que los criterios (subjetivos, por supuesto) de éxito o eficacia terapéuticas se basan en la similitud entre lo que le ocurre al cliente y lo que lo que le ocurrió al propio terapeuta y que este valoró como progreso?[86] En otras palabras: ¿será que una terapia tiene éxito, a juicio del terapeuta, cuando cumple las expectativas del propio terapeuta, cuando el cliente consigue lo que el propio terapeuta consiguió e incluso lo que anhelaba conseguir pero no llegó a conseguirlo?

En Terapia Gestalt sostenemos, y lo suscribo plenamente, que el principal instrumento terapéutico del terapeuta es la propia persona del terapeuta. Sobre esta base muchos sostienen, y esto ya no lo comparto en absoluto, que un terapeuta solo puede ayudar a un cliente a recorrer un camino cuando él previamente lo ha recorrido, y que difícilmente puede ayudar a realizar un recorrido que desconoce.

Esto es cierto solo en parte. En el plano físico, para ser un buen guía hay que tener un buen conocimiento, o mapa, del territorio, y hay que conocer los mejores lugares de paso. Pero

---

[86] Bernáldez, A.M., Dicuzzo, C. y Sánchez, F.: O.C. Págs. 70-73.

en el terreno psicológico, o emocional, o relacional, esto no es necesariamente así, ni tiene por qué serlo.

Claro está que la experiencia del propio proceso puede ayudar o facilitar el proceso de otros, pero también puede ser una trampa para osos: el terapeuta valora el progreso del cliente en función de que siga o no sus propios pasos. Y no es ni mucho menos evidente que este haya de ser un criterio fundamental. Ni siquiera es, muchas veces, un criterio válido. Implica la creencia de que existe un único mapa válido de la realidad y, en consecuencia, un único mejor camino.

Espontáneamente se me ocurre el paralelismo: ¿cuándo está un padre satisfecho con un hijo? ¿Cuando este sigue su propio camino, por desconcertante que le resulte al padre? ¿O cuando simplemente cumple sus expectativas?

Es perfectamente natural ver la propia imagen cuando alguien se mira en el espejo. Pero si como ocurre en el mito de Narciso, uno acaba enamorándose de ella, ya no verá nada más.

De eso se trata. De poder ver al cliente. Narciso no ve al cliente. Solo se ve a sí mismo, solo ve lo que él hace por el cliente, y cómo lo que él hace por el cliente le ayuda o le facilita cambiar. Dicho en otras palabras: la medida del éxito de la terapia viene dado por el grado en que esta confirma las creencias del propio terapeuta sobre lo que es progreso o eficacia terapéuticas y, correlativamente, por el grado en que el cliente responde o se adapta a las propias propuestas (encubiertas o manipulativas) de relación del terapeuta: «mira qué bien te trato», o «nadie te comprende tan bien como yo», o «yo sé lo que te conviene», o «aunque tú te escondas yo te encuentro», etc. Al igual que el fracaso bien puede ser, en muchos casos, un «fracaso» de la relación, el éxito también podría ser un «éxito» de la relación. Pero ¿de una relación auténtica? o ¿de una relación manipulativa?

Recientemente me decía un colega, a propósito de un «éxito»: *hay cambios que se producen por sí solos, con el tiempo, y yo he tenido la suerte de que estos cambios* (hablaba de un cliente) *se han producido durante la etapa en que él estaba en terapia conmigo.* Destaco la opinión de este colega por su sencillez. Personalmente y con el paso del tiempo, cada día me voy considerando menos actor (o actor copartícipe) de los cambios que el cliente realiza, y me voy teniendo a mí mismo, en muchas ocasiones, como testigo privilegiado de cambios que se producen por sí solos, en ocasiones fuera de mi alcance, o que el cliente por sí mismo, al margen e incluso, también en ocasiones, en contra de mi intervención. Este punto de vista me parece congruente con el enfoque gestáltico, cuyo método he descrito como «fenomenológico», y se aleja radicalmente del enfoque o método clínicos.

Metafóricamente me gusta decir que el trabajo terapéutico se asemeja al de un músico que interpreta una partitura sobre un clavicordio de cuyo teclado solo alcanza a ver una parte, sin tener tampoco forma de saber o de valorar cuál es la parte que no alcanza. Además, la parte que alcanza a ver se halla semioculta por un velo. Algunas veces no está seguro de saber cuál es la tecla que ha tocado, o escucha acordes o discordancias de naturaleza misteriosa cuyo origen se le escapa.

Reconozcámoslo: ¿cuánto de la satisfacción por el éxito de una terapia tiene que ver con que al cliente le vaya mejor, y cuánto tiene que ver con la autosatisfacción narcisista de lo buenos que somos como terapeutas? Y con esta pregunta no pretendo invalidar nada. Porque, en primer lugar, por muy narcisista que sea el terapeuta, es posible que su trabajo sea realmente de utilidad para el cliente. En segundo lugar, reconozco a todo el mundo el derecho a disfrutar pensando «¡qué guapo soy!» o «¡qué bien lo hago!». Digo, eso sí, que con eso no basta. Que este no puede ser el criterio supremo.

Lo único que pretendo hacer aquí es ampliar un poco el abanico de puntos de vista. En este sentido quiero señalar dos que, en mi opinión, tienen la mayor relevancia.

El primero es el disfrute. El gozo. No tanto la satisfacción que proporciona lo bien hecho, sino el puro gusto de hacerlo. No hay ningún criterio externo. No hay resultados que validen nada. Simplemente, me gusta lo que hago, pase lo que pase, y disfruto haciéndolo. Vale la pena por sí mismo, sea cual sea el resultado. Naturalmente, se trata de un gozo con los ojos abiertos, no una especie de masturbación que no tiene en cuenta al cliente. Por tanto, se trata de un disfrute en la relación, no al margen de ella.

El segundo es el aprendizaje. El trabajo terapéutico constituye una espléndida y privilegiada ocasión de aprender, comparable a la de algunas actividades artísticas.

Aprender es distinto de tomar al otro como conejillo de indias. No se trata de hacer experimentos con el otro, sino de aprender a estar con el otro desde una presencia plena y congruente, y aprender lo que esta situación da de sí, realizando observaciones o descubrimientos concretos, o no, o simplemente estando presente, fluyendo conscientemente, en el momento presente, de modo curioso y creativo a la vez, sin exigencias ni manipulaciones. Esta actitud no resulta para nada lejana a la que acabo de mencionar sobre el disfrute.

A partir de ahí decido qué hacer con ello: retirarme, u ofrecerlo como regalo genuino al otro, sin más pretensiones, con la libertad de que habla Virginia Satir cuando enuncia[87] sus conocidas «cinco libertades».

He tenido noticias de terapeutas que han dejado de hacer terapia porque sienten que ya no aprenden nada con ella, o que lo poco que aprenden ya no les compensa el esfuerzo. Me parece una postura profundamente sana, sensata y realista. Me apunto a ella.

---

[87] Ya citadas anteriormente, en Satir, V.: *En contacto íntimo. Cómo relacionarse con uno mismo y con los demás.* Págs. 19-20.

4.3. LÍMITES Y TRAMPAS DE LA TERAPIA

Las trampas de la terapia

En el anterior epígrafe 4.2, sobre el éxito y el fracaso en la terapia, ya he señalado algunas de las «trampas» en que se puede meter el terapeuta. Asimismo en otros capítulos anteriores he ido también señalando diferentes trampas más habituales en el encuadre inicial o a lo largo del proceso. Recogeré aquí las principales y añadiré algunas otras.

En general las trampas tienen que ver no tanto con los hechos o fenómenos que se producen o se pueden producir en terapia, sino con ciertas expectativas infundadas que se pueden tener al respecto y que, en general, tienen que ver con la pretensión de ayudar. Aunque ya he aludido a ella en varias ocasiones con anterioridad, he optado por mencionarla aquí de forma más específica. Dice Whitaker a este respecto:

> — *Sin embargo, se trata de un asunto delicado... Tratar de venderles mi modelo de vida solo socavaría sus recursos, sus capacidades. Tienen que descubrir su propia fórmula, en lugar de tratar de imitar la mía. Todo este asunto de <u>ayudarlos</u> es realmente bastante aterrador. Tratar de <u>ayudarlos</u> los rebaja, porque sugiere que mi manera de vivir es superior a la de ellos. Dados los muchos terapeutas que he conocido, incluido yo mismo, no veo que haya pruebas de este supuesto. Para decirlo sucintamente: ayudar no ayuda*[88].

---

[88] Whitaker, C.A. y Bumberry, W.M.: *Danzando con la familia. Un enfoque simbólico-experiencial.* Barcelona, Ed. Paidós, 1991. Pág. 48. <u>Los subrayados son del autor</u>.

Recuerdo un chiste que oí contar a Alejandro Jodorowsky en una entrevista por televisión. En forma abreviada (la narración es mucho más larga) dice así:

Los discípulos de Jesús están muy preocupados por la vida sexual del Maestro: no se le conocen relaciones con mujeres. Piden ayuda a Magdalena, y conciertan una cita privada entre Jesús y ella. Después de un largísimo tiempo de silencio, durante el cual la preocupación de los discípulos aumenta, Magdalena sale corriendo despavorida, gritando y con una mano puesta en el sexo. Temiendo que haya podido ocurrir lo peor, entran a ver al Maestro y le preguntan: «¿qué ha pasado?» El maestro responde: «Me enseñó sus pechos, y yo le enseñé los míos. Me acarició la mejilla, y yo le acaricié la suya. Me enseño lo que tenía entre las piernas y, viendo que tenía una heridita, pues se la curé». El entrevistador pregunta:

— *Y ¿cuál es la enseñanza?*

Respuesta de Jodorowsky:

— *Que cuando vayas a ver a un terapeuta, tienes que tener cuidado con él. A ver de qué te va a curar.*

Hay otras limitaciones que tienen que ver con el establecimiento de ciertas pautas acomodaticias, ciegas, o rígidas. Algunos clientes tienden a adaptarse a zonas cómodas (creo que todo el mundo tenemos esta tendencia, por economía de esfuerzo), pero esto no es ni mucho menos un obstáculo insalvable si el terapeuta está atento.

Sin embargo, con el paso del tiempo, ambos, terapeuta y cliente, pueden ir estableciendo ciertas rutinas. Es natural que sea así. Cuando esto se constata, es momento de replantearse los objetivos de la terapia.

Pero cuando estas rutinas acomodaticias coinciden con alguna pauta de comportamiento o de intercambio común, ciega para ambos, es posible que tarde en detectarse que el trabajo terapéutico no progresa. Supongamos, por ejemplo, que el cliente tiene gran necesidad de seguridad, y manipula la relación para obtener dicha seguridad y que nada la inquiete. Supongamos, en el mismo caso, que el terapeuta disfruta cuando ve al cliente feliz con la seguridad que encuentra en la relación, y que el terapeuta tiende a adoptar este rol de manera automática, porque él mismo se siente seguro cuando no se percibe ni es percibido como fuente de amenaza. Las necesidades ciegas de uno y otro inciden en la misma zona.

En casos así el trabajo terapéutico no progresa, y esta falta de progreso, como digo, tarda en ser detectada. En casos así me parece imprescindible la labor de supervisión.

Otras limitaciones se refieren a las posibilidades o alcance del trabajo terapéutico. Algún cliente me ha preguntado en alguna ocasión:

— *¿Pero esto tiene cura?*

Tras la pregunta de este cliente estaba la siguiente presuposición: había una vieja herida, recibida tempranamente, que todavía estaba sin cerrar. No es que el cliente desconfiara de si se podía cerrar: más bien tenía miedo de que no quedara bien cerrada o de que se pudiera volver a abrir con facilidad.

Discutimos tranquilamente esta presuposición, no para decidir si estaba fundada o no, si era razonable o no, sino para examinar sus implicaciones, sus consecuencias. Mi punto de vista es que cualquier herida, vieja o no, grande o no, puede cerrarse. Lo que ocurre es que muy probablemente quede alguna cicatriz. Y hay cicatrices que cuando cambia el tiempo (la temperatura, la humedad, etc.) se resienten. Queda una especie de hipersensibilidad que, en circunstancias especiales, aparece en forma de molestia, más que de dolor. Pero eso no significa que la herida vuelva a sangrar, a menos que se reciba un nuevo golpe.

Hay también clientes (y me temo que también terapeutas) que acaban confundiendo la terapia con la vida o, al menos, privilegiando excesivamente la terapia. Así convierten a esta en una sucesión interminable de objetivos y problemas, como si ya no supieran conducir su vida sin contar con esta ayuda o guía tan importante. Otros clientes vienen a terapia para sentir o experimentar cosas especiales. Ya he mencionado antes estas trampas y también he sugerido maneras de abordarlas.

Otras trampas son más sutiles, y puede caer en ellas tanto el terapeuta como el cliente. Por ejemplo, la sutil expectativa de que el progreso se produce de manera rectilínea, o casi. O la sutil expectativa de que un aprendizaje se consolida por sí solo. Dice el cliente: «he vuelto a caer en lo mismo». O bien es el terapeuta quien así piensa respecto del cliente.

No me refiero aquí al modelo «pelar la cebolla», de acuerdo con el cual cada nueva capa se asemeja mucho a la anterior, ni tampoco al modelo de progreso en espiral. Estoy pensando en aspectos mucho más prácticos. Por ejemplo: una persona aprende a enfocar su atención de una manera nueva, y descubre algo sobre sí mismo que le abre nuevas opciones. Esto es un progreso solo relativo. Si lleva toda su vida enfocando la atención de otra manera o en otra dirección, o bien evitando hacerlo, que realice un aprendizaje nuevo solo es un progreso puntual, un primer paso en este progreso. No se trata todavía, ni mucho menos, de un aprendizaje consolidado, porque la inercia de los viejos hábitos es enorme. Y para cambiarlos hace falta algo más que un *insight*. Hace falta, además, paciencia y continuidad. Hace falta una atención mantenida. Y esto puede resultar aburrido o poco emocionante.

Pero incluso cuando puede observarse un aprendizaje continuado o consolidado, nunca estamos a salvo de que circunstancias especialmente difíciles no hagan resurgir los viejos hábitos. Y eso no significa retroceso. El cliente ha aprendido a caminar de otra manera y ya no resbala. Pero este invierno hace mucho frío y el suelo se hiela, y el cliente nuevamente resbala. Eso no es ningún retroceso, solamente nos proporciona una nueva oportunidad para revisar y consolidar aprendizajes. También puede ocurrir lo contrario: las circunstancias son tan favorables que el cliente ya no necesita poner tanta atención, y entonces se confía y se despista. Y vuelve a resbalar. Eso tampoco me parece retroceso. Hay que tener cuidado, en este sentido, con ciertas lecturas desafortunadas que se pueden hacer de los hechos cuando estas cosas ocurren, como, por ejemplo:

— *Cuando todo parece ir bien, es un presagio de que algo malo ocurrirá a continuación.*

En cualquier caso, por simple ley de probabilidades, a una época mejor sucederá una época peor, y viceversa. Sencillamente, así son las cosas. En un sentido semejante, algunos clientes preguntan si es posible una «curación definitiva». Es lo mismo que preguntar: «¿no volveré a resbalar?» o «¿no me volverá a doler?». Solo encuentro una respuesta:

— *Depende.*

También creo que hay que tener cuidado con las valoraciones que se hacen con insuficiente perspectiva temporal. No será la primera vez que me encuentro con un cliente que pide ayuda para tomar una decisión y, en un par de sesiones, el asunto parece estar ya resuelto, es decir: el cliente toma la decisión, asume sus consecuencias, y sigue adelante. Pero tampoco será la primera vez que el cliente parece haber tomado una decisión, y luego la revisa para tomar la contraria, y así sucesivamente. Podemos trabajar con la hipótesis de un conflicto de polaridades y abordar el asunto desde aquí. Este enfoque puede ser, en la práctica, insuficiente. Con el paso del tiempo se va poniendo de relieve, empieza a destacar como figura, que lo que realmente le gusta al cliente es el juego de ir y venir, el ejercicio de deshojar la margarita. Le gusta y, al mismo tiempo, le hace sufrir, evidentemente. Pero no sabría qué hacer con su vida si no se dedica a deshojar margaritas. Estamos aquí en presencia de una tendencia o hábito del cliente. Entonces podemos abordar el asunto de otra manera. Pero, naturalmente, la trampa en este caso consistiría en interpretar cada revisión de la decisión anterior como un «retroceso» terapéutico.

He observado una frecuente confusión, que constituye una fuente de trampas diversas, a propósito de ciertas expectativas ligadas a la idea de bienestar, o sea, bien-estar, o sea, estar bien. En general la expectativa que confunde es la que puede adquirir cierto estado y mantenerlo. Por ejemplo: por medio del trabajo gestáltico una persona amplía notablemente su capacidad de conciencia. Empecemos por felicitarnos. Evitemos, llegados a este punto, caer en el error de que la conciencia constituye un «estado» que, una vez conseguido, se mantiene de modo permanente: el sujeto ya se puede dar cuenta de todo y siempre. Eso es algo que, simplemente, no es posible. Todos los fenómenos vivos se caracterizan por un movimiento de flujo y reflujo constante de expansión y retracción. El clásico modelo gestáltico «contacto-retirada» es una perfecta ilustración de lo que estoy diciendo y, en este sentido, creo que el mejor paradigma es la respiración.

Hay personas que tienen la tendencia a empujar el bienestar. Si tomamos como referencia el paradigma respiratorio, es obvio que yo puedo ampliar mi capacidad pulmonar o, para ser más precisos, aprovecharla mejor, pero eso no significa que deba o pueda mantener mis pulmones en un constante estado de expansión o plenitud. Eso significaría la muerte por asfixia. Es necesario primero soltar el aire para luego tomarlo de nuevo. La capacidad de inspiración es exactamente la misma que la capacidad de espiración. La posibilidad de experimentar placer es la misma que la capacidad de experimentar dolor. La amplitud o profundidad de la actividad es proporcional a la capacidad regenerativa del descanso. Y así sucesivamente. La ampliación de la conciencia lleva consigo este mismo movimiento o flujo de expansión y retracción.

El verdadero equilibrio está hecho de un juego de desequilibrios que se compensa de manera dinámica, y no constituye para nada un punto fijo o inmóvil. Basta observar cómo funciona el equilibrio del universo o de cualquier sistema ecológico. Las personas también funcionamos así.

Por tanto, no se trata tanto de alcanzar o mantener un «estado» cuanto de liberar el movimiento de flujo y reflujo, que me permite, por ejemplo, disfrutar de la alegría cuando toque y disfrutar de la tristeza cuando llegue el momento.

No tienen desperdicio, en este sentido, las palabras del libro del Eclesiastés:

— *Todo tiene su momento, y cada cosa su tiempo bajo el cielo: su tiempo el nacer, y su tiempo el morir; su tiempo el plantar, y su tiempo el arrancar lo plantado; su tiempo el matar, y su tiempo el sanar; su tiempo el destruir, y su tiempo el edificar; su tiempo el llorar, y su tiempo el reír; su tiempo el lamentarse, y su tiempo el danzar... y así sucesivamente* [89].

Y atención una vez más: solo lo que fluye se puede atascar. Solo lo que se puede aflojar se puede tensar.

— *Es que estoy muy tenso.*

---

[89] Eclesiastés, capítulo 3, versículos 1-8.

Se trata solamente de un hecho, no necesariamente de un problema. Y puede que el flujo continúe en la dirección de la relajación o puede que el flujo haya de continuar por ahora en dirección hacia una mayor tensión.

No hay estados que mantener, pero es que, en mi opinión, no existe tal cosa como un «estado» aunque, ciertamente, un tipo de experiencia puede prolongarse más o menos en el tiempo. Es el asunto de la «foto fija».

Lo que existe más bien son las fases de un proceso, de cualquier proceso, o de varios de ellos. Y la esencia del trabajo gestáltico consiste, precisamente, en facilitar procesos, nunca en mantener estados.

Para terminar, quiero referirme a un fenómeno que a veces se da, o puede darse: el cliente sale «peor» de lo que entró: más confuso, más desorientado. Se trata de que la terapia puede resultar por sí misma perturbadora, o producir lo que podríamos llamar un «síndrome iatrogénico». Desgraciadamente he tenido pocas ocasiones de realizar observaciones personales a este respecto. Cuando he observado algo semejante, de modo inmediato he propuesto al cliente dejar por un tiempo la terapia, o sustituir la que veníamos haciendo por otra de enfoque más activo (por ejemplo, grupos de trabajo corporal con enfoque gestáltico). Quiero remitir aquí nuevamente al lector al interesante artículo de Antonio Semerari [90], al que ya me he referido antes y al que de nuevo me referiré en el capítulo 6 sobre la bibliografía.

---

[90] Semerari, A.: O.C.

Limitaciones de la terapia

Aún recuerdo una ocasión en que un colega nos contaba una queja que le formulaba un hijo suyo:

— *Tú todo lo arreglas haciendo terapia.*

Tal parecía ser el «vicio» del colega en cuestión. Al menos así lo veía un miembro de su familia.
Así que parece ser que la terapia tiene sus limitaciones. ¿Cuáles son?
Empezaré por decir que la expresión «limitaciones de la terapia» no me acaba de gustar. Me parece una expresión de carácter «limitado». Concibo la terapia como un instrumento, como una práctica, como una manera de hacer. ¿Alguien se preguntaría por las limitaciones de un martillo o de unas tijeras? ¿Verdad que no? Una herramienta sirve para lo que sirve, y punto. Ciertamente la terapia no es una herramienta precisa, en el sentido de que no es una herramienta mecánica. Es más bien un procedimiento o, por decirlo mejor, un conjunto de ellos. Pero también los procedimientos tienen sus aplicaciones, que son unas y no otras. En este sentido no creo que nos encontremos ante una limitación de la terapia cuando le pedimos a ella lo que no nos puede dar.

Cualquier terapia tiene un ámbito de aplicación cuyas fronteras no siempre son precisas. Suelen ser más fáciles de definir en las terapias más «técnicas», basadas en el método clínico, que comporta, como hemos visto, un diagnóstico y un tratamiento, todo ello debidamente protocolizado. Al ámbito de aplicación de este tipo de terapias se le suele llamar «indicaciones».

Por el contrario la metodología gestáltica comporta, por su propia naturaleza, unas fronteras menos definidas, o más difíciles de ser definidas *a priori*. En este sentido remito al lector a los interesantes *Boletines Monográficos de la AETG* núm. 20 («Alcance y límites de la Terapia Gestalt», del año 2000) y núm. 24 («Trastornos, Personalidad y Gestalt», del año 2004).

Es así como la pregunta por el objeto podemos revertirla sobre el sujeto y, por tanto, la pregunta por los límites de la terapia se nos convierte, si somos congruentes, en la pregunta por las limitaciones del terapeuta. ¿Cómo hace el terapeuta para reconocer estos límites?

Me resulta inevitable traer de nuevo a colación el trabajo que desarrollamos Ana, Cristina y yo sobre el impacto de la actividad terapéutica en el crecimiento y desarrollo personal del terapeuta y que, en su día, presentamos como tesina en la AETG. En ella señalábamos varios tipos de limitaciones [91]. Recogiendo aquel trabajo y ampliándolo un poco trataré de precisar un poco más los límites o limitaciones a los que me estoy refiriendo.

a) Las limitaciones «objetivas». Insisto: no me refiero ahora a las limitaciones de la terapia, sino a las del terapeuta. Se trata de las limitaciones que podríamos llamar «reales».

En este ámbito la cosa parece bastante clara, aunque no siempre lo está. Parece claro, por ejemplo, que no disponemos de alas para volar. Pero son muchos los ejemplos que podemos aportar de personas que en diferentes momentos transgredimos, pretendemos transgredir o forzamos más allá de lo conveniente.

Si esto es así en el ámbito físico, lo mismo podemos afirmar en el ámbito cognitivo. Sé lo que sé y desconozco lo que desconozco.

Respetar este ámbito de limitaciones no es otra cosa que reco-

---

[91] Bernáldez, A.M., Dicuzzo, C. y Sánchez, F.: O.C., págs. 113-115.

nocer lo que sé y lo que no sé, lo que puedo y lo que no puedo, ni más ni menos, sin pretender otra cosa.

La tentación es obvia: «tendría que saber» o «tendría que poder» cualquier tentación de exceder los propios límites.

Quiero señalar, en este aspecto, dos ámbitos concretos de limitación.

En primer lugar: el trabajo con clientes consumidores de determinadas sustancias adictivas.

No conozco un solo experto en tratar con este tipo de clientes que utilice la terapia como modo de facilitar al cliente el abandono del consumo. Sea cual sea la orientación terapéutica del experto.

Más bien la cuestión se plantea al revés: a partir de la decisión del cliente adicto de dejar el consumo de la sustancia que sea, decisión que se concreta en pasar la correspondiente cura de desintoxicación, entonces, y solo entonces, es posible ver qué tipo de apoyo terapéutico necesita o le conviene. Pero nunca al revés.

En segundo lugar: el trabajo con clientes diagnosticados como psicóticos.

Me he planteado la posibilidad de recoger aquí un conjunto de observaciones e indicaciones, también en base a mi experiencia, pero, finalmente, he renunciado a ello, por su previsible extensión. Haría falta un capítulo completo.

Lo más esencial es que la terapia con este tipo de clientes tiene sentido como complemento de otro tipo de intervenciones (médicas, asistenciales, etc.), pero nunca como sustituto de ellas. En particular, plantear una terapia como sustitución suficiente del tratamiento médico me parece un camino que no lleva a ninguna parte.

Para más orientación, recomiendo al lector dos referencias concretas. Una de ellas es el artículo de Adelaida López que lleva por título «Gestalt y psicosis»[92]. Otra es una comunicación presentada

---

[92] López, A.: «Gestalt y psicosis». *Boletín AETG*, n° 2. Págs. 29-33.

por Marcos José y Rosane Lorena Müller-Granzoto[93] en el reciente XI Congreso Internacional de Terapia Gestalt[94] y que lleva por título «Lectura gestáltica e intervención en los ajustamientos psicóticos».

b) Las limitaciones neuróticas. Hay limitaciones que no se prestan tanto a ser objetivadas, en el sentido al que acabo de referirme. Proceden de los aspectos más oscuros o menos conocidos de nosotros mismos que, si no llegan a constituir verdaderas cegueras, pueden considerarse, al menos, miopías o astigmatismos importantes. Dice a este respecto Claudio Naranjo:

— *En terapia gestáltica, el concepto de sanidad es inseparable de la noción de autorregulación organísmica, y podríamos decir que el carácter es aquel subsistema que no está abierto al control organísmico pero (nuevamente utilizando una expresión de Perls) que se ha tornado maníaco del control: compulsivo*[95].

De nuevo, la cuestión aquí se resume en dejar de pretender aquello que no está a mi alcance. Al mismo tiempo que confío plenamente en los procesos de autorregulación, prefiero permanecer discretamente desconfiado respecto de mí mismo, desconfianza que nada tiene que ver con una autopersecución paranoica. Me resulta más fácil regirme por el criterio más arriba expuesto:

— *Una vez es una incidencia, dos una coincidencia, pero tres constituyen ya una pauta*[96].

---

[93] Terapeutas brasileños.
[94] Madrid, 30 de abril al 3 de mayo de 2009.
[95] Naranjo, C.: O.C. Pág. 244.
[96] Expuse este mismo criterio, en otro contexto, en el epígrafe 2.2 sobre el proceso, hablando de la revisión del proceso, a propósito del tratamiento de inasistencias y ausencias.

Suele decirse que ningún burro tropieza dos veces en la misma piedra, o que el hombre es el único animal que tropieza dos veces en la misma piedra. A mí no me importa hacer el burro, o el hombre, hasta por dos veces. Pero «a la tercera va la vencida», y es entonces cuando me pongo desconfiado y atento.

c) La realidad de las diferencias interpersonales.

Cuando viene a verme un cliente, no sé absolutamente nada sobre él. En cierto sentido, prefiero seguir sin saber nada. En otras palabras: prefiero, en la medida de lo posible, verlo cada vez con ojos nuevos. Claro que no puedo ignorar el conocimiento que voy teniendo de él. Claro que este conocimiento es útil. Cierto. Y también, aunque me repita diciéndolo, creo que puede ser una trampa. Puede ocurrirnos como en las parejas en que presuponen cosas, y que se enredan siempre de la misma manera y en los mismos líos, sin el menor resquicio para la novedad porque «como ya nos conocemos…».

Lo que yo no puedo ignorar son mis sentimientos hacia mi cliente. Pero sí que puedo poner en tela de juicio, y lo hago, mi conocimiento sobre él, con las presuposiciones y prejuicios que probablemente conlleva. Tampoco voy a ignorar sus comportamientos, pero me interesa mantenerme atento a la óptica o los filtros cognitivos con que miro tales comportamientos. Cuando creo saber demasiado: ¿puede ser que se me esté escapando algo de lo principal?

d) El dolor y lo doloroso.

Decía uno de mis maestros: «si con algo no podemos los humanos es con el dolor». El dolor nos resulta insufrible. Ciertamente hay a veces en este asunto algo de pelea. Ciertamente a nadie le gusta el dolor[97], hacemos todo lo posible por evitarlo, querríamos

---

[97] Ni siquiera a los masoquistas.

quitárnoslo de encima. Lo que ocurre, también ciertamente, es que a veces el dolor es inevitable. Y podemos agravarlo en la medida en que tratamos de suprimirlo o de evitarlo. Aquí sí me parece decisivo el aprendizaje del propio terapeuta. Solamente en la medida en que él mismo pueda reconocer y admitir su dolor, y vivirlo o dejárselo vivir sin pelea, será capaz de hacer lo mismo con el cliente, y acompañarlo en ello sin más pretensiones.

Cuando reconocemos nuestras limitaciones de una manera sana, la experiencia de los propios límites deja de ser una experiencia limitante.

e) La incertidumbre.

No solo el dolor puede resultarnos insoportable. Con frecuencia, también la incertidumbre. Subjetivamente, la incertidumbre suele ser vivida como inseguridad.

De hecho, una de las lecturas que puede hacerse de la historia de la humanidad es la de una interminable búsqueda de certezas o de «seguridades». Religión, fe, magia, ciencia, revolución, ideología, autoridad, dinero, patria, territorio, tribu, etc. En definitiva: los «falsos dioses», a los que los seres humanos estaríamos dispuestos a vender nuestra alma a cambio de seguridad.

Algunos clientes vienen a terapia buscando certezas. Pues bien: no creo que la terapia pueda dar esto. No, al menos, una terapia de enfoque gestáltico[98].

En este sentido, a veces, más que con un límite de la terapia nos encontramos propiamente con una trampa: la búsqueda insaciable de certezas. Recojo aquí nuevamente, en este sentido, mi anterior cita de Paul Watzlawick:

---

[98] Remito al lector al libro «La sabiduría de la inseguridad» de A. Watts, que cito en el epígrafe 6.2.

— *Visto desde fuera, su problema era bien trivial. Cada vez ponía en duda solo el objetivo buscado, pero no, en cambio, la búsqueda misma*[99].

Entonces, ¿para qué sirve un terapeuta?

Alguna vez algún cliente se ha preguntado delante de mí cuál era su misión en la vida y me ha pedido ayuda para encontrar una respuesta. En algún caso ha llegado a ser, incluso, su primera pregunta. También he escuchado formulaciones más abstractas para el mismo interrogante como, por ejemplo: «¿qué sentido tiene la vida?»

La pregunta presupone que la vida tiene un sentido o que en la vida tenemos una misión. Etimológicamente misión significa envío o encargo. Al parecer, pues, la vida nos ha puesto aquí para algo.

Yo mismo me hacía tiempo atrás esta pregunta, y conozco terapeutas que se la hacen o se la han hecho, no solo algunos clientes. Revisando la pregunta, he decidido desistir de ella.

Preguntarme cuál es mi misión comporta algunas presuposiciones interesantes como, por ejemplo, que la vida es una especie de extraño autor que me ha adjudicado un papel sin título ni guion, y me ha dejado aquí a la intemperie y sin manual de instrucciones. Así que, y esta es la segunda presuposición, debo averiguar cuál es la aportación que la vida espera de mí, qué vacío de la existencia estoy llamado a cubrir, qué tarea es la que debo realizar. Por lo tanto debo moverme por la vida descifrando códigos, buscando pistas, interpretando señales.

¿De verdad es tan complicado vivir? ¿No es este un claro ejemplo de «hipertrofia cognitiva»?

---

[99] Watzlawick, P.: O.C. Pág. 129.

La gente común no se pregunta por el sentido de la vida ni cuál es su misión. Simplemente, vive. Y como diría mi tía Consuelo: «la vida da muchas vueltas, hijo mío» [100]. Cuando era pequeño no entendía lo que decía mi tía. Hoy, sí. Mi vida, vista desde hoy, ha sido cualquier cosa menos un itinerario rectilíneo, un proyecto primero elaborado y luego cuidadosamente desarrollado y llevado a término. Proyectos tuve, y cuantos tuve los hube de desechar. La vida me ha ido abocando a diversas situaciones concretas, en circunstancias concretas, unas veces deseadas por mí y otras no, para las cuales me ha servido cualquier cosa menos una respuesta prefabricada.

La vida nos ha puesto aquí, simplemente, para vivir. La vida se desarrolla, no se proyecta. Humberto Maturana, en la entrevista antes citada [101], habla de los deseos, no como aspiraciones, sino como orientación.

> — *Por ejemplo, yo quería ser biólogo. Empecé estudiando Medicina hasta que finalmente me doctoré en Biología. Pero no era una aspiración, era una orientación en el vivir. Por tanto, ser biólogo no era un éxito. En cuanto tuve mi doctorado no culminé nada, no cumplí un deseo. Era seguir viviendo nada más, pero no se había satisfecho una ambición. Cuando se tienen ambiciones o aspiraciones, siempre se está al borde de la frustración. Porque las aspiraciones nunca se satisfacen. Entonces uno le exige al mundo que las cosas pasen como uno quiere, pero ¡nunca pasan! En cambio, si uno tiene una orientación sobre lo que le gusta hacer o lo que le gustaría completar, entonces resulta que se va moviendo en el mundo. Alguien me dijo una vez que era un hombre de éxito, pero ¿qué quiere decir eso? ¿Que he obtenido todo lo que he querido? No. Eso no es cierto. Sí, pero tiene un reconocimiento público. Bueno, pero eso es un regalo que la vida me hace. Porque si para mí el ser reconocido como*

---

[100] Expresión de mi tía Consuelo ya citada en el prólogo.
[101] Hernández, M.J. y Ortega, M.V.: O.C. Págs. 153-154.

profesor Maturana fuese una aspiración, cada vez que eso no me pasa estaría en la frustración. ¿Cuántas veces me ha pasado? Muchas veces. El mundo no tiene por qué transformarse en torno mío de modo que las cosas que yo quiero, pasen.

Así que yo puedo dar a mi vida una orientación, puedo decidir qué quiero hacer con ella. Esta cuestión es bien diferente de las anteriores. El asunto no es, pues, qué sentido tiene o cuál es mi misión, sino más bien: ¿hacia dónde prefiero encaminarme? Y el sentido se lo voy dando yo, paso a paso, con la dirección que tomo en cada momento. Con el tiempo, pero no antes, sabré cuál está siendo mi camino.

— *Caminante, son tus huellas el camino y nada más. Caminante, no hay camino, se hace camino al andar* [102].

Así que ahora me formulo otro tipo de preguntas de más corto alcance. Como, por ejemplo: ¿cuál es el próximo paso concreto que el flujo de la vida me pide a partir de mi experiencia del momento presente? o, más sencillamente: ¿qué me conviene hacer o no hacer de manera inmediata?

Orientación en la vida, en el sentido al que se refiere Maturana, es dirección, pero no intención. Se trata de un vivir sin intenciones, sin pretensiones. No hay metas que valgan la pena alcanzar a toda costa, pero siempre hay pasos a dar en la dirección elegida y, por supuesto, siempre se puede cambiar de dirección.

Ten siempre a Ítaca en tu memoria.
Llegar allí es tu meta.

---

[102] Ya citado con anterioridad.

Mas no apresures tu viaje.
Mejor que se extienda largos años;
y en tu vejez arribes a la isla
con cuanto hayas ganado en el camino
sin esperar que Ítaca te enriquezca.
Ítaca te regaló un hermoso viaje.
Sin ella el camino no hubieras emprendido
mas ninguna otra cosa puede darte.
Aunque pobre la encuentres, no te engañará Ítaca.
Rico en saber y en vida, como has vuelto,
comprendes ya qué significan las Ítacas[103].

Me he permitido esta especie de interludio, medio autobiográfico y medio filosófico, para contextualizar la pregunta con la que encabezaba este apartado y sobre la que ahora vuelvo: ¿para qué sirve un terapeuta?

Pues bien: no creo que un terapeuta, al menos un terapeuta gestáltico, tenga que servir para nada. Mi orientación principal como terapeuta, hace algún tiempo, no es la de servir, sino la de ser. Y si siendo sirvo para algo, gracias. Y si siendo no sirvo, entonces es que no tengo que servir.

Llega ya el momento de decir lo que para mí es y no es un terapeuta. Al menos, un terapeuta gestáltico. Y lo digo como simple propuesta. Como creo se puede deducir fácilmente de lo antes expuesto, concibo el hacer terapéutico o, mejor dicho, el estar terapéutico, como un hacer y un estar sin intenciones y sin pretensiones.

En primer lugar, un terapeuta es un testigo y, como tal, neutral en el aspecto cognitivo, aunque no en el aspecto emocional. La neutralidad cognitiva es compatible, por un lado, con

---

[103] Kavafis, C.: *Viaje a Ítaca*.

la receptividad comprensiva y, por otro, con la curiosidad y el gusto por la investigación. Un terapeuta es un investigador curioso e interesado en lo que hay. Por eso mismo no es neutral emocionalmente: como testigo tiene la capacidad de sorprenderse, de conmoverse, de asquearse o de dolerse.

En segundo lugar, un terapeuta es también un facilitador.

Es un facilitador de la conciencia, de la toma de conciencia, mediante su propia presencia, el contacto consciente con la propia presencia profunda y con el decurso de la propia experiencia y, al mismo tiempo, mediante el contacto con el otro y con lo otro, con lo que se manifiesta del otro, con lo obvio, tanto de sí mismo como del otro. El contacto con lo profundo es inseparable del contacto con lo obvio. Superficialidad y profundidad, en este caso, no solo no se oponen, sino que son las dos caras inseparables de la misma moneda.

Es un facilitador, también, de recursos, pero de recursos de búsqueda, no de soluciones. El terapeuta es un facilitador de recursos de búsqueda para aquel que quiera buscar y para aquello que quiera buscar. Si no hay búsqueda, no hay facilitación posible. Esta característica comporta que el propio terapeuta tenga experiencia como buscador y, como tal, haya aprendido a vivir con la incertidumbre y a agradecer lo que la vida le haya ido deparando.

En consecuencia, y por último, el terapeuta es un orientador, un guía, pero no un guía turístico. Como guía, el terapeuta sabe a qué sitios es más fácil ir y a cuáles es más difícil o incluso resulta imposible. Sabe algo de caminos que probablemente no conducen a ninguna parte, sabe qué preguntas abren puertas y cuáles no. También sabe de riesgos convenientes y de riesgos inútiles, de medidas de protección y de prisas, pausas, ritmos y tiempos.

Que el terapeuta sea un testigo quiere decir, negativamente, que no es un abogado, ni un fiscal, ni un juez. No toma partido por nadie sino por la realidad, es decir, por la experiencia real. Tampoco dicta sentencias ni establece ningún dictamen de culpa ni de inocencia.

El terapeuta tampoco es un proveedor de soluciones, no es un mecánico de averías que trata de modificar lo que es para que se ajuste a lo que debería ser. De la misma forma que no toma partido, tampoco se pelea con lo que hay. Lo respeta y contribuye a que se respete.

El terapeuta no pretende nada. Está, lo más conscientemente que puede, y actúa en consecuencia.

Curación posible y curación imposible

Últimamente se ha puesto muy de moda en determinados ambientes el concepto de «resiliencia»[104].

En mi opinión, este concepto de resiliencia no es diferente de lo que diversas corrientes de psicología analítica o dinámica denominan «fuerza del yo». Lo que este concepto sugiere, en uno de sus sentidos, es que algunas personas pueden adolecer de un yo frágil, quebradizo que en un determinado punto se rompen.

Tal es efectivamente mi experiencia con algunas personas que habían sido eficazmente tratadas de síntomas psicóticos y que venían a pedirme ayuda para afrontar un momento difícil, de cambio en su situación vital. Estas personas parecían darse cuenta con facilidad (he conocido a varios «psicóticos» muy lúcidos en el aquí y ahora), parecían saber perfectamente lo que querían y disponer de recursos suficientes. Sin embargo, llegó un punto en que «se rompieron». Se escindieron y comenzaron

---

[104] Cyrulnik, B.: *Los patitos feos. La resiliencia: una infancia infeliz no determina la vida.* Barcelona, GEDISA Editorial, 2002. 240 págs.

a alucinar. El remedio en estos casos fue fácil con tratamiento farmacológico: manteniendo el tratamiento, pudieron continuar su vida con normalidad.

Creo que a veces hay algo frágil en los cimientos, por los motivos que sean. Bajo suficiente tensión, algo se quiebra en algún sitio. En tales casos, no conozco ayuda más eficaz que la que pueden proporcionar los fármacos.

Cuestión distinta es el padecimiento neurótico, tal como lo entiende Perls. Aquí se trata de recuperar la capacidad de autorregulación. ¿Tiene límites esta recuperación? Ya no es que se pueda romper nada, sino lo contrario: que nos encontremos en el cliente con zonas de funcionamiento absolutamente inflexibles, donde la autorregulación no es posible porque existe una especie de petrificación irrecuperable.

Mi experiencia es que en algunos casos extremos la zona dañada o afectada es difícilmente recuperable. Estoy pensando en casos graves de neurosis obsesivo-compulsiva, acompañados de una gran rigidez corporal y gran carga de ansiedad, que solo pueden tratarse con apoyo farmacológico, y donde los enfoques estratégicos o cognitivo-conductuales suelen ser más eficaces que el enfoque gestáltico. Estoy pensando también en otros casos graves del tipo del carácter narcisista y otras neurosis de carácter, en términos del DSM.

Pero no todas las personas son igualmente neuróticas o, al menos, no todas en el mismo grado. Hay neuróticos y neuróticos.

En buena parte de los casos no creo que sea posible la total recuperación de la zona dañada, es decir, no creo que sea posible la «eliminación» total de la rigidez neurótica, pero creo que sí que es posible un grado más o menos importante de flexibilización. Como sabemos, una estructura neurótica se forma, desde el punto de vista evolutivo, como respuesta o solución a determinadas necesidades de supervivencia, o de afecto, o de seguridad, o del tipo que sean. Fue, en su momento, un aprendizaje útil, no loco, que quedó instaurado a fuerza de repetición. Como en la teoría de la gravitación universal de Einstein los cuerpos siguen la trayectoria del menor esfuerzo, aunque a veces, por este mismo motivo, acaben chocando con otros cuerpos y desintegrándose.

Claudio Naranjo explica de manera muy gráfica lo que piensa del carácter neurótico con una metáfora que le he escuchado repetidamente. Una persona acude al oculista porque ve una serie de manchas borrosas. Tras el adecuado tratamiento, el cliente queda satisfecho:

— *Gracias, doctor. Ahora ya veo las manchas mucho más claras.*

Si, como dice Claudio Naranjo, el núcleo de la neurosis es el carácter, y el carácter es *aquel subsistema que no está abierto al control organísmico*, ¿qué sentido tiene, entonces, aplicar a los comportamientos neuróticos una terapia gestáltica que, por definición, trabaja sobre la base de que es posible la autorregulación?

Me resisto a creer que el núcleo de la neurosis se sustraiga al proceso, aunque me parece obvio que lo condiciona, pero de forma más o menos importante, según los casos.

Personalmente prefiero la metáfora del perro guardián. El carácter neurótico es como un perro fiel que nos ayudó a salir adelante en momentos difíciles, y ahora descubrimos que más bien representa un estorbo. Inevitablemente surge la tentación de tratar de eliminarlo o de librarse de él.

Pero la opción de «eliminarlo» no es posible. Me parece mucho más sensato, en primer lugar, agradecerle los servicios prestados. El viejo perro desdentado se merece nuestra gratitud. Forma parte inevitablemente de nuestra historia personal. Una vez más, la solución gestáltica no consiste en la amputación sino en la integración.

En segundo lugar es posible negociar con él, si no una «jubilación» permanente, al menos una reducción de jornada. Ya no hace falta que trabaje tanto o que se mantenga en permanente alerta. Y nos mostramos dispuestos a escuchar y tomar en cuanta sus avisos. Es así como podemos incorporar ciertos rasgos neuróticos como limitaciones personales, como quien es tuerto, o cojo, o un poco sordo. Al fin y al cabo se trata de aprender a vivir con las propias limitaciones.

En este punto la estructura neurótica puede volverse más flexible. Incluso es posible adoptar conscientemente reacciones neuróticas, como quien saca a pasear al viejo perro desdentado, o juega con él.

Atención ahora: el viejo perro desdentado es infinitamente fiel. Eso significa que cuando nos vea en serios apuros vendrá corriendo en nuestra ayuda. Lo cual quiere decir, a su vez, que cuando afrontemos situaciones más difíciles probablemente nuestras reacciones y comportamientos se volverán más neuróticos. Será el momento entonces, con o sin ayuda terapéutica, de sentarse a mirar y a distinguir y a reubicar las cosas en su sitio.

Pero llega el momento de considerar otras perspectivas. En algún momento me planteé incluir aquí un apartado de reflexiones en torno a una pregunta clásica: «¿qué cura la terapia?». Sin embargo, he optado por desechar tal idea.

En efecto, la pregunta presupone que la terapia es algo curativo, sanador (y así lo es, en su sentido etimológico), es decir, que la terapia cura o puede curar algo. Por tanto, la pregunta presupone que hay una enfermedad. No en vano la psicoterapia se considera habitualmente en el ámbito de las ciencias de la salud.

Este es el enfoque, típicamente, de las psicoterapias clínicas. Pero prefiero ir un poco más allá. Creo que el ámbito de la psicoterapia es bastante más amplio.

¿De qué clase de sanación estamos hablando? El budismo, por ejemplo, pretende sanar el sufrimiento, pero, curiosamente, no considera que la fuente del sufrimiento sea alguna heri-

da, sino el deseo, el apego al propio deseo, así que, al menos en su versión más primitiva, propone como vía de sanación el desapego o la renuncia. No hablemos ya de otros desarrollos del budismo y sus consideraciones sobre la ignorancia y la compasión.
¿Es el budismo una forma de psicoterapia?
No solo el budismo. En la tradición cristiana, «sanación» y «salvación» son sinónimos. Jesús tiene el poder definitivo para sanar. ¿De qué? Del pecado.

> — *En esto trajeron donde él un paralítico postrado en una camilla. Viendo Jesús la fe de ellos dijo al paralítico: «¡Ánimo, hijo! Tus pecados te son perdonados». Entonces algunos escribas dijeron para sí: «este está blasfemando». Mas Jesús, conociendo sus pensamientos, dijo: «¿Por qué pensáis mal en vuestros corazones? ¿Qué es más fácil, decir "tus pecados te son perdonados", o decir "levántate y anda"? Pues para que sepáis que el Hijo del Hombre tiene en la tierra poder para perdonar los pecados —dice entonces al paralítico—: levántate, toma tu camilla y vete a tu casa»* [105].

Para el cristianismo, la sanación o la salvación consisten en el perdón de los pecados, en la reconciliación con Dios. ¿Es el cristianismo una forma de psicoterapia?

Pero prefiero, como digo, cuestionar el supuesto en que se basa la pregunta «¿qué cura la terapia?», mediante otra pregunta: ¿es «curar» el único enfoque posible?

De ello me ocupo en el capítulo siguiente.

---

[105] Evangelio según San Mateo, capítulo 9, versículos 2-6.

V
Otras reflexiones

5.1. TERAPIA Y EDUCACIÓN

La terapia como educación

Quiero, en primer lugar, para centrar el tema, explicar en qué pienso cuando hablo de «terapia y educación». No quiero referirme con ello a la posible introducción o utilización del enfoque gestáltico en el ámbito educativo. No es que me oponga, en modo alguno. Diversos colegas están trabajando en esta dirección, con mayor o menor fortuna. Mi respeto y mi aplauso. Pero no es de este asunto del que quiero ocuparme ahora. El objeto de la presente reflexión son las coincidencias y diferencias entre terapia y educación, o entre terapia y aprendizaje, pero dentro del ámbito propio de la Terapia Gestalt.

Primera observación: lo que el cliente hace, o los progresos del cliente, dentro del proceso terapéutico, tienen mucho de aprendizaje. ¿Mucho o mejor diríamos que todo? Escuchando a diferentes colegas o revisando, sin ir más lejos, lo escrito en este libro, observo con relativa frecuencia expresiones como «lo que el cliente aprende», «el aprendizaje del cliente», u otras semejantes. Más concretamente, me he referido a diversas intervenciones del terapeuta en términos de «ponerse didáctico» o de «realizar una labor educativa». No me sorprende lo más mínimo.

Si vamos más al detalle, vemos que a veces se trata de aprendizaje, mientras que otras veces se trata más bien de «desaprendizaje» o de «reaprendizaje». Pero eso no cambia el fondo de la cuestión que estamos planteando.

Por lo tanto, si se trata de esto, si la cosa es así, ¿por qué no pensar el proceso del cliente en términos propiamente de aprendizaje? Si así lo hacemos, veremos entonces que podemos enriquecernos, y mucho, con todo lo que las ciencias del aprendizaje (llámense pedagogía, ciencias de la educación o psicología del aprendizaje) nos aportan.

Por ejemplo: que hay muchos tipos y formas de aprendizaje. Hay un tipo de aprendizaje experiencial, o por descubrimiento, o por ensayo y error. Hay tipos de aprendizaje que pasan por procesos cognitivos previos o que consisten precisamente en ellos. Se aprende también por modelado (en el fondo seguimos siendo «monos de repetición»). Y así sucesivamente. Y todo ello sin hablar de las diferencias individuales, en el sentido de que diferentes personas pueden tener más facilidad para realizar diferentes aprendizajes de maneras asimismo diferentes.

Obviamente una sesión de Terapia Gestalt no es una clase de informática, donde el proceso cognitivo previo es indispensable. Tratándose de asuntos vitales o vivenciales, está claro que el aprendizaje experiencial o por descubrimiento tiene aquí su lugar natural, digamos, privilegiado. Es natural.

Pero me resisto a quedarme en un punto de vista único, y me interesan otros puntos de vista que también me ayudan.

Decía Perls que aprender es «experimentar que algo es posible»[106]. Bien. Estoy de acuerdo. Yo mismo lo he citado profusamente. Estoy de acuerdo, pero solo para empezar. Es decir, aquí empieza el aprendizaje. Pero no basta.

¿Quién, en su sano juicio, diría que si descubro que puedo tocar la guitarra y me gusta, solo con eso ya sé tocar la guitarra? Claro está, una sesión de Terapia Gestalt tampoco es una clase de

---

[106] Decía esto o algo que se le parece muchísimo (supongo que depende de las traducciones), y lo he visto u oído citar tantas veces y en tantos sitios que me ha resultado imposible encontrar su contexto original.

guitarra. Obviamente. Sin embargo, algunos procesos de aprendizaje tienen gran similitud con el proceso de aprender a tocar la guitarra, no en el sentido de leer la partitura, sino en el de aprender a poner los dedos en los trastes y desarrollar agilidad.

Hablo de tocar la guitarra, pero lo mismo podría decirse de aprender a nadar. Porque no se trata de aprendizajes puramente instrumentales. Como dije en el epígrafe 1.2, sobre el proceso, muchos aprendizajes requieren ser consolidados, y en muchas ocasiones no basta experimentar un cambio en el momento para que dicho cambio se consolide.

Otro aspecto a tener en cuenta es la importancia de los procesos cognitivos. Por supuesto que a través del darse cuenta se produce una comprensión que normalmente viene después, y tratar de ponerla por delante puede fácilmente interferir el proceso de darse cuenta. Al mismo tiempo es necesaria una «elaboración» de la vivencia, una integración, posteriores. Es decir, es necesario incorporar, que también es una forma de integrar, los aspectos cognitivos.

Y también creo que todos tenemos experiencia de cuán útil puede ser, en muchos casos, la cognición previa. Siquiera como orientación, no necesariamente como explicación detallada. Su mayor o menor utilidad puede variar de unos clientes a otros. De eso precisamente es de lo que estoy hablando. Porque muchas veces he oído o he leído sobre la manera en la que funciona la Terapia Gestalt como presuponiendo un único modelo de aprendizaje. Y eso es una trampa, una limitación innecesaria. Incluso me atrevería a calificar ese punto de vista como «poco gestáltico».

Y me queda el asunto del modelado. La primera constatación es obvia: ¿a quién puede modelar el cliente durante el proceso terapéutico?

Hay un premio para el que lo acierte.

En relación con los procesos de modelado que acontecen en el contexto terapéutico tengo todavía más preguntas que respuestas. Para mí es un asunto todavía poco explorado. Poco explorado por mí, naturalmente. Tan solo dispongo de algunas observaciones más o menos incidentales.

Por ejemplo, en algunas ocasiones he recibido «elogios» de mis clientes: «¡Cuánto me gustaría tener tu sensibilidad, o tu claridad, o tu paciencia, etc.!». Pongamos que el cliente me tiene idealizado en algún aspecto. La idealización del modelo o, simplemente, el sentimiento de admiración hacia él es consustancial a los procesos de modelado. Pero ¿qué está modelando el cliente, o cómo lo está haciendo? ¿Está enriqueciendo sus recursos o está simplemente modificando el ideal que tiene de sí mismo?

He recibido comentarios de clientes en el sentido de que les «acompaño» o se sienten «acompañados» por mí en diversos momentos de su vida cotidiana. Otros utilizan alguna imagen plástica, y me dicen, por ejemplo, que llevan con ellos un «Paco virtual». A veces es claro que lo que han hecho estos clientes ha sido interiorizar nuevos introyectos que han tomado de mí, y me dicen, por ejemplo, que tienen una impresión como si yo estuviera dentro de ellos aconsejándoles o guiándoles. Pero para mí es menos claro cuándo han interiorizado o incorporado, no introyectos, sino modos de conducta. Cuando he preguntado abiertamente: «¿para qué te está sirviendo o cómo te está influyendo en concreto?» he tenido, en ocasiones, respuestas precisas y, en otras, respuestas demasiado vagas.

Supongamos, por ejemplo, un cliente cuya vida ha estado habitualmente regida por su disponibilidad para otros, que necesita sentirse permanentemente útil pero que raramente sabe lo que a él personalmente le hace falta o lo que quiere para sí (excepto, naturalmente, «estar siempre dispuesto para otros»). Este cliente se encuentra ante mí como terapeuta en una posición de «disponible». Ciertamente no siempre disponible y no siempre de la misma manera. Como terapeuta puedo decir «eso no», «ahora no», o «de esa manera no». Por tanto, el cliente puede aprender de mí, por ejemplo, a poner límites y, en este caso, a poner límites al otro, o bien puede aprender a aceptar los límites que le pongo yo. Pero será difícil que pueda modelar de mí, como terapeuta, a pedir lo que quiere para sí, porque el contexto terapéutico provee pocas ocasiones en que el terapeuta pida algo personal.

Naturalmente, como terapeuta tengo otras opciones. Puedo, por ejemplo, narrar cómo lo hago, en una situación de «allá entonces», pero difícilmente el cliente verá hacer esto al terapeuta en la situación de «aquí y ahora». También puedo como terapeuta negarme a hacer nada por el cliente si no procede de una demanda clara, y ayudarle a formular demandas claras.

Todo eso es útil, indudablemente. Sin embargo tiene limitaciones importantes. Y eso es así por la propia naturaleza de la relación terapéutica, que no llega a ser del todo una relación de igual a igual, no en el sentido de que uno sea más o mayor que otro, sino en el sentido de que tiene un fuerte componente complementario: se trata de una relación prestante-usuario. Por muy transparente que el terapeuta sea. No es que el terapeuta oculte una parte de sí mismo, es que no juega. Y si juega, la relación pasa de ser entre terapeuta y cliente para convertirse en una relación entre amigos, entre hermanos, de pareja o de socios (o cualquier otra relación simétrica).

Dicho más brevemente: el cliente puede aprender del terapeuta mucho en cuanto al manejo de una relación complementaria, pero tendrá bastantes menos ocasiones de aprender a manejar una relación simétrica. ¿Cómo puede el cliente aprender a relacionarse de igual a igual en una relación que tiene componentes de clara desigualdad?

Sin necesidad de hilar tan fino, diré que he tenido ocasión de realizar múltiples observaciones sobre innecesarias faltas de simetría, sobre todo entre terapeutas noveles. Por ejemplo, el terapeuta se esfuerza en que el cliente se relaje mientras él mismo se esfuerza y permanece tenso. O el terapeuta trabaja con el miedo al dolor del cliente mientras él mismo ignora su propio miedo al dolor. Y así podríamos seguir poniendo ejemplos. Cualquier actividad de supervisión nos provee de infinidad de ellos.

La propuesta de comunicación «simpático-confrontativa», que hace Perls, es genial en este sentido, pues en ella se juegan gran cantidad de aspectos simétricos de la relación. El terapeuta también siente, también fantasea, también se equivoca... Pero me pregunto si con eso es suficiente. Y, por ahora, como digo, no tengo respuesta.

Segunda observación que quiero desarrollar: hay carencias educativas que la terapia no suple, o no puede suplir.

Por ejemplo: ya tengo resuelto el asunto de las relaciones con mis padres. No les he perdonado nada porque no había nada que perdonar. He podido verlos y reconocerlos: lo que les pasaba, lo que les dolía, etc. Lo que acertada o desacertadamente me dieron. Sus riquezas y sus penurias. A propósito de todo ello he podido también ver y reconocer que aquello que les atribuía a ellos es en realidad asunto mío, que también he resuelto o, al menos, estoy en camino de resolverlo.

Un trabajo terapéutico bien hecho. Lo que pasa es que lo que mis padres no me enseñaron, pues, sencillamente, no me lo enseñaron. O lo que me enseñaron mal, pues me lo enseñaron mal. Aquí nadie tiene nada que reprochar a nadie. Pero esto no me resuelve la cuestión de mis propias carencias. Lo que no aprendí o aprendí mal, me toca aprenderlo ahora, si es que no quiero llevar conmigo esta carencia toda mi vida. En plena juventud o en plena madurez me toca aprender lo que en mi infancia no aprendí, o vivir lo que en mi adolescencia no viví.

En resumen: «ya he curado el trauma, ¿qué hago ahora?».

No creo que la terapia pueda suplir por sí sola algunas de estas carencias educativas. No está para eso. Desde luego que puede ayudar. Pero aunque la terapia pueda ayudar a vivir lo que no puede hacer es suplir la vida, ni cubrir todas las circunstancias que la vida nos presenta o que podemos ir a buscar. Estoy pensando en casos de haber aprendido a vivir sin límites o con excesivos límites, o en asuntos más difíciles como la falta de aprendizaje de habilidades sociales: habilidades de aproximación o de contacto, formas de manejarse en la intimidad o habilidades de resolución de conflictos.

Pienso, a este respecto, en hijos de padres separados o divorciados. Comúnmente se piensa en este hecho como un «trauma», causa de sufrimiento de los hijos y de dificultades posteriores en su vida. He recibido a diversos clientes cuyo problema o el origen de sus actuales problemas parecía ser este. Sin embargo también he conocido muchas personas cuyos padres se separaron o se divorciaron y que parecen llevar una vida satisfactoria, incluso gozando de estabilidad en sus relaciones sentimentales. ¿Cómo es posible?

Porque quizá el asunto no es el hecho de que los padres se separaron, sino la forma en qué lo hicieron. A veces, incluso, el determinante de la separación fue la dificultad de la pareja para resolver sus conflictos. Y si el motivo de la ruptura fue este, mal hubieran podido los hijos aprender a resolver conflictos, o lo hubieran aprendido mal. Otras parejas, en cambio, resuelven muy bien su separación.

Al contrario, hay parejas que permanecen toda la vida juntas por su incapacidad de afrontar los conflictos. Lo que hacen es ocultarlos. ¿Qué pueden aprender los hijos, en tal caso?

Así podría seguir con otros tipos de situaciones. En definitiva, lo que quiero decir es que aunque la terapia tenga mucho de educativo o de reeducativo, hay ciertas lagunas básicas que difícilmente puede cubrir.

En el anterior epígrafe 4.3 me ocupé de algunas limitaciones «curativas» de la terapia. Sea cual sea el paradigma en el que nos movamos podemos afirmar que, de la misma manera que resulta improbable que la terapia pueda curarlo todo, es igualmente improbable que pueda educarlo todo.

La educación como paradigma alternativo

Quiero dar ahora un paso más en esta reflexión. No me limitaré a los aspectos educativos de la terapia, de los que acabo de hablar, sino a una cuestión más de fondo y que ya anuncié con anterioridad, al final del capítulo anterior.

A poco que observemos, la terapia se mueve, generalmente, dentro del paradigma «sanitario». En ocasiones se habla, por ejemplo, de salud y enfermedad. La psicoterapia se inscribe socialmente en el ámbito de las actividades sanitarias, por más que en España y en buena parte de Europa está produciéndose un fuerte debate al respecto. Con cierta frecuencia hablamos u oímos hablar de «curar» o, aunque no mencionemos este término, mencionamos, por ejemplo, el de «herida». Típica cuestión a debate: «¿qué cura o qué trata de curar la terapia?».

La propia psicología de los Eneatipos se basa en presuposiciones de este tipo, cuando habla, por ejemplo, de la pérdida de la esencia, o de la patología del rasgo. De una u otra manera las referencias al concepto de salud son incesantes, con la precisión de que no se trata de cualquier tipo de salud sino, específicamente, de «salud mental».

En definitiva: en el lenguaje terapéutico predominan las connotaciones típicas de un «paradigma sanitario» con fuertes connotaciones también de «taller de reparaciones».

Pero miremos más detenidamente al neurótico. Una de sus características, según Perls, es su dificultad para reconocer algunas de sus necesidades, priorizarlas y gestionarlas adecuadamente. Falto de autoapoyo, manipula el ambiente, en lo cual acaba resultando un verdadero experto.

Tales características no resultan de ninguna clase de maldad o locura intrínsecas sino de su propia peripecia vital que le ha llevado a manejarse con su ambiente como mejor ha podido [107]. En otros términos: el neurótico aprendió a hacer aquello para lo cual no encontró mejor opción. Lo aprendió por las vías que fuese: por ensayo y error, por modelado o incluso por adiestramiento formal.

El neurótico, pues, no manipula solamente porque quiere, sino también porque no sabe, o sabe muy poco, hacerlo de otra manera. O también porque tiene miedo de arriesgarse en aquello que sabe que fracasó o de lo cual no tiene, sencillamente, la menor idea. ¿Cómo aprenderá, en tal caso, nuevas opciones?

Tal vez confiar en la autorregulación no sea en este caso suficiente. Como ya he indicado anteriormente, «la cabra al monte tira». Y el neurótico viene a terapia principalmente porque esto ya no le funciona, o ha dejado de funcionarle, al menos, en algún ámbito importante de su vida.

No es que falle o haya fallado la autorregulación: es que esta se produjo «en falso», es decir, facilitó al sujeto el hallazgo de comportamientos adaptativos en aquellas circunstancias, pero que resultan claramente disfuncionales en los momentos actuales.

Como expliqué en el epígrafe 2.4 («Relación y relaciones»), la autorregulación comienza siendo hetero-regulación. Dicho en otras palabras, la persona empieza a aprender a regularse por modelado. Poco a poco van acabando de formarse y consolidarse los circuitos internos, y el sujeto va haciéndose capaz de autorregulación autónoma.

Este sería un buen lugar para una reflexión sobre el «carácter». ¿El carácter nace o se hace? ¿Qué tiene de genético? ¿Qué tiene de sistémico? ¿Qué tiene de aprendizaje temprano? ¿Qué tiene de aprendizaje continuado? Dejo abierta la cuestión pero no entra-

---

[107] Perls, F.: O.C. Págs. 36-42. («El nacimiento de la neurosis»).

ré en ella porque, obviamente, desborda el objetivo del presente libro.

En el caso del neurótico podemos decir que durante su formación como persona no fue debidamente reconocido o respetado. Se le forzó, en todo o en parte, a ser quien no era o, si no se le forzó, al menos fue objeto de importantes expectativas en este sentido.

Creció, por tanto, con una mayor o menor falta de autorreconocimiento y de autorrespeto. Podríamos decir también que con una mayor o menor falta de autoestima.

Cuando la persona aprende a reconocerse y validarse aprende también a sostenerse por sí mismo (autoapoyo). La autorregulación hace el resto.

Así que, en este sentido, podríamos decir que la terapia tiene, básicamente, una función educativa, que consiste en ayudar a la persona a reconocerse mejor, respetarse mejor, validarse y sostenerse por sí misma. Una función, podríamos decir, educativa, más bien que sanitaria.

Primero uno aprende para sí, luego para otros. Uno aprende autorrespeto y así está en condiciones de aprender a respetar a otros. Si falla lo primero, falla lo segundo. Tal es para mí uno de los sentidos profundos del precepto evangélico: «ama a tu prójimo <u>como a ti mismo</u>», enunciado cuya segunda parte fue para mí, durante mucho tiempo, un verdadero misterio.

Por tanto, una parte importante del proceso terapéutico consiste en ayudar al cliente a reconocer y validar sus propias necesidades.

Llegados a este punto, quiero referirme a un mecanismo de evitación, del cual solamente la Gestalt habla. Me refiero al «egotismo», que aparece de modo preferente en contextos terapéuticos gestálticos, lo cual no deja de resultar, digamos, curioso. En este sentido quiero recoger aquí una definición irónica de la Gestalt, bastante conocida: «lo que hace la Terapia Gestalt es recoger a un obsesivo para convertirlo en un histérico».

Y es que educar es un proceso que va más allá del individuo. Si solamente enseñamos a los clientes a reconocer y gestionar mejor las propias necesidades, podemos estar formando niños malcriados, egoístas en el sentido de que ignoran a los demás, que ignoran que los otros y el mundo no están para responder a las propias necesidades.

El énfasis en cuestiones básicas del tipo «¿qué sientes?» y «¿qué necesitas?» es indispensable para empezar la reeducación de un neurótico. Insisto: para empezar. Y claro está que no resulta nada aconsejable la prisa para que se produzcan progresos. El asunto es que, si no pasamos de ahí, si el cliente no aprende también a ver, reconocer y respetar también al otro, en un sentido profundo, podemos estar educando, como digo, a niños malcriados.

Porque educar, en un sentido completo, es educar para la convivencia. Porque las personas somos, básicamente, organismos sociales. ¿O no?

Diversidad de paradigmas

Con las anteriores reflexiones no pretendo, ni mucho menos, proponer una especie de alternativa excluyente, sino poner de manifiesto que el paradigma sanitario se queda corto. En la práctica, las realidades son muy diversas, y más diversas todavía las lecturas que podemos hacer de ellas. Se trata de que cada uno sepa de dónde parte y dónde se mete.

El énfasis en la herida: si tomamos el rol de sanador, nos pondremos sensibles a las heridas o a la patología del cliente, y viceversa.

El énfasis en la deficiencia crónica: si prestamos más atención a la ignorancia o extravío del cliente, o a sus dificultades o errores en el manejo de los asuntos de la vida, tomaremos el rol de educador, en el sentido más clásico de «pedagogo» [108], y viceversa.

El énfasis en la simple carencia: al cliente le faltó algo que le ayudara en un proceso de crecimiento y autorregulación sanos. En tal caso tomaremos el rol de cuidador-tutor, o algo semejante, y viceversa.

El énfasis en el impedimento crónico: si una persona creció con una pierna doblada y, por tanto inutilizada: ¿bastará con que pueda y sepa desdoblarla? ¿O tendrá que seguir, además, un largo proceso de rehabilitación?

Y así sucesivamente.

En este contexto quiero recoger también mis últimas reflexiones del capítulo anterior, aludiendo a otros enfoques de tipo espiritual, en los que no se cuestiona el paradigma sanitario, pero se le da un significado tan diferente al de la medicina o psicología académicas que resulta de mayor impacto, incluso, que el que acabo de mostrar modestamente.

En una línea semejante tenemos, por ejemplo, las terapias existenciales, que abordan asuntos tan «sanitarios» como la soledad, la libertad, el sinsentido o la muerte.

Creo que la Gestalt es un contexto privilegiado para encarar estos asuntos, porque permite esta flexibilidad de paradigmas, cosa que otros enfoques terapéuticos no tienen, en mi opinión. Al fin y al cabo, cuando Perls decía que «la Terapia Gestalt es demasiado valiosa como para malgastarla solo con neuróticos» ¿a qué se estaba refiriendo, exactamente? ¿O quizá esta expresión resulta hoy de mayor alcance que el que tenía en su versión original?

El momento en que el trabajo de Perls alcanza su máximo esplendor se sitúa en el contexto del «movimiento de potencial

---

[108] «Pedagogo» significa, etimológicamente: «el que conduce al niño».

humano», en Esalen, en la década de los años sesenta. En general, las terapias de enfoque humanista o de tercera vía no se proponen sanar enfermedades, sino ayudar a la persona a desarrollar una mayor plenitud de vida. Creo que esta amplia perspectiva merece ser tenida en cuenta de modo permanente.

5.2. GESTALT Y ALEDAÑOS

Consideraciones generales

Como dice Claudio Naranjo, lo característico de la Terapia Gestalt no son los ladrillos de que está compuesta sino la argamasa que los une [109].

Mi comprensión más temprana de la Terapia Gestalt, comprensión que hoy por hoy mantengo, se basa, precisamente, en esa capacidad de integración y de evolución. Si me identifico como gestaltista es precisamente por este motivo.

La cuestión que se plantea, en consecuencia, es qué y cómo puede integrarse en el quehacer gestáltico, proceda de las fuentes que proceda.

En este sentido me llama la atención la forma en la que Gestalt o, mejor dicho, los terapeutas gestálticos, se relacionan con otras corrientes terapéuticas.

Por ejemplo: con el psicoanálisis. Por una parte, me llama la atención el general desprecio con que se habla del psicoanálisis, empezando por el propio Perls: todos los comentarios que conozco del Perls como gestaltista sobre el psicoanálisis son despectivos. En paralelo, no dejo de sorprenderme de la frecuencia, en mi opinión excesiva, con la que se utilizan o se echa mano de conceptos psicoanalíticos: transferencia y contratransferencia, mecanismos de defensa, evolución infantil, etc. Como si tuviéramos que echar mano del psicoanálisis para pa-

---

[109] Naranjo, C.: O.C. Pág. 56.

liar supuestas lagunas teóricas de la Gestalt. ¿Por qué, me pregunto, algunos terapeutas gestálticos hablan de mecanismos de defensa donde Perls habla de mecanismos neuróticos, mecanismos de evitación o, simplemente, interrupciones?

Otra cosa muy distinta observo en relación con las terapias psicocorporales, empezando, claro está, por la más clásica de ellas: la bioenergética [110]. Se habla de ellas con cariño, casi, diría yo, con ternura, como si fueran hermanitos o hermanitas entrañables, o como amigos de la infancia.

En abril de 2002 tuvo lugar en Madrid el 2º Congreso Nacional (español) de Terapia Gestalt [111]. El tema general era «Alcance y límites de la Terapia Gestalt», y contenía, entre otras, una serie de comunicaciones sobre «Gestalt y aportaciones de otras corrientes terapéuticas». El último día se reunieron diversos grupos de trabajo para tratar de establecer algunas conclusiones. Uno de los grupos, del cual tuve ocasión de ser secretario, trabajó sobre este aspecto que he indicado.

Lo que quiero señalar ahora no son las conclusiones, sino algunos aspectos que me llamaron la atención en relación con lo que acabo de apuntar y que destacaron, en mi opinión, no solamente con ocasión de los debates finales sino, en general, a lo largo de todo el congreso.

Me llamó la atención, por ejemplo, el respetuoso respeto con que, en la mayor parte de los casos, los congresistas se referían al psicoanálisis. Una especie de respeto reverencial, tratándolo como algo grande.

El tono era más desenfadado cuando se hacía referencia a diversos enfoques psicocorporales. Se hablaba de ellos con mayor alegría y cariño, como he dicho hace un momento, como si se

---

[110] Aunque, por otra parte y bien mirado, mucho más clásico es el yoga, y de él no se habla apenas.

[111] Véase Actas del Congreso, publicadas por la AETG en CD-ROM.

tratara de hermanitos o hermanitas entrañables. En contraste con este modo de hablar, el psicoanálisis podría considerarse como el padre o el abuelo.

Este tono desenfadado era similar, aunque no tan acentuado, cuando se trataba de otros enfoques humanistas, como el psicodrama o el análisis transaccional. Aún recuerdo, incluso, las palabras de quien presentó el *Focusing*, refiriéndose a él como una especie de «Gestalt para introvertidos».

En contraste con lo anterior, las referencias a los enfoques sistémicos o cognitivo-conductuales se caracterizaban por una especie de indiferencia, o ignorancia, no exenta, a veces, de cierto toque de desprecio. Hago una pequeña excepción en cuanto a los enfoques sistémicos, que parecían ser conocidos y apreciados por algunos congresistas, ciertamente no muchos.

¿Por qué recojo aquí estas observaciones? Porque me parece a mí que la potencialidad integradora de la Terapia Gestalt no es infinita, y está limitada, en diversos aspectos, por cuestiones teóricas o metodológicas, pero mucho me temo que esté más limitada, con frecuencia, por los propios prejuicios de los terapeutas gestálticos.

En mi propio proceso evolutivo he ido incorporando puntos de vista y procedimientos de trabajo en la medida en que me permitían enriquecer el trabajo mismo, en el sentido de ampliar las opciones disponibles para la realización del mismo trabajo, es decir, me permitían hacerlo de más formas diferentes. No se trata, pues, de añadir herramientas, sino de que estas tengan un lugar congruente en el trabajo que no distorsione la actitud gestáltica básica.

Me ha resultado bastante sencillo y casi automático integrar aportaciones procedentes de diversos enfoques psicocorporales, excepto aquellos cuya realización requiere del terapeuta un papel técnico activo y del cliente un papel receptor pasivo (es decir, excepto aquellos que operan sobre un modelo de relación básicamente directivo).

También me ha sido fácil integrar elementos de trabajo de otras procedencias, como el análisis transaccional o como la terapia racional-emotiva de Albert Ellis, específicamente, en este caso, para el trabajo con creencias.

También he adoptado algunos puntos de vista que ampliaban los míos propios. Tal es el caso del enfoque sistémico. En el enfoque gestáltico solemos abordar los asuntos interpersonales desde la posición de uno u otro interlocutor: ¿qué me pasa a mí contigo? o ¿qué te pasa a ti conmigo? Sin embargo, en mi opinión, el enfoque sistémico enriquece este tipo de trabajo poniendo la atención en lo que pasa entre los dos, en la interacción misma, con independencia de los sentimientos o deseos de los implicados. En este mismo sentido creo también que el enfoque sistémico puede enriquecer, y mucho, el trabajo gestáltico en el tratamiento de los asuntos familiares [112].

No he recogido aportaciones de otros enfoques cuando, como he explicado antes, me ha parecido que colisionaban de modo importante con la metodología propiamente gestáltica. Cuando se parte, por ejemplo, de un enfoque rigurosamente clínico, me siento incapaz de simultanear la atención a lo obvio y la fluidez que de ahí se deriva con la indagación interpretativa de los síntomas para el establecimiento de un diagnóstico que oriente una intervención completamente directiva por mi parte.

En general, encuentro incompatibles los modelos de relación de tipo directivo y no-directivo. Y no es que crea que el enfoque gestáltico excluye la directividad, pero se trata de una directividad que afecta a las reglas del juego, no al contenido del trabajo.

Por este motivo encuentro incompatible el enfoque gestáltico con, por ejemplo, la mayoría de los enfoques cognitivo-conductuales y estratégicos. Sin embargo, no por eso invalido el uso de prescripciones, a modo de «tareas para hacer en casa». Pero

---

[112] En este sentido presenté, en el citado congreso, una comunicación con el título: «La Gestalt, una terapia protosistémica».

como propuestas al servicio del darse cuenta, no como «órdenes médicas» [113].

Una última cuestión: la integración de otras aportaciones en el enfoque gestáltico, aportaciones que no pudieron ser recogidas en vida por el propio Perls, obedece, desde mi posición, al único criterio de hacer más sabroso el guiso o más digestivo el menú, y no pretende, en ningún caso, «complementar» el trabajo gestáltico con la pretensión de construir una Terapia Gestáltica que tenga que servir para todo. No creo, en este sentido, que para hacer un buen trabajo gestáltico haya que saber bioenergética o haya que saber psicoanálisis (aunque ciertamente puedan ser de utilidad), por poner solo dos ejemplos. No creo que un buen terapeuta tenga que saber manejarlo todo. Afortunadamente, son muchas las especialidades y son muchos los especialistas, al menos en el ambiente en el que me muevo, y es bueno que haya trabajo para todos.

Aportaciones específicas

a) Gestalt y psicología de los Eneatipos.

Una importante influencia en el actual quehacer gestáltico se produce desde la psicología de los Eneatipos, debido, principalmente, al peso específico de Claudio Naranjo, quien justifica su importancia y su valor para el quehacer terapéutico desde una cierta complementariedad entre los métodos fenomenológico y clínico [114]. También desde una pretensión de profundidad del trabajo terapéutico [115].

---

[113] Tal es el nombre que tradicionalmente se ha dado, al menos en España, a lo que actualmente se llaman prescripciones.

[114] Naranjo, C.: O.C. Pág. 246.

[115] Naranjo, C.: O.C. Pág. 244.

Me parece indiscutible la utilidad del trabajo con el carácter, lo cual presupone una buena comprensión de las bases del Eneagrama. Me parece importante señalar en este aspecto que el protoanálisis es, originariamente, una herramienta de autoconocimiento y de trabajo con el propio carácter. Bienvenidos todos los terapeutas que se animen a recorrer este camino.

Otra cosa es que el conocimiento del Eneagrama sea indispensable para hacer un buen trabajo gestáltico. En particular, no me gusta la pretensión omnicomprensiva con que a veces se presenta el Eneagrama. Todo se explica, o tiene que ser explicado, en base al carácter. Y el diagnóstico del rasgo se convierte así en una especie de verdad absoluta, fuente de todas las demás verdades en el terreno psicológico. Se trata, en mi opinión, de una posición fundamentalista que, desde luego, no comparto. Por otra parte, el uso preferente del Eneagrama por terapeutas que no han realizado un adecuado proceso gestáltico personal se convierte en un trabajo seudoclínico practicado de forma directiva, que en ocasiones parece más encaminado a obtener personas conversas al Eneagrama que personas capaces de autonomía y de resolver con eficacia sus propios asuntos. Un uso excesivo o sesgado del Eneagrama, especialmente para el trabajo con otros, puede tener un serio inconveniente, desde el punto de vista gestáltico: perder la atención a la experiencia y al darse cuenta del aquí y ahora.

En particular, no me gustan los trabajos encaminados a obtener, a toda costa, un diagnóstico «correcto» del rasgo. Las personas que se embarcan en semejante tarea no suelen hacer muchos progresos reales, y se crean problemas que son más «comidas de tarro» que otra cosa.

A mí me ha resultado y me sigue resultando de gran valor para mí mismo el trabajo con el rasgo. También para ver mejor ciertos asuntos de los clientes, en la línea de las «tendencias» de la que he hablado en el epígrafe 2.5 sobre actitudes. No me interesa tanto cuál es el rasgo del carácter del cliente sino distinguir cuando nos encontramos ante un problema de envidia, ante un problema de orgullo o ante un problema de ambición, por citar solo tres ejemplos. El hecho de que predomine un rasgo concreto en cada persona no excluye que puedan presentarse «cegueras» o «compulsiones» en algún otro aspecto. Y si prestamos la debida atención al aquí y ahora es posible, incluso, que no necesitemos para nada la referencia al Eneagrama.

Por ejemplo: una persona excesivamente rígida y autodisciplinada toma cualquier propuesta del terapeuta como una exigencia de trabajo, por mucho que se lo presentemos de otra forma. Primero quiere entenderlo todo muy bien, y después se aplica a la tarea con rigor y disciplina. Evidentemente esta tarea no servirá para nada, pues lo que tenemos es, simplemente, más de lo mismo. Incluso si le proponemos que se relaje lo hará, con esfuerzo, como un acto de disciplina. ¿Estamos ante un cliente de rasgo seis-deber? Probablemente. ¿Es el miedo lo que le motiva? Por supuesto, si tal es su rasgo. Pero ¿hace falta entonces partir de ahí, para plantear seguidamente un trabajo con el rasgo? No necesariamente. Desde luego es una opción, pero no la única. Podemos tomar como punto de partida la propia rigidez corporal del cliente y proponerle trabajar con ella, con ayuda de la respiración o de diversas técnicas de movimiento consciente. Si lo que hay bajo la rigidez es miedo, no tardará en aparecer.

Otro ejemplo: un cuatro-sexual puede reconocer su envidia, aunque quizá no con este término. Se queja constantemente de que la vida le niega lo que a otros da. Pero lo que me llama la atención es su queja constante, su descalificación constante de otros, la insistencia machacona en su propio sufrimiento inmerecido, su «pesadez», por así decirlo. Eso es lo que tomo como figura, porque es lo relevante emocionalmente.

— *¡Qué cansado es todo esto! ¿No te cansas tú de ello? ¿No se cansan los otros de ti?*

Normalmente no soy tan directo, al menos a las primeras de cambio. Este es un ejemplo de intervención «abreviada». Pero creo que sirve para ilustrar lo que quiero decir.

Como es natural, podría seguir poniendo más ejemplos.

b) Gestalt y otras terapias (humanistas y sistémicas).

Ya en vida de Perls puede encontrarse fecundidad en el contacto de la Gestalt con otras terapias humanistas. El caso del psicodrama es un buen ejemplo de ello. No en balde el bagaje profesional de Perls empezó con el teatro.

Personalmente me parecen muy interesantes algunas de las aportaciones del análisis transaccional (AT), y no en el aspecto más conocido de su teoría sobre la estructura de la personalidad, sino en otros menos difundidos, como su visión del uso del tiempo, donde distingue seis niveles. Este aspecto me parece sugestivo por cuanto matiza un concepto importante en Gestalt: el movimiento contacto-retirada. Para el AT existen diversas modalidades o niveles de contacto, y me parece de interés distinguir, por ejemplo, entre pasatiempos, actividades o intimidad. A veces parece que para la Gestalt no hubiera más opciones que el aislamiento (retirada) o la relación de intimidad. Pero existen formas atenuadas de contacto que vale la pena valorar, como jugar al parchís o participar en un debate literario.

Debemos concretamente al AT su teoría sobre los juegos, que me parece una aportación interesante, como lo es, por ejemplo, desde otro enfoque, la teoría de los sistemas comportamentales, o la teoría psicoanalítica sobre la transferencia y la contra-transferencia. Todas me parecen interesantes y no entraré ahora a juzgar su valor. Como dije en el epígrafe 2.4, lo que me parece interesante es que el terapeuta sepa identificar y distinguir los modos de relación, adaptados o desadaptados, con que opera su cliente y, desde luego, con que opera él mismo.

Señalaré un aspecto más del AT: el modelo de «el guión de

vida» y, ligado a él, el concepto de «miniargumento». A mi juicio, esta aportación entronca directamente con la visión intergeneracional o transgeneracional de ciertos enfoques sistémicos. En este sentido quiero destacar tanto el descubrimiento de los sentimientos secundarios o «rebusques» (AT) como el descubrimiento de los sentimientos adoptados o transferidos (visión transgeneracional sistémica).

Del enfoque sistémico he tomado también, como apunté en su lugar, la atención a lo que sucede «entre» dos sujetos en una relación y, más específicamente, la atención primero separada y luego conjunta a la percepción, los sentimientos, la intención, los comportamientos y los efectos de los mismos, por parte de ambos interlocutores.

Hace algún tiempo aprendí e incorporé también el método de Constelaciones Familiares, según el modelo de Bert Hellinger. Pero prefiero no entrar aquí en detalles porque, aunque este enfoque no me resulte extraño desde el punto de vista gestáltico y, personalmente, aprecio en él diversos aspectos comunes o, al menos, compatibles con el quehacer gestáltico, incorpora otras perspectivas específicas cuyo alcance desborda el objeto del presente libro.

c) Gestalt y PNL.

Separo la PNL de otras terapias no porque se trate de un tipo de terapia distinta sino porque, simplemente, no es una terapia. La PNL es en primer lugar, y así se define ella misma, como un método de investigación de la experiencia subjetiva. Como consecuencia de la investigación pueden realizarse hallazgos de aplicación a la terapia, pero también a la educación, al arte, al deporte, a la comunicación, etc.

Si nos adentramos en la práctica de este tipo de investigación encontramos que no resulta tan diferente de la «exploración» gestáltica. Las diferencias, que las hay, tienen que ver con otros ingredientes o focos de atención que la PNL agrega, útiles para diversas aplicaciones. Pero si pensamos en la utilidad terapéutica la aportación de la PNL me resulta familiar. No en vano fue Fritz Perls el primer modelo que uno de los creadores de la PNL (Richard Bandler) investigó.

Otra cosa es que la PNL haya sido ampliamente difundida por sus aplicaciones, es decir, por sus técnicas. Para mí, esto es lo de menos.

En particular me ha resultado interesante y útil de la PNL el análisis y uso del lenguaje («metamodelo» del lenguaje y sus cuatro niveles), el énfasis que hace en la observación y en la finura perceptiva, así como en la flexibilidad, y el uso que hace de ellas, su modelo de diseño de objetivos y su orientación a la solución más que al problema (en terapia gestáltica sabemos que para que un cliente consiga algo primero necesita saber qué es lo que quiere), la forma de explorar el historial cenestésico o memoria de sensaciones de un sujeto («línea del tiempo») y ciertos esquemas de trabajo simples tomados del enfoque sistémico, basados en el modelo de «triple posición perceptiva».

Por último señalaré un «modelo» particular, característico de la PNL, conocido con el nombre de «puente al futuro».

En Terapia Gestalt es práctica habitual traer al presente, al aquí y ahora, alguna situación difícil o problemática que el cliente quiere abordar. Trabajamos tal situación con el enfoque del aquí y ahora y encontramos una salida.

El enfoque del «puente al futuro» propone un paso más que, a veces, en la práctica terapéutica, hacemos de manera espontánea. Se trata de que el cliente, con su nuevo aprendizaje, o descubrimiento, o con sus nuevos recursos, vuelva a ponerse en la situación difícil o problemática. «Como si» estuviera nuevamente en ella. ¿Qué cambia? Y eventualmente: ¿hay otros aspectos que convenga todavía abordar?

VI
Bibliografía selecta comentada

6.1. GESTALT GENERAL

En este apartado no pretendo recoger ningún amplio compendio bibliográfico sobre Terapia Gestalt. Hay otros muchos lugares donde puede encontrarse como, por ejemplo, en varios de los libros que seguidamente cito. Sin embargo, dicho compendio queda fuera del ámbito de trabajo que contemplo en este libro, que no pretende ser ni totalizante ni omnicomprensivo. Me he limitado a seleccionar algunos libros principales, no en el estricto sentido de que los considere más importantes, sino, simplemente, más cercanos a los contenidos que en el presente libro expongo. Vamos allá.

— Peñarrubia, F.: *Terapia Gestalt. La vía del vacío fértil*. Madrid, Alianza Editorial, 1998. 382 páginas.

Es uno de los libros básicos más claro y completo que conozco sobre conceptos y herramientas de la Terapia Gestalt. En él pueden encontrarse diferentes aspectos básicos que en este libro no toco expresamente por haberlos dado por supuestos, pero también algunos otros muy interesantes como, por ejemplo, la escucha gestáltica, el grupo en Terapia Gestalt o Gestalt Transpersonal.

En una línea similar, quizás algunos lectores prefieran el estilo de Ángeles Martín, en un libro más sencillo y también de más reciente aparición:

— Martín, A.: *Manual práctico de Psicoterapia Gestalt*. Bilbao, Desclée de Brouwer, 2006. 207 páginas.

Un resumen resumidísimo de lo que podríamos llamar «síntesis de la teoría gestáltica» lo podemos encontrar en:

— Salama, H.: y Castanedo, C.: *Manual de psicodiagnóstico, intervención y supervisión*. México, Manual Moderno, 1991. 128 páginas.

No se puede decir más en tan corto espacio o en tan pocas páginas. Está todo. Pero debo señalar que, dando todo su valor a los contenidos, discrepo personalmente del enfoque «psicodiagnóstico», por sus connotaciones clínicas, de acuerdo con los motivos expuestos en el epígrafe 4.1 sobre el método gestáltico.

Un libro, a mi modo de ver, semejante al anterior, incluso más breve, sin estas connotaciones a las que me muestro reticente es:

— Pierret, G.: *Plenitud aquí y ahora*. Madrid, Mandala, 1990. 126 páginas.

He apuntado estos dos libritos para los amantes de la concisión.

Por el contrario, para los amantes de la extensión y la profundidad, es obligado referirse a los dos libros siguientes:

— Casso, P. de: *Gestalt, terapia de autenticidad. La vida y la obra de Fritz Perls*. Barcelona, Kairós, 2003. 575 páginas.
— Perls, F., Hefferline, R. y Goodman, P.: *Terapia Gestalt. Excitación y crecimiento de la personalidad humana*. Madrid, Los libros del CTP, 2002. 607 págs.

Supongo que está claro que no estoy recomendando la lectura de los seis libros a la vez, sino solamente uno, dos como mucho. Personalmente me quedo con el de Peñarrubia. Pero prefiero dar opciones.

Vamos ahora con el maestro:

— Perls, F.: *El enfoque gestáltico. Testimonios de terapia.* Santiago de Chile, Cuatro Vientos, 1976. 187 páginas.

El mejor resumen, en mi opinión, sobre práctica terapéutica gestáltica, escrito por su creador: características del neurótico y de su forma de comportarse, forma de tratarlo y de manejar la comunicación, aspectos técnicos diversos, etc. Incluye, en su segunda parte, transcripciones de sesiones, ilustrativas, a mi juicio, de lo que yo llamo el «formato de terapia breve» gestáltico.

Sobre técnica:

— Naranjo, C.: *La vieja y novísima Gestalt. Actitud y práctica.* Santiago de Chile, Cuatro Vientos, 1989. 276 páginas.

Síntesis y reflexión sobre naturaleza de la Gestalt, en sus aspectos básicos y también en otros complementarios. Todo un clásico y, al mismo tiempo, actual, diría yo, parafraseando el título: la vieja y novísima Gestalt.

Por último, un libro que me despierta mucha ternura es:

— Yalom, I.: *El don de la terapia.* Buenos Aires, Emecé, 2002. 279 páginas.

Es un libro que me parece entrañable. Es también el tipo de libro que me hubiera gustado escribir. Llegó a mis manos cuando ya estaba yo escribiendo este y, tras ojearlo, decidí no leerlo con detenimiento hasta no terminar el mío, para no caer en la tentación de modelarlo. Además de dejar constancia de mi entusiasmo, lo cual reconozco que no es un argumento, quiero señalar que para mí su valor principal estriba en la gran cantidad de observaciones, comentarios y sugerencias prácticas que no se encuentran en ningún otro libro. Surgen de la experiencia y mantienen su frescura, más allá de cualquier encuadre teórico. Un libro que me resulta muy, muy sugestivo.

Omito otros libros clásicos como los de los Polster, Fagan y Shepherd, Ginger, etc., por considerarlos sobradamente conocidos y por no responder precisamente al propósito selectivo que me inspira la redacción del presente capítulo. Por el mismo motivo omito también el libro más reciente de Claudio Naranjo *Por una Gestalt viva* publicado este mismo año por Ediciones La Llave. En mi opinión desborda también en varios aspectos el objeto de la presente selección.

Quiero terminar este apartado con una obligada referencia a los boletines y revistas de Gestalt promovidas y editadas por las respectivas asociaciones nacionales. Para mí, naturalmente, los materiales más conocidos son los de la Asociación Española de Terapia Gestalt (AETG), pero he encontrado artículos muy interesantes en boletines y revistas de países latinoamericanos que prefiero no citar por no olvidar ninguno. Por el mismo motivo prefiero no destacar tampoco autores ni títulos, aunque sí recomiendo la lectura de los que se tengan al alcance.

6.2. TEMAS ESPECÍFICOS

Empecemos por lo que yo llamaría «libros gestálticos escritos por autores que no son gestálticos». Ahí van tres:

— Watts, A: *La sabiduría de la inseguridad*. Barcelona, Ed. Kairós, 2005. 151 págs.

De lo mejorcito que conozco sobre el sentido del aquí y ahora, sobre el fluir y sobre la autorregulación organísmica en funcionamiento, aunque oficialmente el libro no trata de Gestalt sino de religión.

Un «librazo» sobre autorregulación organísmica, indicado, en mi opinión, para personas que les gusta investigar, sorprenderse y hacerse preguntas:

— Lewis, Th., Amini, F. y Lannon, R.: *Una teoría general del amor*. Barcelona, Integral – RBA Ediciones, 2001. 318 págs.

Es un libro básicamente de biología, no de terapia. Pero es donde mejor he encontrado descritos los procesos de autorregulación organísmica aunque, naturalmente, los autores del libro no lo llaman así.

Por último, un librito de una terapeuta que oficialmente no es gestaltista, aunque yo considero que sí, y de las mejores, como ya apunté en una anterior nota a pie de página:

— Satir, V.: *En contacto íntimo. Cómo relacionarse con uno mismo y con los demás.* México, Ed. Concepto, 1990. 88 págs.

Contiene interesantísimas observaciones sobre comunicación, uso del lenguaje, respiración, creencias, uso de los sentidos, fantasías, etc. Existen otras lecturas en mi opinión recomendables en relación con aspectos específicos abordados en este libro. Por ejemplo, en relación con los tipos de demanda, me parece interesante un artículo que ya he citado antes, en el texto:

— Villegas, M.: El análisis de la demanda. Una doble perspectiva, social y pragmática. *Revista de Psicoterapia*, nº 26-27. Págs. 25-78.

Sobre las emociones, sobre el trabajo con las emociones y sobre la relación entre emociones y patrones respiratorios:

— Maturana, H. y Bloch, S.: *Biología del emocionar y Alba Emoting: respiración y emoción.* Santiago de Chile, Gránica - Dolmen Ediciones, 1998. 366 págs.

Sobre trabajo corporal (también citado antes en el texto):

— Kepner, J.I.: *Proceso corporal.* México, Ed. Manual Moderno, 1992. 221 págs.

Sobre el vínculo:

— Bowlby, J.: «*Vínculos afectivos: formación, desarrollo y pérdida*». Madrid, Ediciones Morata, S.L., 1999. 208 págs.

Aunque el autor, John Bowlby, es de inspiración originalmente

analítica, su teoría incluye numerosas observaciones comportamentales. Se lo considera actualmente un clásico del tema.
Un artículo muy interesante sobre la relación terapéutica, por su original enfoque en cuanto a la forma de abordarla:

— Garriga, J.: «El burro frente al establo. Reflexiones sobre comunicación y relación terapéutica». *Boletín AETG*, nº 20. Págs. 78-84.

Y otro, también muy interesante y también citado antes, sobre las trampas de la terapia:

— Semerari, A.: «¿Y si un geniecillo me estuviese engañando todo el rato? Convicciones de autoengaño y trastornos inducidos por la psicoterapia». *Revista de Psicoterapia*, nº 26-27. Págs. 127-140.

Un libro básico sobre comunicación:

— Watzlawick, P., Beavin, J.H. y Jackson, D.: *Teoría de la comunicación humana*. Barcelona, Ed. Herder, 1986. 260 págs.

Todo un clásico. Explica los postulados básicos de la comunicación desde el punto de vista sistémico, según el modelo de Palo Alto. También contiene abundantes ejemplos de aplicación.
Vamos ahora con el capítulo que he llamado «Gestalt y aledaños» (5.2). Un libro que me parece básico y, por ahora, bastante definitivo, escrito desde una perspectiva gestáltica, es:

— Naranjo, C.: *Gestalt de Vanguardia*. Vitoria, La Llave, 2002. 526 páginas.

Incluye elementos de PNL, terapia sistémica, teatro terapéutico, chamanismo, incluso de terapias conductistas. Obviamente Claudio Naranjo es más atrevido que yo y a lo que yo llamo «aledaños» y que también podríamos llamar «vecindades» de la Gestalt él lo llama «Gestalt de Vanguardia». Naturalmente hay que tener en cuenta y valorar aquí la particular manera en la que estos diversos enfoques y técnicas se integran en el trabajo gestáltico.

Sobre análisis transaccional:

— James, M. y Jongeward, D.: *Nacidos para triunfar. Análisis Transaccional con experimentos Gestalt.* Wilmington (Delaware, U.S.A.), Ed. Addison-Wesley Iberoamericana, S.A., 1986. 271 págs.

Lo interesante de este libro es que no solamente constituye un buen resumen introductorio al AT., sino que los ejercicios prácticos que propone están concebidos precisamente desde la óptica gestáltica. Hay diversos ejercicios de evocación, introspección y autoanálisis, pero también hay propuestas diversas de trabajos interactivos.

Sobre terapia sistémica recomiendo un libro que, sin ser de los más destacados, me parece que es el que mejor plantea las diversas opciones de trabajo sistémico, en función de los diferentes enfoques de las diferentes escuelas:

— Hanna, S.M. y Brown, J.: «*La práctica de la terapia de familia. Elementos clave en diferentes modelos*». Bilbao, Desclée de Brouwer, 1998. 275 págs.

Existe un libro introductorio a la programación neurolingüística que podemos actualmente considerar como clásico:

— O'Connor, J. y Seymour, J.: *Introducción a la PNL*. Barcelona, Ed. Urano, 1999. 348 págs.

Aunque tengo que advertir que la PNL es, sobre todo, un método de trabajo. Lo mejor que puede hacer quien le interese el tema es apuntarse a un taller de trabajo conducido, preferentemente, por terapeutas gestálticos. Comenzar la PNL por la lectura de libros puede ser la mejor manera de hacerse una idea perfectamente equivocada de la misma.

Casi para finalizar quiero señalar dos interesantes libros sobre terapia transpersonal:

— Grof, Ch. y Grof, S.: *La tormentosa búsqueda del ser*. Barcelona, Los libros de la liebre de marzo, 1995. 329 páginas

Interesante la descripción de toda clase de estados alterados de conciencia y sus características [116], así como la propuesta de diagnóstico diferencial entre «emergencias espirituales» y brotes psicóticos [117].

— Kornfield, J.: *Camino con corazón. Una guía a través de los peligros y promesas de la vida espiritual*. Barcelona, Los libros de la liebre de marzo, 1994. 330 págs.

Además de describir, de otra manera, diversas formas de estados alterados de conciencia, me parece especialmente interesante la desmitificación que hace de lo que comúnmente se llama «experiencias cumbre», en el sentido de que, por una parte, no es oro todo lo que reluce y también en el sentido de que, con

---

[116] Págs. 57-146.
[117] Págs. 305-310.

frecuencia, ciertas experiencias intensas o desbordantes pueden desorientar más bien que ayudar [118].

Por último, pero no por ello menos importante, quiero acabar este capítulo autocitándome (o, mejor dicho, autocitándonos). Destacaría, sobre todo, el capítulo de conclusiones [119]:

— Bernáldez, A.M., Dicuzzo, C. y Sánchez, F.: *El impacto de la actividad terapéutica en el crecimiento y desarrollo personal del terapeuta.* Tesina para la AETG, Barcelona, 1999. 143 págs.

---

[118] Págs. 126-130.
[119] Págs. 123-126.

EPÍLOGO

Este ha querido ser un libro de Gestalt aderezado con materiales procedentes de otras fuentes: terapia sistémica, constructivismo, PNL, etc. Me niego a que un concepto rígido de la Gestalt me impida enriquecerme con otras aportaciones. Todas ellas han sido por mí contrastadas, tanto en el aspecto experimental como en el teórico, y ninguna ha sido simplemente añadida. Espero que no se me haya «colado» ningún sapo de otro pozo.

Volviendo a leer el prólogo me llama a mí mismo la atención la cantidad de reflexiones teóricas que formulo o recojo. Francamente, cuando empecé a escribir, no esperaba que fueran tantas. Específicamente, me llama la atención lo que han «engordado» los capítulos 4, 5 y 6, en relación con lo que tenía inicialmente previsto. Ello se debe, en parte, a la necesidad que he tenido de ordenar y desarrollar más algunas ideas a medida que iba escribiendo.

En forma autocrítica diré que me llama también la atención la irregularidad de lo escrito. Tengo una impresión desigual de todo ello.

Me parece un libro desigual en cuanto a estilos, con una mezcla de descripciones sabrosamente narrativas y afirmaciones tímidamente científicas junto con otras de sabor quizá excesivamente dogmático o doctrinal, según los casos. Confío que todo ello sea una riqueza más que una limitación.

Me da también la impresión de un libro sobreabundante en algunos aspectos a la vez que escuetísimo en otros. No sé si la desigual extensión de los distintos capítulos y apartados hace justicia a su contenido. Pero es lo que hay.

Por último, como lector experto (permítaseme que así me considere), el libro me produce a mí mismo la misma impresión que, según anuncié en el prólogo, sospechaba que podía producir a otros lectores expertos: una mezcla de nimiedades junto a una serie de atinadas observaciones, a la que se han añadido luego algunas excursiones sobre asuntos que quizá no vengan a cuento. Así ha resultado.

Reconozco finalmente, como también anuncié ya en el prólogo, la presencia de valores y opciones personales, en el texto, más allá de lo estrictamente terapéutico. Creo que se me ve bastante el plumero, mis personales filias y fobias. No creo que pueda ser de otra manera. Como diría Mafalda:

— *Estas cosas me pasan por salir de casa.*

Nada me resta sino esperar que los lectores hayan disfrutado más que sufrido con la lectura del presente libro. Mis mejores deseos.

APÉNDICE

Una vez terminado el libro, realizando una última revisión, no dejo de sorprenderme de la extensión de algunos capítulos en relación con otros. Específicamente, la del epígrafe 1.1 («Llega el cliente»), el más extenso de todos. Y me pregunto:

— ¿Tanta importancia tiene para mi la primera sesión como para que ocupe proporcionalmente tantas páginas?

Fácilmente encuentro la siguiente respuesta:

— Claro: resulta que lo que digo en él no se refiere solamente a la primera sesión, sino a todo lo que implica el comienzo del proceso, incluyendo algo tan importante como el encuadre.

Y recuerdo y comprendo que una buena parte de las dificultades con que me he encontrado en supervisión tienen que ver directamente con fallos en el encuadre: en el enfoque de la experiencia (pasando entonces el terapeuta a ocuparse de falsos problemas), en la dirección de la demanda (entrando a realizar un trabajo sin rumbo y sin orientación), en la consideración de las expectativas (apareciendo entonces extrañas insatisfacciones o quejas), en la concreción del contrato, etc.

A partir de aquí surge naturalmente una segunda pregunta:

— ¿Y si una buena parte de las dificultades tienen que ver

con fallos en el encuadre, qué otro tipo de dificultades aparecen con frecuencia?»

También en este caso la respuesta se presenta con claridad meridiana: se trata de problemas en la relación, bien por no haber tenido en cuenta la propuesta de relación (encubierta) por parte del cliente, bien por ceguera del terapeuta hacia sus propias necesidades y tendencias, o bien, en cualquier caso, por no saber manejar la relación.

Una tercera fuente de dificultades más frecuentes ya no aparece tan clara. Aparentemente se trata de dificultades técnicas: los terapeutas menos experimentados (que son los que yo más he tratado, incluyéndome a mí mismo en mis primeros años) se creen a veces con carencia de recursos o con insuficiente dominio de herramientas técnicas, y esto puede que sea cierto en algunos casos. Habitualmente, como digo, los problemas vienen, según mi experiencia, por fallos en el encuadre o por fallos en el manejo de la relación. Añadiré ahora una tercera categoría: dificultades concretas en determinados ámbitos de la experiencia. Es frecuente encontrar clientes con dificultades de contacto con la propia experiencia corporal y/o emocional, pero no resulta infrecuente el caso de clientes «sanos» en este sentido, y que se complican la vida con pensamientos o creencias. Otros presentan especiales dificultades en el ámbito relacional. Pero esto solo es una dificultad, no un problema. Excepto cuando las dificultades del cliente coinciden con las dificultades del terapeuta. Entonces más vale tomárselo con calma.

Vistas así las cosas, me atrevo a proponer una especie de «Guía rápida de revisión» o «Manual de Supervisión de bolsillo».

1. ¿Qué ha fallado o falla en el encuadre? Revisión de la demanda y de todos los demás aspectos. En su caso, reconsiderar, modificar o actualizar lo que sea necesario.

2. ¿Qué falla en la relación? ¿Cuál es la demanda de relación (encubierta), por parte del cliente o por parte mía, que no ha sido considerada? ¿Cuál es el juego al que estamos jugando, o la manipulación de que soy objeto o sujeto? Tras reconsiderar este punto, se pueden tomar diversas opciones, como expuse en el epígrafe 2.4 («Relación y relaciones»).
3. ¿En qué aspecto o aspectos de la experiencia parece tener este cliente especial dificultad? ¿Cómo la vive, y qué planteamiento se hace al respecto (el cliente, no el terapeuta)? ¿Y cómo me manejo yo con ello?
4. Eventualmente: otra clase de asuntos o de dificultades (la realidad no deja de ser sorprendente).

En un primer vistazo, esta «Guía rápida» parece una especie de supervisión «protocolizada», lo que sería más propio del método clínico.

No es así. No se trata de una guía protocolizada, porque no tiene un sentido secuencial sino, simplemente, un orden de frecuencia o probabilidad. Pero lo que hay que atender, en cada caso, es aquello que sea figura en el aquí y ahora concreto, y profundizar en ello. Lo demás que haya, o que pueda haber, ya irá apareciendo.

De nuevo, espero que los lectores hayan disfrutado más que sufrido. Reitero mis mejores deseos a todos.

institut gestalt

institut gestalt
Verdi, 94 - bajos
08012 Barcelona
Telf. 34 93 2372815
Fax. 34 93 2178780
ig@institutgestalt.com
www.institutgestalt.com

ÁREA DE FORMACIÓN Y RECICLAJE PROFESIONAL
> Formación en Terapia Gestalt.
> Formación completa en PNL: Practitioner, Máster Practitioner, Trainer, PNL para el mundo educativo, etc.
> Formación en Hipnosis Ericksoniana.
> Formación en Constelaciones Familiares y en sus distintas especialidades: Pedagogía, Salud, Trabajo social, Organizaciones y profesión, Parejas, Ámbito jurídico y Consulta individual.
> Formación en Pedagogía Sistémica.
> Formación en Terapia Corporal.
> Formación en Intervención Estratégica.
> Formación en Coaching: Wingwave, Deportivo, Estratégico, Sistémico y Coaching con PNL.
> Talleres monográficos.
> Supervisión individual y en grupo.
> Desarrollo organizacional.
> Excelencia Directiva.

ÁREA TERAPÉUTICA Y DE CRECIMIENTO PERSONAL
> Terapias individuales, grupales, de pareja y de familia.
> Procesos de Coaching para personas y/o equipos.
> Tratamiento de trastornos del miedo, pánico, fobias, ansiedad, adicciones y obsesiones.
> Grupos de Crecimiento Personal y Trabajo Corporal.
> Constelaciones familiares, organizacionales y pedagógicas.
> Área de Terapias Creativas y Expresivas.
> Conferencias, coloquios, presentaciones de libros, etc.

PSICOTERAPIA, COMUNICACIÓN Y RELACIONES HUMANAS

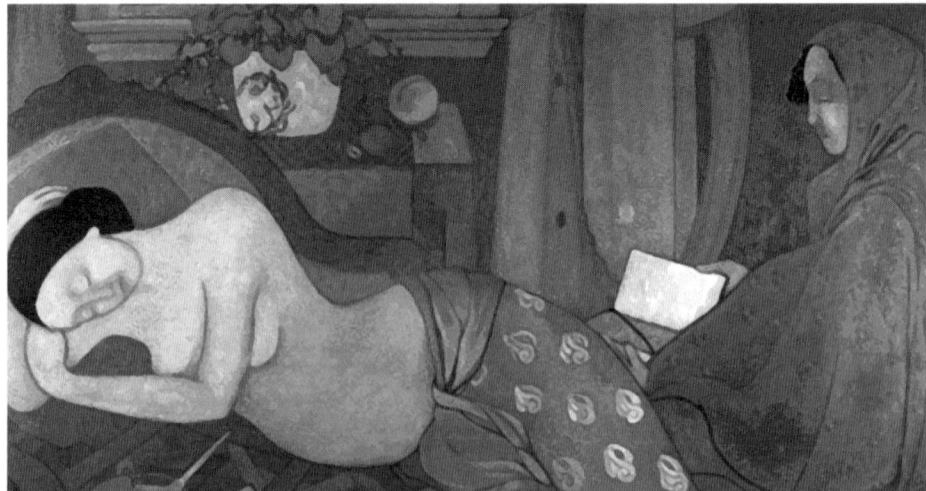